乖女孩的好习惯是培养出来的

王　峰◎编著

GUAINÜ AIDEHA XIGUAN
SHIPEIYANGCHULAIDE

没有不成功的孩子，只有不成功的父母。

中国華僑出版社

图书在版编目（CIP）数据

乖女孩的好习惯是培养出来的 / 王峰编著. —北京：中国华侨出版社，2011.5

ISBN 978-7-5113-1340-9

Ⅰ. ①乖… Ⅱ. ①王… Ⅲ. ①女性 -家庭教育 Ⅳ. ①G78

中国版本图书馆 CIP 数据核字（2011）第 059961 号

●乖女孩的好习惯是培养出来的

著　　者／王　峰

责任编辑／文　心

装帧设计／添翼图文设计工作室／王倩

经　　销／全国新华书店

开　　本／710×1000 毫米　1/16 开　印张 /17.5　字数 210 千字

印　　刷／北京蓝创印刷有限公司

版　　次／2011 年 6 月第 1 版　2011 年 6 月第 1 次印刷

印　　数／5000 册

书　　号／ISBN 978-7-5113-1340-9

定　　价／30.00 元

中国华侨出版社　北京市朝阳区静安里 26 号　邮编:100028

法律顾问:陈鹰律师事务所

编辑部:(010)64443056　64443979

发行部:(010)64443051　传真:(010)64439708

网址:www.oveaschin.com

e-mail:oveaschin@sina.com

前 言

家有宝贝女儿，父母都希望她成为清新脱俗的小公主，端庄出众的女神，聪敏睿智的才女。然而，再美的鲜花也需要园丁辛勤的栽培，再上品的美玉也需要工匠耐心的打磨，优秀的女孩则需要父母精心的培育。

家庭是女孩最初的教育场所，父母是女孩第一位教师，教育的根本就是好习惯的培养。培养优秀的女儿，是父母的美好心愿，也是父母应尽的责任。人们常说："少年若天成。"要想培养优秀的女孩，就要从小抓起，培养良好的性格、心态和生活习惯，才能让"小苗"在阳光和雨露下茁壮成长。

本书结合女孩的特性，依据现代社会教育的现状，从几个不同的角度出发，详尽地阐述了培养优秀女孩过程中要注意的细节问题，内容丰富且贴近生活，为父母们提供了一套科学可行的教育方案。它涉及了女孩生活和成长的方方面面，主要包括：

第一，俗话说："人生如四季，有风有雨也有晴。"人生的路不会永远平坦，要想让女孩从容应对生活中的波澜，就必须培养她乐观向上的性格，让她成为一个心中充满阳光的快乐女孩。

第二，要养成女儿热爱生活的习惯：只有热爱生活才会充满希望，才会对未来充满期待。

第三，女孩子爱美，这没错，但是，父母要引导女儿养成正确的审美观。一个真正懂得美的女孩，才会受人尊重，这将是女孩子一生的财富。

第四，女孩子也要自立自强，人生不会平平坦坦，只有养成自立自强的习惯，才能应对人生的各种挫折。

第五，健康乐观的心态是女儿健康成长的保证，因此，父母应该注意培养女儿乐观的习惯，让女儿无论面对什么困难，都保持积极向上的状态。父母不能只是满足女儿物质上的需求，更要给予女儿心灵方面的关爱。

第六，学习是女儿一生的大事，所以，父母要帮助女儿养成良好的学习习惯。

第七，女儿在成长，家长也在成长，没有谁一开始就懂得教育，正确的教育方式也是在慢慢地摸索与借鉴中形成的。家长应该让这个过程尽量缩短，以减少教育的失误。

……

教育界有句经典的话："没有不成功的孩子，只有不成功的父母。"其实，每个女孩的前途和家长的教育方式息息相关。那么，为了让女儿成为一个优秀的女孩，请翻开这本书吧，提前给自己打预防针，避免因错误的教育方式，影响孩子一生。

目 录

第一章 培养女孩积极向上的习惯

积极向上的女孩子心里充满阳光，对未来充满希望，遇到困难，也能沉稳冷静地去对待。良好的性格和心态能帮助女孩子渡过人生的难关，因为积极的情绪能够激发人的潜能，使人保持旺盛的体力和精力。

第二章　培养女孩热爱生活的习惯

人一定要热爱生活，热爱生活才会充满希望，才会对未来充满期待。父母都希望自己的女儿是热爱生活的阳光女孩。但是孩子毕竟不是成年人，需要父母的精心培养。

第三章 培养女孩正确的审美习惯

女孩子都爱美，这没错，但是，父母要引导女儿养成正确的审美观。一个真正懂得美的女孩，才会受人尊重，这将是女孩子一生的财富。

第四章　培养女孩自立自强的习惯

谁说女子不如男？新时代的女孩儿也顶起了半边天。但人生无常，没有任何人的一生能一帆风顺。这就要求女孩儿学会自立自强，从容不迫地去面对人生各种挫折。

第五章　培养女孩乐观知足的习惯

健康乐观的心态是女儿健康成长的保证，因此，父母应该注意培养女儿乐观的习惯，让女儿无论面对什么困难，都

保持积极向上的状态。女儿乐观的心态来自于父母的关爱和温暖的家庭环境。父母不能只是满足女儿物质上的需求，更要给予女儿心灵方面的关爱。

第六章　培养女孩高效学习的习惯

女儿不一定聪明，但女儿可以有好习惯。父母要培养女儿高效学习的习惯，做一个品学兼优的好女孩。

第七章　观察女孩坏习惯的苗头

好习惯是慢慢养成的，坏习惯也是日积月累形成的。因此父母要及时发现女儿不良习惯的苗头，及早帮助女儿杜绝不良习惯。

第八章　找出女孩坏习惯的源头

女儿在成长过程中会表现出各种各样的问题和坏习惯。父母不可以对女儿专断，要开明地处理女儿身上的问题，耐心找出这些坏习惯的苗头，也好对症下药。

第九章　帮助女孩养成一生的好习惯

好习惯的养成，不是一朝一夕之事，需要长期地坚持不懈。女儿还小，没有那么坚强的意志，父母要帮助女儿养成一生的好习惯。

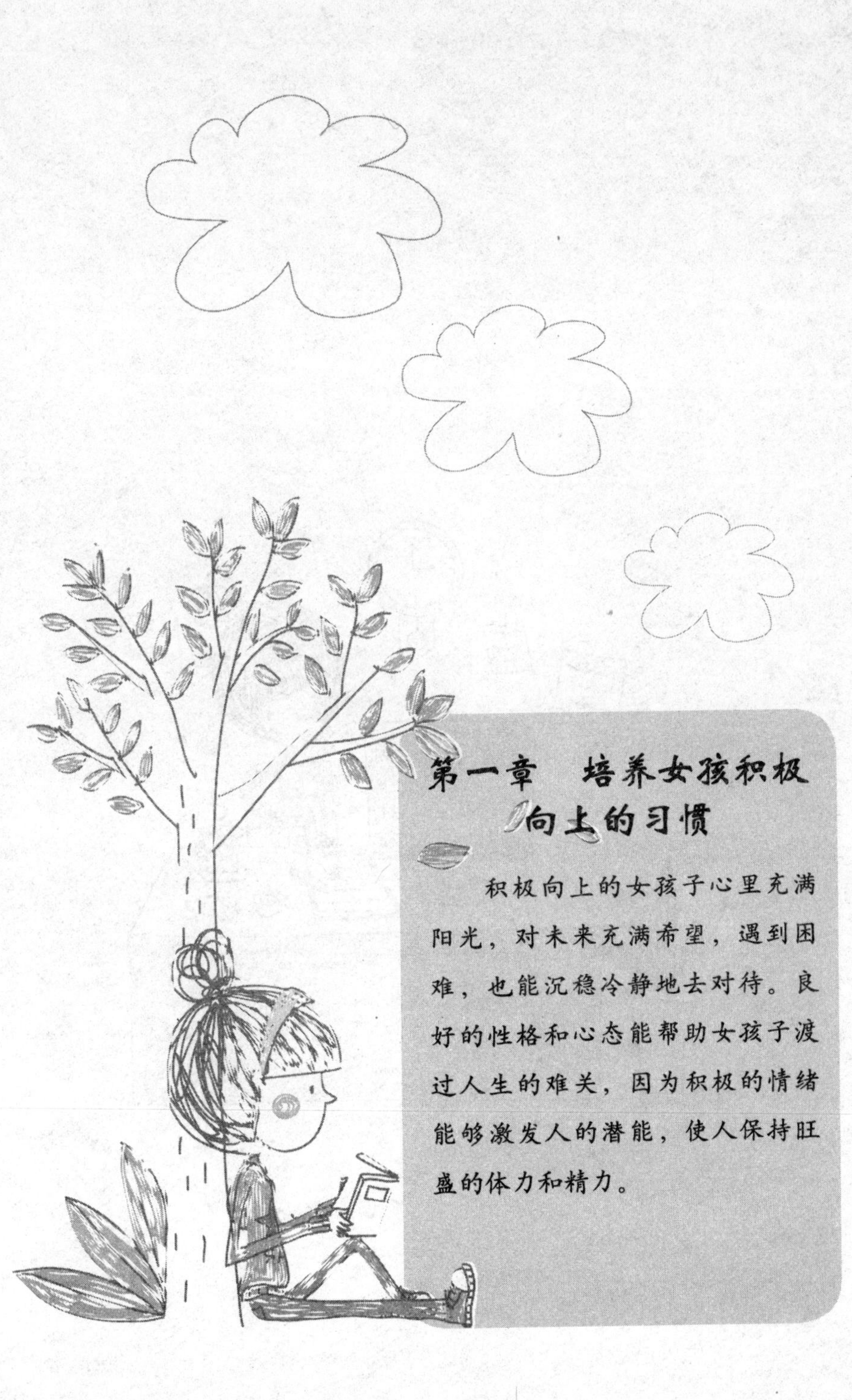

第一章　培养女孩积极向上的习惯

积极向上的女孩子心里充满阳光，对未来充满希望，遇到困难，也能沉稳冷静地去对待。良好的性格和心态能帮助女孩子渡过人生的难关，因为积极的情绪能够激发人的潜能，使人保持旺盛的体力和精力。

1. 自信的女孩最可爱

自信心就像生活中的阳光，它是一种不可思议的精神动力，它能让女孩子将自己的想法转化为实际的行动，它能让人精神振奋，以前没有勇气去做的事，因为有了自信心的支持，便有了为之一搏的决心。其实，每个孩子都是潜在的天才。只要家长的教育方法得当，每个孩子都可以成为栋梁。而孩子的自信心就来自于父母在日常生活中对他的肯定和赞赏，这也是孩子树立自信心最直接和最简单的途径。

那么，家长应该怎样培养女孩子的自信呢?

家长要引导女儿以自然、大方为原则来展示真实的自己，“清水出芙蓉，天然去雕琢”，女孩就应该像一朵出水的芙蓉，清雅、高洁。女孩子要学会微笑，自然而有度的笑容也应该是女孩子必修的课程，这是一种交际的语言，也是女孩子内心世界的闪耀。这种大方、真诚、乐观、自信的性格，展示了女孩心中快乐的元素、清新的元素、向上的元素，这些宝贵的心态在她的成长中弥足珍贵，所以家长要及时培养孩子这种良好的生活和思维习惯。

平时在生活中，父母要适度地多表扬少批评，积极地帮助孩子树立自信。自信心是孩子人生路上必备的重要心理素质之一，孩子是否能树立自信心和父母教育方法的正确与否密切相关。

所以，在女儿遇到挫折时，父母要及时地鼓励她“相信自己，你一定行”，这样会让孩子战胜困难，重新振作起来。对于孩子来说，我们不经意间的一个微笑、一声赞叹、一个肯定都会激起女孩子强烈的自信，从而扬起希望的风帆。

事实上，每一个女孩子都有可能实现自己的理想，然而能不能成就自己的一生，关键是她对自己有没有信心。信心是能够传递的，只有家长和老师对孩子有信心，孩子对自己才会有信心，才能在通向理想的路上一往无前。

自信是个人对自己实力的正确客观的评估，而不是盲目的自以为是，不切实际的自信只是骄傲自大的表现。成功的前提是自信，一切的失败都源于恐惧。

女孩子如果能对自己有积极的评价就可以让她勇敢地克服一切困难；相反，如果女孩子存在着消极的心理，就会阻碍她成长的脚步。

其实，每个女孩子都有自己优秀的一面，只要我们有耐心去用良好的心态去观察，用赏识的眼光去看待孩子，就能帮她们树立起自信心。

那么，您的女儿是否有足够的自信呢？

请让她们快速作一下下面的测试，答案很快就能揭晓了：

如果你下定决心做某一件事，即使没有人赞同，你仍然会坚持做到底吗？

你认为自己会成为一个优秀的学生吗？

有人批评你时，你会觉得很难过吗？

你平时很少对人说出自己真正的意见吗？

对于别人的赞美，你认为是在恭维你吗？

你总是觉得自己比别人差吗？

你对自己的外表满意吗？

在聚会上，你经常等别人先跟你打招呼吗？

你每天照镜子超过三次吗？

你的个性很强吗？

你能成为团队优秀的领导者吗？

你的记忆力很好吗？

买衣服前，你通常先征求别人的意见吗？

你认为自己的能力比别人强吗？

你认为自己是个受欢迎的人吗？

你有幽默感吗？

目前所学的功课都是你所喜欢的吗？

你懂得搭配衣服吗？

危急时，你能做到冷静吗？

你与别人合作时，有团队精神吗？

你认为自己只是个默默无闻的人吗？

你经常希望自己以后有所建树吗？

你经常羡慕别人的成就吗？

你会为了讨好别人而打扮吗？

你任由他人来支配你的生活吗？

你认为你的优点比缺点多吗？

你希望自己具备更多的才能和天赋吗？

你的缺点在哪里？你能改正吗？

如果孩子的答案大部分都是积极的，能积极客观地判断自己，比如孩子认为自己有团队精神，认为自己以后可以有所成就，就说明孩子对自己信心十足，明白自己的优点，同时清楚自己的缺点。不过家长要告诫孩子注意拿捏好分寸，要让孩子谦虚一点，这样才会有好人缘。

如果孩子的回答大部分是消极的，比如认为自己将来一无所成，认为自己处处不如别人，就说明孩子对自己显然缺乏信心。此时家长就要教孩子从现在起，尽量不要去想自己的弱点，多往好的方面去做，要让孩子先学会看重自己，别人才会真正看重你。

知道孩子是否具有足够的自信以后，父母们就要着手在日常生活中培养孩子的自信了，这里介绍几种方法，供父母们在家庭教育实践中参考运用：

（1）学会倾听女孩子的心声

女孩子一般心思比较细腻，她愿意和家长说出自己内心的想法是父母应该感到高兴的事情，我们要耐心去倾听她内心的声音。当我们以认真的态度去对待孩子时，她会觉得我们是在乎她的。倾听时的态度要和蔼，只有敢于在父母面前表述自己想法的孩子，才是拥有自信的。

（2）表扬就是给女儿信心

即使是生活中的琐碎小事，只要孩子能认真地完成，就算结果我们并不满意，也要及时地给孩子表扬与鼓励，因为适当的称赞是孩子进步的动力。

（3）珍惜与孩子在一起的时间

即使工作再忙，也不要忘记留出小部分时间来陪孩子玩耍。只有父母的关爱才能让孩子变得开朗，而缺乏父母关爱的孩子，往往显示出自卑的情绪。

（4）参与到孩子的活动中去

每当学校有活动或者演出时，爸爸妈妈要尽量参加，你的出现会让孩子信心倍增，而此时此刻，孩子也最能感受到父母给自己的关爱。

（5）与孩子协作，共同完成家庭活动

比如让孩子参加有趣的游戏或者家务劳动等。在实践中既可以增加孩子的见识，也能加强父母与孩子之间的亲情。更重要的是，在活动中，父母的表扬是孩子自信心萌发的基础。

（6）让孩子做力所能及的事情

给孩子分派任务，比如打扫他自己的小房间。这样，孩子会觉得自己被需要，小小的成就感是培养孩子自信心必不可少的重要基础。

（7）与孩子一起阅读

挑选优秀的青少年读物，与孩子一起阅读。然后，让孩子发表自己的看法，鼓励孩子充分发挥想象力，尽情发表自己的言论。只有敢说出看法的孩子，才是自信的孩子。

（8）做自信的父母

孩子常常在我们不经意之间模仿大人的言谈举止，所以，父母们自己首先要充满自信。如果作为成人都不能对事物作出自己的肯定与判断，又怎么去要求孩子呢？

家长要培养女孩子的乐观心态，女孩子如果能有一个好的心态，就能自觉地去理解别人、支持别人、谅解别人、宽容别人。“好心态好人生”，“心态改变一切”，好的心态能够使复杂的事情变简单，能够使棘手的事情变容易。要让女孩子学会笑对人生，笑对生活，有开朗、豁达、活泼的性格，每天开心地学习和生活，使自己生活在幸福和快乐中。

总之，作为父母，一定要努力把自己的女儿打造成一个自信、阳光的孩子，让她在阳光铺就的道路上一往无前，走向明天，迈向成功。

2. 引导女孩热爱户外运动

金榜题名、拥有一份好工作、开拓自己的事业、在某个领域有所建树……为了实现这些梦想，女孩子们每天埋头苦读，却忽略了一件更重要的事：坚持锻炼身体。因为没有健康的体魄，一切都无从谈起。

每天留出一定的时间，坚持去户外锻炼身体，做一些适合女孩的轻度的运动，长期坚持，就能达到强健体魄、促进心智的目的。坚持每天锻炼身体，不仅是在培养一个良好的习惯，同时也能养成一种健康的生活方式。

著名经济学家马寅初，一向重视锻炼身体，从十几岁开始，直到百岁高龄，从未间断。他一生坎坷，却奇迹般地突破了百岁大关。

坚持锻炼身体，能够使女孩获益匪浅：

（1）增强体质，保证身体健康

身体健康是人一生的财富，非常重要，但很多人却忽视了。一个身体孱弱的人，如果锻炼方法得宜，又能每天坚持，健康也会自己送上门来。

《读懂人生》中讲述了吴图南的故事：

武术大师吴图南小的时候体弱多病，曾患过肺结核、黄疸肝炎，还因癫痫抽风，致使右腿比左腿短约两厘米。家里人都以为他活不成了。九岁时，幸遇清朝太医李学裕为他诊治。李太医说："你这病光吃药不容易好，最好要配合习武练功。"于是他拜名家为师，学习武艺。练了一年多，他脸色红润，身体也逐渐结实起来了。经过十多年的刻苦磨炼，他学会了太极拳和刀、枪、剑、棍等各种技艺。从此，他身体健康，精力充沛，以优异成绩毕业于当时的京师大学堂。

进入晚年，吴图南每天早晚坚持练太极拳，每次都练得很认真，还请别人将其每个动作都拍了片，多达四百多张。他自己从透视片上看每个姿势，遇有不符解剖之处，便逐一校正动作，使运动更为有益于生理活动。

由于坚持练拳，吴图南在百岁之龄，仍然健康如昔，精力充沛，记忆力不减。他晚年仍坚持从事武术史和太极拳的研究，出版多种著作，并在"国际太极拳表演观摩会"上，以其炉火纯青的拳术，荣获一枚金光闪闪的奖牌。

由此可见，锻炼身体益处多多。适当地锻炼身体可以促进全身血液循环，保障骨、脑细胞充分的营养，尤其对正在长身高的孩子来说，能促进长高激素分泌及肌肉、韧带和软骨的生长。

（2）激活思维，促进智力水平的发展

每天锻炼身体，坚持运动，看起来只是强健了体魄，灵活了肢体，跟智力水平的发展没什么关系。但通过观察不难发现，一个行为迟钝的人很难学习超群。因为大脑思维的灵活与肢体的灵活是相联系的。

关于这一点，《好父母》一书进行过详细的阐述：

我们仔细观察会发现，很多有学习问题的孩子，他们的视觉跟踪力差，阅读计算时常常出现丢字、串行、看错数，这和他们的眼肌控制能力差有关。而大脑对眼肌的控制，必须是在充分的活动中展开，像一些有追踪目标的运动和投掷运动都对眼肌的发展有直接作用。

很多注意力不集中的孩子，经测查，他们的内耳前庭发展不平衡。这导致孩子处于情绪不安稳的状态，严重影响了他们的上课听讲和做作业。内耳前庭的发展，正是在运动中实现的。

锻炼身体对智力水平发展具有促进作用，现实生活中不乏这样的例证，著名教育专家孙云晓教授曾讲过康健父子的故事：

康康出生时才五斤二两，这让身为体育老师的父亲康健感到很失望。康老师开始实施他独特的健康第一、体育为主的家教方针。从康康会走路到他初中毕业十多年的时间里，康老师每天都带孩子进行至少一个小时的体育锻炼，从未间断。康康大一些时，周围许多父母都带孩子去学习各种特长，康老师经过思考，觉得让孩子进行体育锻炼比学习美术、钢琴更重要。于是，当别人家孩子都去参加特长班学习的时候，康老师却带着孩子到各种体育场所去，观看其他人的锻炼活动，让孩子感受到运动给人带来的活力，使孩子受到熏陶。

运动对智力大有好处。虽然康康用在学习上的时间比较少，但他的学习成绩却名列前茅。因为康康经过体育锻炼之后，精力比别的同学旺盛，上课能够专心听讲，作业完成速度快。而且，康康抗挫折的能力也较强，如果偶尔成绩不理想，康康也不会垂头丧气，而是依旧对自己充满信心。

很多孩子，为了学习，主动或被动地放弃了锻炼身体，这是很不明智的。不锻炼身体的人常感觉四肢乏力，打不起精神做事情或学习。身体健康是保障，只有身体好了，学习起来才会更轻松。

（3）磨炼意志，塑造女孩良好的个性心理

参加体育运动，经常需要克服很多困难、遵守规则、调节和控制某些不良的个性品质，因此能帮助孩子培养坚强的意志、勇敢、果断、积极向上的良好品质。

罗伯特·安德罗·米利肯是美国著名物理学家，他毕生努力奋斗，取得了卓越的成就。这与他幼时受到的锻炼是分不开的：

米利肯是个穷孩子。他有兄弟姐妹六人，他排行第二。父亲是个公理会的穷传教士，收入有限，加上孩子多，家境相当拮据。可父亲常常对孩子们说：“穷并不可怕，可怕的是没有志气。”这句话深深扎根在小米利肯的心中。

父亲还指导他进行体育锻炼，游泳、打球、骑马，他都很喜爱。因此他的体魄比起一些蜜罐里长大的孩子要强健得多，精力十分旺盛，这为他以后长期从事艰巨繁重的学习和研究创造了良好的身体条件。

经常进行体育锻炼的人，会比一般人更加乐观和热情。因为体育能增进快乐，帮助人调节情绪。一些研究证明，经常进行体育活动的人，大脑会分泌一种叫做内腓肽的物质，科学家称之为快乐素，它就是能使人愉悦的秘密。

（4）提高生命质量，为奋斗提供资粮

身体是革命的本钱，健康的身体是人一生中学习、生活的有力保障，有健康就有希望，有健康才会有一切。

此外，运动中需要与伙伴互动，女孩子在运动中能学会与他人沟通和相处。据研究结果表明，凡运动能力发展迟缓的儿童，其依赖性强，社会活动性也比较欠缺。

所以，家长一定要有长远的眼光，要把孩子的健康放在第一位，帮助女儿养成热爱户外运动的良好习惯，这会使她受益一生。

3. 帮助女儿克服自卑

自卑是一个教育的悲剧，有的女孩从懂事起就严重地自卑，这种自卑感让她们有了错误的世界观和人生观。她们的世界仿佛是灰色的，没有一丝阳光。自卑的孩子沉默、胆小，没有想过自己会有美好的前途。家长要及时发现，及时调整女儿这种不良的性格，尽最大的努力让她告别自卑，走向自信。

自卑是一种灰色的、消极的心理，时间长了就会成为性格的缺陷，而一个女孩自卑性格的形成往往源于儿童时代。童年如果总是遭到父母的批评甚至是讽刺，就会感到自卑。自卑的女孩子在说话时不敢正视对方的眼睛，表达自己的意愿时也是含含糊糊。

在人多的环境中，她们总喜欢躲在冷清的角落。她们害怕自己微小的举动引来别人的哄堂大笑，更害怕与人沟通，自信心的完全丧失和自卑让她们错过了人生许多宝贵的机会。

自卑的坏习惯会危害孩子的一生。家长要及早纠正孩子的自卑心理，让她们成为阳光下自信的孩子，乐观地去面对每一天。

小玲聪明可爱，小时候特别开朗，见到她的人都夸她招人喜爱。可是随着年龄的增长，她越来越沉默寡言，似乎总是郁郁寡欢，长长的头发几乎遮住了她半个脸。妈妈总是不解：小玲到底哪里不对，在烦恼些什么？

直到有一天母亲抽出时间通过沟通才得知，原来小玲进入青春期，发现自己眉间有块疤痕。这小小的疤痕虽然长在小玲的眉间，却深深地烙进了她的心里。这块疤痕成了她自卑的最终原因，惹得小玲整日愁容满面。

虽然长发已经遮盖了眉间的疤痕，但是小玲仍旧害怕别人看见自己的脸。自卑深深地伤害了她，甚至改变了她的整个生活。其实一个小小的疤痕并不至于如此，但是在小玲内心却足以致命。

自卑如此可怕，它可以轻而易举地击垮一个人的意志。其实，只要有决心战胜自卑，调整自己的心态，就不会产生自卑。那些残奥会上的运动员，个个身残志坚，为祖国争得了荣誉，或许他们也曾自卑，但是当他们战胜自卑时，荣耀也就随之而来了。

许多家长为自己的女儿自卑，而心中暗暗焦急。家长猜测着，这种自卑心理会不会在孩子心中造成阴影，会不会影响到她学习的积极性，甚至伴随孩子一生呢？

每个家长都希望自己的女儿能成才，但很多女孩子的自卑往往是由于家庭环境及父母不恰当的教育方式造成的。我们认为，生活在以下家庭中的孩子较易出现自卑感：

(1) 生活在父母离异家庭中的孩子。

(2) 生活在父母要求苛刻家庭中的孩子。

(3) 生活在不和睦家庭中的孩子。

(4) 生活在暴力教育家庭中的孩子。

家长确实应该观察一下自己的女儿，她们是否已有自卑情结。一旦发现孩子有这方面的苗头，就要尽早帮助孩子克服和纠正，以避免形成自卑性格。自卑的孩子往往会胆怯、怕羞、独来独往、猜疑心重、有自虐倾向、承受能力差。

如果发现自己的孩子已经有了一定程度的自卑心理，父母应该怎么办呢？

（1）告诉孩子世界上没有完美无缺的人

父母要引导和教育孩子对自己进行积极、正确、客观地评价，并且认识到任何人都有自己的长处，也都会有短处或不足。要相信并发扬自己的长处，尽量弥补自己的短处。

（2）他人的批评是自己进步的动力

告诉孩子，有时社会评价一个人，不一定是正确的，但需要个人正确对待。比如牛顿、爱迪生和爱因斯坦，他们小时候都曾被人们称为笨孩子，但是他们后来都成为了伟大的科学家。

（3）让孩子多一些成功的体验

成功的经验越多，孩子的自信心就会越强。孩子对自己的能力往往认识不足，有时可能会做一些力所不及的事情，因而导致失败，由此产生自卑心理。父母要引导孩子量力而行，对孩子的要求也应符合其身心发展的特点。

（4）消除自卑，培养自信

既要锻炼孩子坚强的意志品质，使失败和挫折变为激励自己前进的动力，又要注意培养孩子的自信心和自尊心。要让孩子具备别人能做到、自己也能做到的积极向上的心理品质。

（5）父母的鼓励，要伴随孩子的左右

有的孩子之所以变得越来越自卑，一个非常重要的原因就是家长对孩子要求过高，使孩子时时处处被批评与指责。长此以往，孩子每做一件事，他在潜意识中总会对自己做出否定的结论。

父母不要奢求孩子能完美地做好每一件事，而应该首先鼓励孩子去做，然后努力发现孩子在做这件事的过程中值得肯定的方面并进行及时地表扬，从而慢慢增强孩子的自信心。要让孩子懂得做该做的事，并努力把它做好，这本身就是成功，也是对自己最好的肯定。

(6) 只要肯定自己，就能赶走自卑

许多自卑的孩子心中的自我往往是脆弱、飘摇不定的，他们没有对自己的确凿定论。这时，就需要父母给孩子以鼓励及确凿的定论。当孩子做出了一点点成绩或做了一件令他感到自豪的事，他就该获得父母的认可与表扬。

当女孩子遇到困难且踌躇畏缩时，家长们应该为她加油鼓劲。当然，对于孩子的自卑情结，最重要的是防患于未然，父母在教育孩子的过程中，要避免因望子成龙而给孩子施加过大的压力，或总是拿自己孩子的短处去同别家孩子的长处相比，从而使孩子产生自卑心理。

4. 帮助女儿消除抑郁

一般女孩子在未踏入校门之前，就已经具有了自己对人生的态度，是乐观还是悲观，这取决于父母对孩子的教育。事实上，很多悲观的孩子，究其原因是因为父母对孩子的早期教育不当，导致孩子对人生的理念产生了偏差。这种情绪如果蔓延下去，就会成为抑郁的性格，家长不可不慎，不可不防。

很多女孩子都多愁善感，有人以为这是女孩们先天注定的性格，其实不是，这和孩子从小生活的家庭环境、接受的教育息息相关。

鑫鑫是父母的掌上明珠，父母都是机关干部，对她有很高的期望。鑫鑫从小接受的教育要比普通人家多，学习成绩也很好。

但是，在一次考试中，鑫鑫发烧了，考试没有发挥好。

从那以后，她变得沉默寡言，再不像以前那样活泼可爱了。有时，上课也没有精神，一副没有睡醒的样子。

妈妈很是不明白，于是她去学校咨询鑫鑫的班主任赵老师。赵老师说自从那次考试以后，鑫鑫就变了，经常走神，也不和同学们玩儿了。

赵老师告诉鑫鑫妈妈，在女孩子眼里世界是陌生的，每天都会有很多新的超出自己控制范围的事情在发生。由于鑫鑫上次没有考好，内心产生了自责、内疚的情绪，对自己的能力产生了怀疑。

现实生活中，很多女孩子在童年就遇到了感情上的重大打击，如亲人去世、父母离异等，她们往往会出现情绪上的剧烈反应。

此外，学习成绩不好、长相不出众、总认为自己处处不如人、不受老师重视等，都会使女孩子产生失落感。而且由于女孩子不会排解自己的压力和情绪，很可能由于压力过大或持续时间长而严重地损害她们的身心健康。

抑郁的孩子会觉得孤独、恐惧和不快乐。那么，要使孩子健康成长，作为父母，该如何帮助孩子扫除心中的阴云呢？

（1）要为女儿创造良好的家庭氛围

在女孩子幼小的心里，家就是她的全部。一个温馨的家可以培养一个快乐的孩子。因此，作为父母，要营造好的家庭氛围，让孩子在幸福和温暖中成长。

即使平时工作很忙，父母也要留出时间陪孩子，和女儿一起做游戏，带她们去野外，领略大自然的美好。

（2）父母要做女儿的好榜样

作为孩子的父母，首先要做到乐观面对人生，这是可以感染孩子的。在早期教育中，如果父母平时就很抑郁，经常闷闷不乐，孩子也无法在家庭中快乐地成长。

保持乐观态度的人，感到生活幸福的比例会比较高；那些因感到不幸而终日抱怨的人，往往也是人生的悲观者。孩子的乐观态度，直接受到父母的影响，如果我们遇事能够乐观处理，孩子就会模仿我们的处理方式。

（3）做女儿的大朋友

家长就是孩子的大朋友，尤其是女孩子，更需要父母关爱。孩子只有与家人相处好之后，才能与其他小朋友和谐共处。应该怎样待人接物，都是我们教给孩子的，用什么样的心态来面对社会，也是家长教会孩子的。

（4）让女儿自己来决策

从小过于拘束的女孩子，总是处在自卑的情绪中。而将决策权还给孩子，能使她们开始重视自己的想法，只有善于思考的孩子，才能在遇到困难时作出正确的选择。

（5）为女儿调理心态

每个女孩子都有开心与失落的时候。当她们开心时，我们可以分享她们的快乐；当孩子失落时，我们应该引导孩子，给予她们正确的心理辅导，从而帮助她们走出痛苦，只有心里充满阳光的孩子才是乐观的孩子。

（6）让女儿消除过多的“贪念”

大部分女孩子拥有太多的物质占有欲，比如看到喜欢的玩具就想要，得到了就满足，得不到就失落。这一切会让孩子认为幸福就是得到喜欢的玩具，使她们形成错误的价值观。所以，我们要适时提醒孩子：不要过于要求父母来满足自己的物质欲。

（7）真诚地鼓励女儿

在孩子看来，没有什么能比父母真诚的鼓励更能激励她们去热爱生活和追求成功的了。家长对于孩子不可避免的错误和缺点，要耐心地帮助他们纠正。

（8）要学会倾听

家长要留出时间倾听女儿的心声，这可以更好地了解孩子，也能让孩子感受到父母的关爱。

所以，家长应该是孩子成长路上的好朋友。当家长懂得了怎么去做的时候，教育就变成了一件简单、富有意义的事情，这是孩子最大的幸福。

当女孩子心中的阴云一扫而光的时候，她会变成一个乐观自信、充满阳光、热爱生活的快乐之人。她所到之处，人们都会感受到快乐的氛围，都会赞叹她是个优秀的女孩。

5. 培养女儿乐观的生活态度

曾经很流行一句话："快乐是一种习惯。"说得很精辟，也很有道理。作为家长，应该重视培养女孩子快乐的性格，这是一种优秀的习惯，也将成为她们人生一笔宝贵的财富。

事实上，思想的方向盘在自己的手中，倾向烦恼还是快乐，就在于自己的心态。谁的天空也不可能永远阳光灿烂，积极的思考造就积极人生，消极的思考造就消极人生。要想教育女孩子克服生活中的困难，就首先要让她们形成积极思考的习惯。

人心理的力量是超乎想象的，积极快乐的心理态度能激励人去取得成功，消极的心理态度会使人自我限制、自我挫败。

作为家长，我们要使用有效的方法，培养女儿的乐观心态，帮助她们获得成功、健康和幸福。

那么，应该怎样远离或避免消极心态呢？

（1）父母要为女孩子营造快乐的生活环境

父母要多关注生活有趣的一面，留意日常生活中的幽默，并把愉快的情绪传达给孩子。凡事都有好的一面，积极地将其发掘出来，当生活中处处充满笑声，那么想不快乐都难。父母可以找一些让女儿欢笑的活动和场合，如观看优秀喜剧电影。

作为父母，一定要积极营造一个乐观和谐的家庭氛围，多关心孩子，多鼓励孩子，多和孩子一起体验快乐，让女儿在乐观中逐渐找到生活的自信，面对阴云，也敢于用阳光将其驱散。

（2）引导女儿看到事情积极的一面

对于同一个问题，如果看开了，就是快乐，如果看不开，就是烦恼。因此，父母要经常用积极的一面来鼓励孩子，让孩子形成正向的思维方式。

（3）父母要用积极的生活态度来培养女儿

俗话说，只有乐观的父母能造就乐观的女儿，父母积极的生活态度才能培养女儿积极的生活态度。在孩子的成长过程中，她一直在看着父母，如果父母在处理自身问题和家庭问题时表现出乐观的态度，那么孩子通过观察和模仿就会逐渐养成乐观品质。

当孩子遇事不顺而悲观时，父母应带领她对问题进行多方面的思考和衡量，并让孩子明白她的思想中存在的逻辑错误。

（4）不要把自己的意愿强加给女儿

有些事情大人觉得没意思，孩子却很喜欢，大人认为孩子会喜欢的东西，小孩得到了却并不高兴。如果总是按照自己的意愿来安排女儿的生活，比如，给她买贵的玩具，不让她玩儿水、玩儿泥巴，很可能让女儿感受到压抑，并扼杀孩子对快乐的感觉。所以，我们不要总把自己的好恶强加给孩子，要让女儿做她喜欢的事情。

（5）对于特殊成长时期的女儿要多关心

青春期的少女如含苞欲放的花蕾，心理正处于变化时期，不仅敏感，还比较脆弱，需要父母更多的关心和爱护。父母的鼓励会让她尽快走出迷茫的状态，父母的关爱可以让她灰暗的心情迅速布满阳光。相反，如果父母每天埋怨孩子，责备孩子，就会让她产生消极悲观的情绪，快乐更无从谈起。

(6) 改正女儿抱怨的毛病

现实社会中那些抱怨个不停的人，生活往往也是一团糟。因为抱怨于事无补，浪费人的精力，还让人永远找不到方向，所以，千万不要让孩子形成抱怨的习惯。

(7) 让女儿远离特别悲观和喜欢抱怨的人

悲观的情绪容易传染，抱怨也容易传染，要尽量避免让女儿跟有这两种心理倾向的人接触，他们只会带给女儿糟糕的心境。但是有时候不与之接触好像不太现实，比如，这个人是家人，或是同学，那就要留意不要让他人的消极颓废影响到女儿，让女儿也变得心灰意冷，悲观消极。

这时，家长就要经常引导女儿，告诉她们悲观的情绪的坏处，让她们以正确的心态去面对消极的氛围。

虽然习惯的养成并非一日之功，但只要家长有耐心和恒心，女儿的性格一定会慢慢改变，一定会成为一个阳光、快乐的优秀女孩。

6．让女儿懂得用心欣赏生活之美

生活从来都不缺乏美，只是人们缺乏美好的心灵和发现美的眼睛。同样的境遇，不同心态的女孩可能会有不同的心理反应，有的女孩会觉得生活没有一丝亮彩，有的女孩纵使身处黑暗也能感受到光明和希望。

著名的雕刻家罗丹曾经说过："生活处处都是美，只是缺少了发现'美'的眼睛。"让女孩子发现美，就等于给了她们生活的信心和积极上进的勇气。

孩子年幼，需要父母的引导，作为父母，要尽自己的努力去帮助女儿发现生活中的美，让女儿感受生活的美好，进而创造美好的生活。因为我们很难想象，一个感受不到生活的阳光的人会生活得轻松愉快，更不要说能给身边的人带来幸福了。

女孩子们之所以看不到生活的美好，有三个主要的原因：

（1）没有发现美的意识

家长要告诉女儿，要经常带着发现的眼睛和感恩的心态，来面对生活和世界，要培养女儿的这种意识。

（2）没有激发自己的感受

要注意在日常生活中巧妙地引导女儿对生活的感受。

（3）用消极的思维去看待周围的生活

用灰暗的眼光去感受世界就无法感受到生活的美好。

因此，父母要帮助女儿发现生活中的美，就要做到以下几点：

（1）让女儿多走出小屋

家长要留出时间让女儿去爬山，观看河池泉流，没有丝毫粉饰和雕琢，大自然的鬼斧神工制造了它们，也修饰了它们，这种质朴自然是比任何的雕琢都更能打动人心。

生活在农村的孩子从小能感受大自然的美好，朝阳、日暮、松鼠、野鸟，它们仿佛是孩子们的伙伴。每一时，每一刻，都能让女孩子们感受到自然的情趣。

当然，城市也有城市的美，比如，寺院的庄严、水立方的华丽唯美、万里长城的巍峨雄壮都可以影响孩子对生活的感受。

（2）让女儿学会接受

人对外界的感受其实是有选择性的，外界的事物无所谓美丑，美丑只是人自身的感受。作为父母，就要让女儿积极地、能动地观察生活，将对外物的观察深化为内心情感上的正面的体验。

父母要引导孩子把每天的生活进行梳理，把自己的心情进行疏通，及时清理掉不良的信息和垃圾。时刻保持从容淡定的心态，相信以后人生路上也会轻松许多。

（3）让女儿用正确的思维去思考生活

让孩子在生活中培养哲思，帮助她们学会思考生活。思考生活，是在用心感受生活的基础上，对生活做出理性的判断。不但可以让孩子发现生活中的美，同时还能够让孩子变得更加睿智，这对于孩子的想象和思维能力都是一种有益的训练。

生活是复杂的，生活的思考，这个过程看似简单，实则需要对生活的历练，不能一蹴而就，作为父母，需要有耐心。

（4）帮助女儿去创造美

往往善于发现生活中美的人，都热衷创造生活的美好。女孩子天生心灵手巧，帮妈妈缝缝衣服，刷刷盘碗，这都是在创造美，都是在创造人间的温暖和关爱。

(5) 让女儿学会表达自己的感受

要引导女孩子自然地表达自己心中的感受，不要让她们走向自我封闭。让她们学会向父母表达感恩，向师长表达尊敬，对生活表示热爱。

总之，父母在日常生活中就要注意培养女儿发现美好、感受美好、思考生活的能力，有了这些意识，她才能发现生活的精彩，从而去创造自己的美好生活!

7. 帮助女儿克服贪婪的毛病

一个人如果不知道满足，就会陷入不安、焦虑的心境中，人生的路就不会从容轻松。一个孩子，如果永远不知道满足就会不珍惜身边的美好，也不会真正地享受快乐的人生，知足的女孩子心态最美。

贪婪有时就是真正的贫穷，满足就是真实的财富。家长给孩子财富，不如给孩子一颗知足的心。女孩子有了知足的心态，在面对生活时就显得从容许多了，也更容易感受到生活的美好。相反，贪婪的女孩子只会抱怨，拼命去争取更高的成绩，而失去人生的许多美好体验。

人最贵知足，所谓“知足者常乐”。可是现代社会，人们普遍浮躁，女孩子的心也变得漂浮不定，总想要得到更多。

事实上，孩子的不知足往往都是受家长影响的，如果父母对女儿总是有求必应，那么孩子就会变得贪得无厌；如果父母在日常生活中也总是不知足，欲望没有止境，那么孩子自然就难以知足。

因此，父母在日常生活中就要注意自己的言行，同时要能够给孩子传达“知足常乐”的生活态度，不要让孩子形成不知足的坏毛病。

秦琴只有五岁，晚上必须听着妈妈讲的故事才能入睡。一天，妈妈讲故事接近尾声，这时秦琴忽然模仿妈妈的声音说：“从此，王子和公主过上了幸福的生活！”这是童话故事里最常用的结尾，因此，小女孩学完之后，母女俩都笑了。

笑过之后，秦琴问道：“妈妈，幸福是什么？”

这是个需要智慧才能解答的问题，妈妈想了想，巧妙地回答道：“幸福就是不愁吃穿，每天都开开心心的。”

没想到，秦琴又接着问：“那漂亮阿姨穿得比你漂亮，住的房子比我们大，每天都在饭店吃饭，为什么她总是跟你说：烦死了！没意思！她为什么不幸福？”

秦琴口中的漂亮阿姨是妈妈的一位朋友，嫁了个有钱的老公，虽然衣食无忧，却总是觉得还不够，每天埋怨丈夫，抱怨身边的人。

还没等妈妈想好怎样回答，这个小女孩又连珠炮似的继续提问：“前楼的哥哥，他的爸爸、妈妈、爷爷、奶奶都那么喜欢他，为什么他还离家出走，不让人找到他呢？”女孩口中的哥哥是院内一个被宠坏的孩子，因不能容忍爸爸高声地教训而离家出走，这也是一个不知满足的例子。

于是，妈妈简短地对女儿解释说：“这是因为他们没有看到自己就在幸福之中。”

“妈妈，我知道了，我很幸福，因为每天我都高高兴兴的，妈妈给我讲故事，爸爸带我去玩耍。”

妈妈不失时机地跟女儿说：“对了，人贵知足，知足常乐！”

一个成长中的孩子是非常容易知足的，但是他们往往受成人的影响。成人，有钱的想要得到真爱，有家的又要追求辉煌，得不到就痛苦万分；上班嫌累，赚钱嫌少，与朋友一起斤斤计较，这样的状态怎么会感到幸福呢？在家中怨气冲冲，一旦把这样的情绪传递给孩子，就会让孩子走进浮躁的深渊，心里眼里都是无法达到的目标，弄得生活也沉重不堪。

下面为父母们提供了一些让女儿知足的方法，仅供参考。

（1）让女儿知道生活的艰辛

父母要让孩子看到还有很多人挣扎在贫困线上，而自己则生活在优越的环境里。有一些专家给出了意见，就是让孩子接触“贫穷”、体验“贫穷”。

一个十二岁的女孩，平日花钱如流水，小小年纪就好吃懒做、贪图安逸，在穿戴上和女同学互相攀比。父亲对此忧心如焚，于是就安排女儿到一个山里的朋友家去做调查，让她观察缺衣少食的人的日常生活。在山里，女孩第一次体味到了生活的艰辛，也知道了自己生活的优越，更明白了父亲的良苦用心……

（2）在平时生活中，父母不要样样都满足孩子

通常情况下，孩子的不知足都是大人传递给她的，娇生惯养的孩子一般更容易形成不知足的个性。而“延迟满足”则是一个让孩子改变的不错方法。

家长要有智慧去分辩孩子的要求是否合理，除非急需，否则不一定全部立刻满足，要延缓时间，让孩子等着、盼着。在这个过程中，可以培养孩子的忍耐力。有些家长把孩子惯得要吃什么立刻就得吃到口，要玩儿什么马上就得拿到手，成了丝毫不能控制自己感情的“任性公主”。

父母要知道，女儿不可能在将来的人生中处处都满足，如果她不能学会满足，那么她在别的地方就会受挫。她可能会变得依赖性非常强，也可能变得心理极为阴暗，只要是自己想要得到的东西，即使不择手段也要得到，这样一来，“小公主”就会变成了“小魔女”。

因此，面对孩子的要求，父母要智慧地处理。托尔斯泰说："欲望越小，人生就越幸福。"正所谓知足者常乐，过分苛求自己或者过分苛求别人，都是对自己人生的一种不负责任。作为父母，我们要让女儿看到人生的美好，珍惜现在拥有的一切，懂得取舍，懂得放弃，懂得适可而止。

让女儿学会知足，父母首先要做好榜样。如果父母整天回家抱怨，觉得工作不如意，生活不舒心，天天羡慕他人，觉得自己所得太少，那么，孩子又怎能不模仿家长呢？假如孩子能把这种不满足化作奋斗的动力还好，但如果把这种不满足转化为负面心态，去嫉妒别人，阻碍他人，整天心里阴云笼罩，这样就会给孩子的一生带来不利的影响。

8. 帮女儿纠正遇事悲观的人生态度

优秀的女孩必然对生活充满了激情，对生活没有热情的女孩心里一定死气沉沉，很难想象这样的人生会达到成功的境界，很难想象这样的女孩会营造幸福的人生。家长在女儿小的时候就应该培养她对生活的热爱，对生活的积极态度，培养她对前途的希望。

同样一件事，在有激情的人眼里，一定是信心十足，而且勇于去承担；而对于没有激情的人来说，任何事情都不能引起他的兴趣。一个女孩，如果对生活有激情，就会热爱生活，热爱自己的工作，热爱自己的家庭，时刻充满爱心和活力。

激情能创造奇迹，激情是成功的原动力。要完成宏伟的理想，没有激情就容易半途而废，因此，家长要让自己的女儿永远对人生充满激情。

有一个女孩，出生于瑞典一个富有的人家，可是她很不幸，到了该走路的年龄，她却没办法站立起来，原来，她患了一种无法解释的瘫痪症，失去了走路的能力。这样的结果让全家人都十分沮丧，他们难以相信送样一个聪明美丽的小女孩不会走路。然而，四处求医也没有带来任何希望和转机。女孩的父母痛哭流涕："如果说财富能换来健康，我们愿意倾尽所有让爱女学会自己走路。"

但是她的父母没有放弃她，为了避免小女孩产生悲观的情绪，他们平时非常注重对孩子的精神抚慰，同时，他们还特意按照正常人的方式来要求女儿。在父母的精心呵护下，小女孩显得无忧无虑，她并没有过多地关注自己的残疾。相反，她对人生满怀激情，她经常跟父母谈自己的理想抱负，同时在父母的鼓励下，脚踏实地行动着。

一次，女孩和家人一起乘船去旅行。面对波涛汹涌的大海女孩显得非常激动，她极目远眺，欣赏着眼前的美景。船长的太太很喜欢这个小女孩——那么可爱的孩子谁能拒绝呢——当女孩让船长太太给自己讲有趣的故事时，她给孩子讲道：船长有一只天堂鸟，天堂鸟似乎就是来自天堂的地方，美丽无比带着幸运。这个女孩一下子就被这只鸟迷住了，她很想亲自看一看，可是船长太太说鸟在船长那里。于是女孩央求船长家的保姆带她去看一看，保姆经不住孩子的央求，就把孩子留在甲板上，自己去找船长。

这时候，船长的太太有事走了，甲板上只剩下小女孩一个人，她非常渴望早一点见到那只天堂鸟，恰在这个时候，船上的服务生穿过甲板，女孩微笑着向服务生请求道："先生，您能带我去找船长，带我去看天堂鸟吗？"服务生并不知道这个孩子身体瘫痪，他很高兴地答应了这个请求："好的，小姐，你跟我来吧！"说完他很有礼貌地浅浅鞠了一躬，伸出手来准备在前面带路。

这时候，奇迹发生了！这个小女孩竟忘我地拉住服务生的手，慢慢地走了起来。此时，连她自己也忘记了自己不能走路。从此，孩子的病便痊愈了。女孩子长大后，又忘我地投入到文学创作中，她成为第一位荣获诺贝尔文学奖的女性——茜尔玛·拉格萝夫。

时刻期待，永不放弃，想要不成功都难。这就是生活的真谛，这就是人生的哲理。人生需要有一种忘我的激情，只有在这种境况中，才会超越自身的束缚，释放出最大的能量。

充满激情有时候并不难，只要对某个目标满怀期待，并且对于手中的事情非常感兴趣，那么，人就会激情十足。可是激情一时容易，保持一生的激情很难。与男孩子相比，女孩子虽然有一定的韧度，但同样会出现三分钟热度的情况，那么，父母该怎么做才能让孩子一直充满激情呢？

（1）培养女儿做事情的兴趣

生活中，女孩们经常因各种事情激情澎湃，比如芭蕾、动物、影视明星、音乐、网络及其他感兴趣的事。一提到这些事，女孩子们就会很激动，同时，面对这方面的信息，女孩子也会表现得记忆力非常强，发现能力和推理能力也变得非比寻常，这就是兴趣在起作用。因此，如果要激发孩子的热情，首先要让女儿做自己喜欢做的事情，如果某些事情不得不做，那么就要激发孩子的兴趣，因为只有带着兴趣去做，才能做得好。

（2）让女儿把激情当成一种习惯

一个有创意和奇思妙想的人，会永远对自己做的事情充满激情。因此，父母要鼓励孩子不断开拓思路，保护孩子做事的兴趣，慢慢让孩子形成自己培养激情的习惯。

总之，生活得过且过，热情度不高，没有激情的人生势必要暗淡无光，成功和幸福都将大打折扣。因此，父母要告诉女儿积极生活，不要只是活着，而是要全力以赴做自己想做的事，完成自己想要完成的目标。

对于成长中的孩子来说，可以瞬间激情澎湃，也可能瞬间跌入情感的低谷，还可能在三分钟热度过后，再也提不起精神来，孩子的未来不能用这样的消极来限定，我们必须让孩子在现在就学会对人生充满激情，把激情作为一种能力。

9. 女儿有了挫折，父母要耐心引导

女孩子成长路上的挫折，是她们人生重要的一课，家长一定要站在教育的高度耐心地去引导。有的父母心疼女儿，很少让她面对现实。女孩子相对于男孩子来说，承受力稍弱。但如果女孩一味地低头、退缩、回避，以后当她需要独自立足社会时将不能适应。所以，聪明的家长当女儿遇到挫折时，应该巧妙地引导和帮助她渡过难关。

疼爱女儿并不代表不让她面对困难和挫折，一般父母都容易犯这样的错误，女儿在人生路上遇到挫折时，他们常常一手遮天代替孩子去解决问题，让女儿避免受到这些难题的困扰。事实上，给孩子多多提供尝试机会也是实施挫折教育的有机组成部分。孩子一旦被剥夺了尝试的机会，也就等于被剥夺了犯错误和改正错误的机会，因此也不可能迈向成功之路。

父母不舍得让女儿面对挫折，常常想方设法解救孩子，以帮助她“脱困”。这些父母常介入到女儿的生活和学习中，替她处理日常事情，不管事小事大。

当家长们一次次把女儿从困境中解救出来时，女孩子就容易产生依赖性和独立性，看起来好像在“搭救”女儿，其实在起相反的作用，让她永远不能面对挫折，永远不能学会自救。

父母只能帮助孩子一时，却无法帮助她一生。因此，如果父母真的心疼女儿，眼光就要放长远，让她适当地面对困难和挫折，自己站在背后引导和观察女儿，让女儿获得真正的成长。

一般的女孩子承受能力比较弱，如果再加上父母的溺爱，女孩就更没有机会面对挫折，她抗挫折的能力就更低一筹了。时间长了，面对挫折，女孩只会一味低头、一味服输。在这种情况下，那些能够从容面对挫折的女孩，就显得极为可贵，成了女孩子中的“极品”，这样的优秀女孩都有一颗勇于承担的心。

其实，挫折对于女孩的成长来说，未必是件不好的事。一位美国儿童心理卫生专家说：“有十分幸福童年的人常有不幸的成年。”很少遭受挫折的孩子长大后会因不适应激烈竞争和复杂多变的社会而深感痛苦。

因此，父母可以疼女儿，但不能代替她解决和处理生活中的一切，父母只能帮一时不能帮一世。父母要让女儿勇敢地面对挫折，当她遭受挫折时，父母要做的是帮助孩子树立信心，指导她进行人生的抉择，告诉她只要能及时地从挫折中总结经验教训，就能反败为胜。

李佳升三年级了，有一次考试，许多同学语文和数学都考了双百，而她数学却只考了80多分。自尊心严重受挫的李佳回到家里委屈地哭道：“许多同学都笑话我，说我是大笨蛋……”

妈妈学过教育心理学，她连忙把女儿搂在怀里，一边给女儿抹眼泪，一边安慰女儿：“我们佳佳根本就不笨啊，不用哭。哭有什么用？只要有志气就能赶上去。妈妈刚上学时也不如别人，好多孩子都比妈妈学得快。妈妈暗中咬牙努力，老师上课我注意听，早上我比别人早起……后来，我终于成了优等生。你不要胆怯，要有信心。只要努力，就一定能赶上去！”

佳佳听了妈妈的话，心中的阴影一扫而光，此后，佳佳开始发奋努力学习，到三年级下学期，成绩终于上去了。

许多女孩都会碰到考试不理想的情况，这时候父母的正确引导至关重要。佳佳的妈妈就做得很好，她及时对女儿进行心理疏导，从尊重、关心女儿的角度出发，同情、理解她，用自己的亲身经历鼓励她，让她从挫折中站起来，重新获得了战胜困难的勇气。

如果确实是女儿略动脑筋就能克服的困难，父母就不要急躁，要耐心地观察女儿怎样思考，怎样去解决。如果她自己解决了，就要及时地表扬，帮她分析哪一步做得好、想得好，以后遇到相同的事情可以借鉴，她就会越来越有信心。

如果女儿受挫，父母要采用适当的形式，对她进行心理的疏导，让她宣泄受挫的苦闷心情，不要让她把苦闷压在心里。父母也可以用交谈或书信方式提醒女儿，她可以向亲人、老师、同学或朋友倾吐内心的压抑之情，取得他们的理解和帮助，以缓解心理压力。也可以鼓励她通过写日记的方式，把心中的不快宣泄出来，从而稳定情绪，维护心理健康。

一般女孩子受挫后情绪容易不稳定，常常不易摆脱其困扰，或是急躁易怒，或是闷闷不乐。父母应该引导女儿转移注意目标，以此来消解她的紧张心理。如陪她外出散步游玩儿，这样可以在很大程度上分散她的注意力，稳定她的情绪，抵消她心中的烦恼，减轻甚至消除她的挫败感。

家长应该培养女儿在挫折面前不逃避、不抱怨、不服输，以坦然、积极、乐观的态度笑对人生的习惯。

让女孩面对挫折的核心实际上就是让她尝试。父母要鼓励女孩大胆去做力所能及的事，不要包办代替，是对是错，是甜是苦，让她自己去尝。

女孩遭到失败或挫折，父母不应一味地抱怨她，而是要鼓励孩子，让孩子重新站起来。

孩子遭到失败或挫折，情绪波动，父母要及时地引导她，让她明白勇敢的人应该懂得从失败中学习，从失败中吸取教训，从失败走向成功。

10. 勤沟通，别让压力压垮女儿

现代社会，压力重重，即使是上学的孩子也避免不了。当女孩子面临成长的压力时，父母怎样做才算是智慧的、有利于孩子成长的呢？显然这里有很大的学问。

有的父母简单地认为，只有成人才有压力，小孩子不会有什么压力。但事实上，压力不仅仅困扰着成人，也困扰着未成年的女孩。事实上，女孩还面临着双重的压力：一方面，她要承受来自生活中的事件，比如学业压力和交友问题的压力；另一方面，她还受到心事重重、缺乏忍耐的父母所面临压力的间接影响。此外，女孩对生活和现实还没有足够的经验可以借鉴，并藉此相信事情会回复到“正常状态”，因而，面对压力，她们可能比成年人更加迷茫和不知所措。

当生活的挫折来临时，即便女孩能够勇敢面对，有时也难免面临压力。当然，适度的压力会成为女孩克服困难的动力，但压力过度却有可能成为她战胜挫折的阻力，这时，就需要父母站出来做女儿坚强的后盾了。

现代社会，孩子们的承受能力普遍低下，特别是女孩子，一遇到什么事情就完全失去方向了，根本无力面对。这就需要父母在女儿遭遇压力情境时，予以支持，帮她提高压力承受能力。这种能力可以锻炼女孩的心理素质，使她能够战胜人生中的挫折和风雨。

韩丽云的父母都是残疾人，生活非常艰难。从小，爸爸妈妈没有条件抱她，就让她自己学走路，小丽云摔得鼻青脸肿，爸爸妈妈看着，心疼，可是一点儿忙也帮不上。

三岁起，小丽云就会自己照看自己了；到了五岁时，她就能帮爸爸做饭了。但是爸爸的身体太差了，不久就病逝了。妈妈一方面思念丈夫，一方面看着可怜的女儿，不忍心成为她的负累，就不吃饭、不起床，企图绝食而亡。小丽云对妈妈说："妈妈，你不能死！你死了，我就成了孤儿了。你好好地活着，我一定能养活你！"听了女儿的话，妈妈虽然被病痛折磨得痛苦不已，但还是决定活下来陪伴女儿。

从那以后，丽云每天早早起来给妈妈做饭、熬药，帮妈妈套上假肢后，自己再吃饭上学。一次，丽云肚子痛极了，她咬着牙挣扎着走下楼时，昏倒在地上，被过路的市民送进医院，她才知道自己患了十二指肠溃疡，面临着危险。医生告诉她要住院治疗时，小丽云哭了："我住了院，谁来照顾我妈呢？"一句话让在场的医务人员感动不已。

有一些好心的记者通过报纸报道了小丽云的事迹，很多爱心人士都被她感动了，他们为她捐了钱，有的还亲自跑来帮助她。

当然，现实中像韩丽云这样的女孩子可能不多。但是我们也相信，她所面临的这份生存压力，将会锻炼她良好的心理素质，即使将来面临更大的坎坷与挫折，她也能够承受得起。

生活中，普通女孩的压力往往要比韩丽云小得多，所以父母决不能忽视这个问题，要及时发现并给予女儿相应的帮助。如果你的女儿长时间地难过或者郁郁寡欢，超出了你的预期；或者变得富有攻击性，离群索居；或者不愿与人交往，睡眠不安，出现胃疼或者其他症状，比如特别口渴、体重减轻、注意力不集中；或者过分依附他人，那么，她可能正面临某种压力，需要你采取一些行动，以支持她、帮助她。下面是一些方法可供参考：

（1）留出时间和女儿沟通

当女儿面临压力时，父母应认真倾听女儿的心声，了解女儿心理上有什么压力，以及压力的起因是什么。只有这样，女儿才能说出真心话，把自己的心交给父母；父母也才能了解到女儿真实的心理现状，从而针对问题帮助她。

（2）和女儿一起分享自己应对压力的经验

当女儿面临压力时，父母还可以和她一起分享自己的经验，给她一些建议。父母不妨给她讲讲自己儿时的故事，说说自己当时遇到这样的“难题”时是怎么想的，怎么做的，让她知道原来父母也有面临压力和烦恼的时候。而且此时父母的话，最容易被女儿所接受。父母在为女儿树立榜样的同时，也增强了她克服压力的勇气和信心。

当压力降临在孩子身上时，父母要给予及时的支持与帮助，让她积极应对，同时也是给她上了一堂很好的挫折教育课。

事实上，许多时候，女孩的大部分压力主要来自父母。因此需要父母首先给自己减压，并且尽量不要把自己的压力转嫁给女儿。做到这点，本身就已经是对面临压力的女孩的最大的支持。

此外，父母还可以教给女孩一些缓解压力的方法。比如，让她多笑一笑，陪她每天散步，每天留一点儿时间和孩子沟通等。

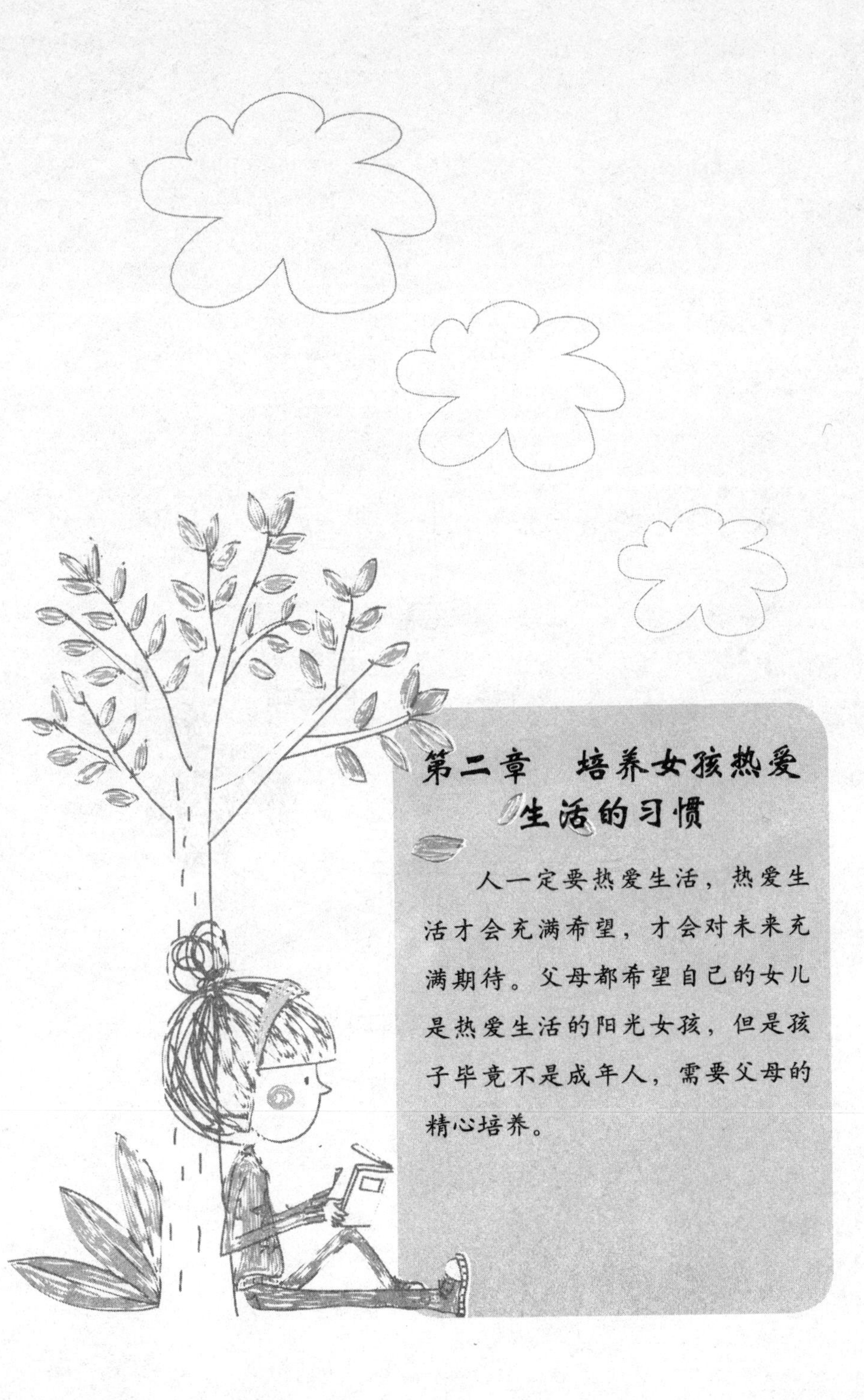

第二章　培养女孩热爱生活的习惯

人一定要热爱生活，热爱生活才会充满希望，才会对未来充满期待。父母都希望自己的女儿是热爱生活的阳光女孩，但是孩子毕竟不是成年人，需要父母的精心培养。

1. 帮女儿改掉任性的习惯

每个父母都希望自己的女儿拥有良好的性格，但令父母无奈的是，很多孩子却成了刁蛮的公主。什么原因呢？从孩子降生的那一天起，爸爸妈妈就将爱化为“蜜汁”，让自己心爱的宝贝沉浸其中，但如果这种爱成了溺爱，就可能引发孩子内心的“变质”。

很多家长感叹现在的女孩子任性妄为，一个个都像刁蛮的小公主。任性也已经成为当代少年儿童不良习惯之一。孩子们放任自己的性情，没有控制情绪的能力，做事情的时候往往对自己不加约束，凭着自己的喜好行事，爱做什么就做什么，不分是非且固执己见，明明知道自己不对还要继续做下去。

女孩子们常常用哭闹和眼泪来威胁自己的父母以达到自己的目的，爸爸妈妈们通常会心软，一切听从了孩子的安排。可是，当孩子独立涉足社会的时候，谁又会对她心软呢？如此四处碰壁，总有一天，她们会为自己的任性付出惨痛的代价。

目前我们的家庭教育中“过分溺爱”这一倾向是很令人担忧的。现在的孩子只知索取，不知付出；只知爱己，不知爱人，这是一种通病，也是一种普遍现象。所以，教子做人，首先要把握好爱的尺度，不溺爱孩子。

近年来，独生子女家庭占多数。许多父母溺爱孩子，毫无原则地满足孩子的一切物质要求。这种以孩子为中心的教育方法，反而会害了孩子，让一个个本该天真无邪的孩子变得凡事都以自我为中心，缺乏社会责任感，粗暴且不尊重人。

正是父母的“极度溺爱”、“过分宠爱”、“无限纵容”滋长了孩子的自私，使孩子心中只有自己，没有别人。不少家长认为，如今条件好多了，孩子又是“独根独苗”，因此，无论如何不能让孩子吃苦受累，这是极不正确的观点。

孩子的生活道路被铺得如此平坦，似乎这样就能让孩子一生无阻。但事实上，这种错误的幸福观才是孩子最终的“灾难”。很多父母却不知道这种教育方式的潜在的隐患。

所以，父母要注意区分正确的爱与溺爱，两者之间离得并不是太远。溺爱是父母与孩子关系上最可悲的事情，爱多爱少，爸爸妈妈们很难界定。溺爱只能换到孩子的自私与无情！这是不可否认的事实。

溺爱在父母眼里是为孩子好，但这却是把孩子往火坑里推。造成这个悲剧的原因是孩子的父母没有把握好疼爱孩子的尺度，一味地无原则地给予，放任年幼的孩子随意行事，超过限度的关爱让孩子丧失了辨别是非的能力。

而且，被溺爱的孩子往往习惯以自我为中心，凡事只想到自己，从不为别人考虑。父母的溺爱使孩子们只知道享受别人的爱，最终成了冷酷、无情，甚至伤害别人的“坏孩子”。

事实上，父母爱孩子，可以用慈爱来取代溺爱，这样会对孩子的成长更有好处。当孩子做错事时，父母要用温和的态度讲明是非与道理，纠正孩子的错误，最后不要忘记补充一句安慰的话语，使孩子感到爸爸妈妈的爱仍然存在。

只要仔细观察就可以发现，孩子的任性是由多种原因引起的，有的孩子任性是为了满足某种物质的要求；有的孩子任性是想得到别人的认可；有的孩子任性是因家长的教育方法不当。

那么，如何防止和纠正孩子的任性行为呢？家长根据孩子的不同情况，可以采取以下几种方法：

（1）不要“硬碰硬”，试着分散孩子的注意力

在孩子任性时，家长们要想办法转移他的注意力。不要和孩子“硬碰硬”，谁也不让着谁。当然，父母的忍让是有限度的，过度忍让又会变化成溺爱。所以，我们要很好地把握住这个尺度。

（2）让孩子学会冷静处理

家长和孩子都要时刻保持冷静。如果说孩子的哭闹解决不了问题，那么暴力也是解决不了任何问题的。父母们冷静分析一下，孩子的要求是不是合理，合理的应予承认，并尽可能给予满足；不合理的要求，我们千万不能迁就姑息。

其实，许多孩子因为愿望得不到满足而哭闹不休。遇到这样的孩子，父母可以采取不理睬的态度。哭累了，孩子自然会停止。等孩子完全冷静下来后，我们再告诉他为什么不去满足他的愿望，是因为他的要求不够合理。

（3）正确的对比让孩子看清自己的错误所在

任性的孩子好胜、自尊心强，可使用对比诱导法，用他所了解的英雄伟人的事迹与其行为对比，让其好胜心和自尊心受到刺激，使他从另一个角度去认识问题，主动改变任性的行为。

（4）父母是孩子生活中最直接的模仿对象

家长是孩子的榜样，家长要及时纠正自身存在的问题。家长要注意警惕和检查自己在日常生活中是不是也不冷静、爱发脾气、不讲道理。因为家长的任性往往会影响孩子，使孩子在潜移默化的过程中也学会了任性。

此外，切忌以家长的任性来对待孩子的任性。这样做，孩子的任性非但不会减轻，反而会加重，因为家长实际上起着“示教”与“榜样”的作用。因此，在这样的家庭中，只有先纠正家长的任性，孩子的任性才能解决。

聪明乖巧的女孩，谁见了都喜欢，而刁蛮任性的女孩长大以后，这种性格将严重地影响和阻碍生活和事业的发展。所以，父母一定要明白溺爱的危害，让孩子远离不良的习惯。

2. 教会女儿有付出才有回报的道理

有些女孩子不懂得自己需要付出，不知道自己身上肩负着很多责任。家长在与她们沟通时，对“付出”这个话题说得不够，甚至很少提及，以至于让她们缺少了对付出的理解，对社会及他人少了一种付出的责任，以至于形成以自我为中心的性格，给孩子的一生造成不良的影响。

爸爸妈妈们都希望自己拥有一个孝顺的孩子，所以不能忽视对孩子的责任心的培养。下面就是一则真实的新闻报道，希望能引起家长们的警醒。

2004年，北京某知名大学一名四年级的女生半夜从宿舍楼的十二层跳下，了结了自己年轻的生命。这个同学眼中的优秀者，当年还获得了学校的二等奖学金，可她为何会走上不归之路呢？

据同学猜测，她自杀的原因可能是因为快毕业了，找工作的压力大；也可能是因为父母反对她交了个外地的男友……不管原因如何，选择这样一种方式告别人世都是不应该的。她在冷漠面对这个社会的时候，也残忍地结束了自己的人生，她不知道她还要对父母和社会负责。

据相关人员在一所中学里进行的调查显示：在一定的年龄段，竟有80%～90%的孩子曾有过出走或自杀的念头。此项调查结果足以令家长们不寒而栗。我们都要在心中敲响一记警钟：在加强心理健康教育的同时，还应该从小对孩子进行责任心的教育。

在我们看来，今天的孩子是幸福的，特别是20世纪80年代后的孩子们，多是独生子女，无论是生活条件还是智力开发都和过去的孩子有着天壤之别，社会、学校和家长都投入了大量的心血。

可是耳闻目睹的许多事情常常令我们很惊讶，记得一位母亲哭诉道：

我买了十八只大虾，孩子一口气吃了十七个，剩下一个我想尝尝味道，吃掉了，孩子居然大哭起来，质问我："你明明知道我爱吃，为什么不给我留着？"

现在的家庭，子女都是宝贝，一个人享受着全家人的宠爱，从来没有想过自己身上也有义务和责任，自己也应该付出。不过，这都是父母教育的缺失造成的。

现在，在青少年中，行为卑鄙和为人刻薄的有很多，孩子的残忍行为呈明显上升的趋势。残忍与刻薄会留下无法磨灭的人格缺陷，撕碎孩子的道德底线。一个人，没有了责任心，就只能想到自己，只要不如自己的愿，就要报复和发泄。

可是家长们却毫不在意孩子责任心的培养，只是拼命地对孩子进行智力投资，忘了对孩子进行德育的培养，进行责任心的教育，似乎孩子们只需要考高分，别的什么都不需要了。

只有责任心的教育才可以让女孩子生出对别人的感恩，并唤醒她们的良知与感情。孩子们才会变得宽容而富有同情心，才能理解别人的需要，才会伸出双手去帮助那些受到伤害和需要帮助的人。一个没有责任心的女孩子是可怕的，她的感情生活也将一片空白。

有些老师也深深感到孩子们缺乏爱心的危机。老师们从早到晚全身心辅导学生，辛苦与劳累是可想而知的，老师认为教育孩子是他们的天职，他们牺牲了午休时间，甚至天黑了还在办公室辅导学生，但孩子们却不知感恩，甚至连句谢谢都很难听到。

一位老师曾经颇为无奈地说过这样一件事：“我从教三年来，一直随学生包车来来往往，都是我给学生让座，偶尔遇到一两个学生给我让座，就让我激动不已。我们的教育对象都是独生子女，从小娇生惯养，都是人家对他们献爱心，他们哪里知道关爱别人。”

因此，培养孩子首先要教会孩子的是“爱”，告诉他们这是一种义务和责任。让孩子做到爱自己的亲人、爱老师、爱他人、爱集体、爱国家。这种教育迫在眉睫，否则我们就将生活在没有爱心的世界里，这对孩子们来说也是一件很糟糕的事。

现在有许多孩子从小就受到父母、家人、社会的过度关爱，使得孩子们受不了半点儿委屈和打击，遇到一丁点儿不开心就非要闹个天翻地覆。

一些孩子为了一点儿小事就大打出手，几句话理论不过家人，就离家出走。现在，父母们正面对着大批不懂得付出、缺少挫折教育、没有经历过苦难的一代人。这些孩子不会理解父母的含辛茹苦，更谈不上他们对“付出”的理解到底有多少了。

对此，我们必须有意识地引导和培养，让我们的孩子学会付出，爸爸妈妈要以身作则，因为言教不如身教，对待自己的长辈及家里的老人都要真诚、有爱心，要承担起自己的责任和义务。如果家长是一个逃避责任的人，那么孩子很可能会受到不良的影响，形成自私自利的性格。

父母要让孩子明白，只有付出爱心才能得到等量的爱。没有爱的付出，就不可能收获别人对自己的爱。就像农夫一样，春天不去播种，秋天就不会有收获。

女孩终究要长大成人，会组建自己的家庭，如果从小心中没有付出的意识和概念，不去思考自己应该承担的责任，就很可能影响到以后的婚姻生活，给一生带来不必要的坎坷。

所以，父母对孩子应该疼爱，但不能溺爱，没有原则的溺爱只能让孩子遭遇社会的淘汰，命运的打击。如果父母能及时地引导女儿，让其时刻谨记自己的义务和责任，懂得只有付出才有收获的道理，那么，相信孩子长大以后一定能成为人人称赞的优秀女孩。

3. 别被有脾气的女孩吓住

温柔是女孩子应该有的品德，可是现代社会却涌现出很多“野蛮的小公主”，让人望而生畏，这让人不禁思考，女孩子究竟应该是什么样的？事实上，从心理学角度来看，乱发脾气是儿童意志薄弱、缺乏自控能力的表现。这样的孩子做事只随自己的性子来，从不考虑后果。作为家长一定要纠正孩子的这一坏习惯。

李芳夫妇最近对女儿静静的坏脾气很是头疼。静静刚刚五岁，脾气却很是了不得，稍不如意就大喊大叫，好几天都不消气。即使是跟她讲道理，她也听不进去，如果父母不按照她说的去做，她就一直吵闹、哭喊，拒绝吃饭，手里有什么东西就会顺手扔出去。

为了治女儿的毛病，李芳夫妇想尽了办法：用物质奖励、严厉地呵斥，甚至是恐吓……这些都不管用，静静的脾气反而更大了。

一天晚上，一家人正在吃晚饭，静静突然想起来要吃雪糕。已经很晚了，商店都关了门，夫妇俩试图跟女儿解释，劝说她明天再吃。

然而，小静静可怕的脾气又上来了，她躺在地上大声叫喊，不停地哭闹，用脚踹所有够得着的东西，闹得很厉害。

静静自己无趣地闹了半小时，她奇怪地发现，居然没有人理她。于是，她又重新按她刚才的“表演”闹了一番。这次李芳夫妇知道怎么做了，他们坐了下来，静静地看着女儿，没有任何语言和动作。

静静不罢休，又开始了第三次“表演”，然而爸爸妈妈还是没有任何表示。最后，静静似乎闹腾累了，直接气呼呼地回房间睡觉去了，这件事总算就此平息。

从那天起，静静知道哭闹无济于事，渐渐改掉了暴躁的脾气。因为她发现，暴躁与发泄并不能解决眼前的事情。

事实上，很多孩子的坏脾气都是家长娇惯出来的，如果孩子第一次发脾气，家长没有满足她的意愿，孩子就会有所收敛，因为她会觉得这一招不灵。

女孩子的性格是在后天环境中形成的，有不同的家庭环境就有不同的性格，有的孩子聪明乖巧，有的急躁易怒，有的能忍耐，有的没耐心。而在现代社会，乱发脾气的孩子又占了主流趋势，稍不如意就马上开始大哭大闹，向家人宣泄自己的不满情绪。

很多原因都可能造成女孩子脾气不好，溺爱是重要原因之一。如果父母一味溺爱孩子，有求必应，就会使孩子脾气越来越暴躁，最终形成恶性循环。家长面对孩子不合理的要求时，要耐心地说服。只有父母才能帮孩子改掉乱发脾气的坏习惯。

要让孩子心平气和地生活，改掉好发脾气的坏习惯，父母可以采取以下的方法：

（1）找出孩子发脾气的真正原因

只有找出原因，才能真正地解决女孩子发脾气的问题。如果是因为孩子的内心受到了伤害，没有发泄的渠道，导致她愤怒，家长就要进行疏导，让女儿从阴影中走出来，她自然就不发脾气了；如果是因

为学习成绩下降，致使情绪波动，此时家长就应该从根本上解决女儿的挫败感，帮她战胜失败，让她勇敢地面对遇到的困难。

孩子发脾气，一定有她的原因，家长要弄清是非，不能急躁地打骂孩子。一定要分析出是因为孩子的自我情绪调节能力低，还是缺乏自我控制能力，又或是表达能力差。分析出原因，才能对症下药，帮孩子纠正坏习惯。

很可能，很久之前发生的一件事导致了女儿心里潜伏着一种情绪，而正是这种情感引发了她的愤怒，如果父母不能及时地替她解开心结，那她就会变成一个爱发脾气的小孩。女孩子的愤怒有时掩盖着内心深处的伤痛，愤怒的她看起来气势汹汹，其实很可能隐藏着她内心的惊恐不安和悲伤。因此，父母一定要给予孩子理解和倾听，并能够帮助孩子从愤怒中走出来。

（2）爸爸和妈妈要有统一的行动

有时，当孩子发脾气时，爸爸和妈妈的行动很不统一，一方袒护她，一方教导她，爸爸批评后，妈妈又去哄。如果这样下去，就会使孩子尝到甜头，这实际上是一种负强化，孩子就会闹得更凶。正确做法是我们应该让孩子懂得并记住一个道理：吵闹发脾气是没有用的，是没有人喜欢的。

（3）多与孩子沟通

我们可以多方了解别的小朋友在玩儿什么、想什么、要求什么等，当孩子提出自己的要求时，我们就明白孩子的心情了，沟通后再加以开导和耐心的说明，才能真正地懂得孩子的想法和发脾气的原因。

（4）要注意引导和教育的方式

简单粗暴的教育方式，绝对改变不了孩子好发脾气的习惯。有的母亲认为自己不忍心对孩子发脾气，就把孩子推给父亲管教。而父亲有时会用粗暴的方式来对待孩子，这样以暴制暴，只能让孩子觉得乱发脾气是很正常的事情，因为她会觉得大家都在发脾气，我为什么不能？

有时，女儿的愤怒可能只是以为事情不是按她希望的方向发展，比如，孩子因为父母没有带她去玩儿就会感到非常愤怒。父母要能够容许孩子发泄怒火，但是同时也要告诉女儿：随意发脾气不是“正确”的方式。

可以耐心地留给孩子一段时间，让她哭喊，但等到她的情绪慢慢恢复平静之后，再心平气和地和她交谈。否则，女儿的愤怒受到强制，她很可能把这种伤害施加于其他人身上，并且把愤怒当成一种习惯。要让孩子知道，只有冷静下来做出反应，才能理智地处理问题

要让女儿知道，愤怒之后要马上冷静下来，要具有理智的思维，在愤怒时做出的冲动行为可能当时感觉一吐为快，但是以后多半会后悔的。

家长在孩子的成长路上起着很重要的作用，要引导女儿学会柔和，让女儿学会调节自己的情绪，不要做情绪的奴隶，才能成为优秀的女孩。

4. 让女儿做力所能及的家务

现在的学生，普遍学习压力很大，家长心疼孩子，一般不会让他们做家务劳动，而让孩子用网络游戏来放松和休息，而且其中不乏女孩子。事实上，这样做不仅不能让孩子得到真正的放松，还会让可怕的“网瘾”缠住孩子的心灵。

很多家长对自己女儿懒惰的毛病很是不满，想尽力帮助孩子纠正。但是，空洞的说教往往毫无意义。要想培养孩子爱劳动的习惯，就要让她亲自体验，多多参与，最终形成习惯。其实，多做些日常生活中的家务就是很好的锻炼途径。

家长必须懂得除了让孩子完成自己的学习任务外，还应该让孩子抽出少部分时间来从事家务劳动。比如在周末让孩子帮助父母洗碗、做饭时洗洗菜、帮助社区做一些力所能及的事。这样不仅可以让孩子放松身心，培养孩子热爱劳动的好习惯，同时还能让孩子从书本中走出来，走进现实的生活中，体验到劳动的快乐与艰辛，升起对生活的感恩。

从另一个角度来讲，劳动实践是孩子学习知识、认知社会的重要途径。孩子日常的家务劳动正是难得的学习机会和锻炼机会。

同时，家长和孩子一起做家务，可以增进父母和孩子的感情，有利于亲子关系的融洽。而且还能让孩子懂得父母的辛劳，能体谅父母，进而成为一个孝顺的孩子。

美国教育很重视这方面的培养，家长在这方面做得就比较合理。在美国家庭中，每一位家庭成员都必须参与一定的家务劳动，比如清扫花园、修剪草坪、修缮房屋等。每到周末，我们可以看到，花园里都是忙碌的“小园丁”，只有完成家务后，孩子们才能开始玩耍。

美国的家长分配给孩子最适合他们的家务劳动，因为每一个孩子的能力都是有差别的，不同年龄的孩子，得到的劳动任务也应当有所不同。

萍萍满十二岁了，开始关注自己的外表了，妈妈发现她开始频繁地换漂亮裙子和外衣。同学们都夸萍萍变美丽了，可是换洗的衣服却成了妈妈的沉重家务负担。

一天，妈妈找萍萍谈话了。妈妈说：“萍萍，妈妈最近工作很忙，你已经十二岁了，可以为妈妈分担家务，做一些自己的事情了，以后你的衣服要自己洗。如果你忘记的话，就只好穿脏衣服了。”萍萍心想这没什么，就很痛快地点了点头。

两星期过去了，妈妈发现洗衣机里塞满了萍萍的脏衣服，她很生气，于是严厉地批评了萍萍，萍萍答应妈妈下次不会忘记了。

接下来的一周，萍萍还是没有洗，脏衣服更多了，洗衣机里已经放不下了，那么多的脏衣服都堆在了萍萍的屋里，地板也被占满了，而且萍萍已经没有几件干净衣服可以换了。

妈妈虽然看在眼里，但并不过问。当然，萍萍也有她的应对办法：她从脏衣服堆里捡出稍微干净的衣服继续穿，就是不肯自己动手把脏衣服洗干净。

几周过去，萍萍已经再也拣不出一件稍微干净点儿的衣服了，而妈妈依然是不闻不问。萍萍实在没有办法，只好把衣服一件件洗干净。此后，萍萍的衣服都是由她自己来洗，而且她发现洗衣服并没有她想象的那么难，萍萍甚至还渐渐开始帮妈妈做其他的家务了。

家长在培养孩子做家务的习惯时，应该注意以下几点：

（1）明白让孩子做家务的原因

家长要鼓励女孩子参加力所能及的家务劳动，不能以她们学习忙为借口，就放弃对孩子的培养。其实，让孩子做适量的家务劳动并不是为了替我们分担什么，而是为了培养孩子热爱劳动的好习惯。

家长要眼光长远，让孩子自己去实践，不能因为孩子做不好，或者父母看不惯，就不让孩子参与，家长要明白这是真正锻炼孩子的机会。

（2）让孩子对家务劳动产生兴趣

如果家长总是督促孩子做家务，很可能孩子会拒绝或者不满，这是孩子对劳动丧失兴趣的表现。在他们眼里，劳动只是一个任务，是让人觉得疲惫的体力活，毫无兴趣可言。

那么，怎么解决呢？家长可以将家务劳动与趣味游戏相结合，比如和女儿比赛擦桌子，看谁擦得干净，看谁做的饭受人欢迎。女孩子需要有童趣的劳动，而这些趣味，需要我们开动脑筋去发现。

此外，家长在选择劳动内容时要考虑适合孩子的年龄特点，不能太复杂，应该以自我服务为主。时间也不能太长，否则会使孩子过度疲劳，影响劳动效果，甚至产生厌恶劳动的情绪。

（3）要及时表扬孩子、激励孩子

当孩子认真做完一件家务时，我们要及时地予以肯定。让爷爷奶奶一起来参观孩子的劳动成果，参观完毕还要表扬。受到鼓励的孩子得到心理暗示，就会在以后的生活中继续帮助爸爸妈妈做家务劳动。这种刺激与激励的方法更容易让孩子继续保持热爱劳动的好习惯。

（4）家务再繁琐也要有具体分工

家务事往往很繁琐，如果分工不明确，孩子很可能会偷懒。我们要在开始劳动前，明确孩子的劳动目标。劳动中还应提倡相互协作，这样，孩子就能很好地完成爸妈交给的任务了。

总之，家长千万不能把女孩子当成学习的机器，让她们以后缺乏生活自理能力，变得懒散，不爱劳动。如果发现自己女儿有懒散的习惯，就要通过合理的引导，让女孩子热爱劳动，有动手能力，这是家长的责任。

5. 教育女儿做个文明懂礼的女孩

一个言语不礼貌的女孩，很难被冠以“优秀”二字；一个经常说粗话的女孩，很难和心灵美联系起来。所以，家长一定要在日常生活中引导孩子，教会孩子怎样使用礼貌用语。

伴随着年龄的增长，孩子的语言能力也逐渐增强，一些脏话、粗话，也随之出现了。父母们都觉得孩子小，学什么都快，学骂人也很快，有时都不知道她从哪里学来的。

比如，周末家里来了客人，看着小女孩可爱，逗了逗孩子，结果孩子张口就骂人，弄得客人和家长都十分难堪。客人私下里会认为孩子没有礼貌。事实上，孩子年龄小，没有什么明确的是非观念，根本没弄懂那些脏话的真正含义。有时，他们骂人、说脏话、粗话只是觉得好玩儿、为了逗乐而已，或是为了引起周围人的注意，她们往往愿意用这种方式来表现自己。如果家长不及时地引导，孩子很可能形成说脏话的坏习惯。

梅琳是一个活泼可爱的小女孩，但是大家对她的一个缺点很是头疼：梅琳不太懂礼貌。

梅琳想吃水果了，会冲着奶奶大喊："给我拿水果！"

梅琳的奶奶是教师，很懂得教育，为了教会她使用礼貌用语，就故意装作没听见。

梅琳叫了几声，见奶奶不理她，就跑过来说："奶奶，你不疼我，你没有听见我说要吃水果吗？"

奶奶说："我听见了，可我不知道你在叫谁呀，你又没有叫'奶奶'。"

梅琳撒娇地说："奶奶，我想吃水果。"

"梅琳，你说得还不对。"

"怎么又不对了？"

"你要说：'奶奶，我想吃水果，请您帮我拿，好吗？'"

梅琳重复了一遍这句话后，奶奶才帮她拿了水果。

等梅琳吃完，转身去玩儿时，却被奶奶一把拉住说："还没完呢！”

梅琳瞪着大眼睛说：“完了，吃完了！”

奶奶说：“你还没有说声谢谢呢。”

“哦，还要说声谢谢？”

“当然啦，别人帮你做了事，你怎么可以不说声谢谢呢？”

这位聪明的奶奶就是这样一点一滴训练梅琳学会使用文明语言的。

孩子模仿能力强，周围的环境中如果有说脏话、粗话的现象，而父母不去引导，很可能孩子就会去模仿。

许多孩子说脏话、粗话，父母听见就大发雷霆。轻则严厉地批评，重则对孩子体罚……但是这都是孩子的错吗？其实，很多时候是父母不注意自己的言行，导致孩子模仿，即使父母阻止孩子说脏话，孩子口服心不服，自然不能很好地听从父母的劝告。

遇到这种情况，爸爸妈妈们该怎么办呢？

事实上，要想解决孩子说脏话、粗话的问题，就要查出原因出在哪里，然后再有针对性地给予指导。纠正孩子说脏话、粗话的习惯，我们可以采用下面的方法：

（1）营造干净纯洁的语言环境

家长要做孩子的好榜样，也要注意不要让孩子受周围生活环境的影响，不要让孩子从电视、网络上学脏话、粗话。如果发现孩子从小伙伴那里学到脏话、粗话、不好的顺口溜等，要及时地纠正和引导。

家长要及时纠正女儿的错误，引导她玩儿文明、健康的游戏。

孩子的礼貌并不是与生俱来的，而是完全由父母在后天培养的。孩子礼貌程度的高低，就是衡量父母教育成功与否的标准。

孩子生来喜欢模仿身边的事物，于是，爸爸妈妈就成了他们最直接的模仿对象。我们身为父母，即使是面对生活中的点滴小事也要做到讲礼貌，这样，才能为孩子树立一个好的榜样。

（2）耐心和蔼地面对说脏话、粗话的女孩子

如果女孩子经常讲一些脏话、粗话，家长应该告诉她们这些话不文明、不好听，爸爸妈妈和所有的人都不喜欢听。在批评孩子的时候，要有耐心，要注意用词文明，切不可用脏话、粗话，这会让孩子觉得：父母说这样不好，为什么他们自己还那样呢？我为什么不能说呢？

（3）找出问题的根源，对症下药

家长要解决女孩子爱说脏话、粗话这一问题，就必须先了解孩子说脏话、粗话的根本原因，然后再有针对性地引导和纠正。

如果女孩说脏话、粗话是因为年龄小而没有正确的是非观念，家长就要在日常生活中，抓住每一个能提高孩子判断是非能力的机会，巧妙地进行教育。

如果女孩说脏话、粗话是因为发泄不满的情绪，家长就要随时教给孩子表达情绪的正确方式。可以在孩子安静时告诉她怎样正确地疏导自己的情绪。此外，家长也要关注孩子产生不满的原因，及时纠正。

如果孩子说脏话、粗话只是因为觉得很有趣，能够引起别人的关注，家长就可以在孩子说脏话、粗话时，表示出不开心或觉得无味，孩子就不再说脏话了。

家长还要让女孩子懂得礼貌是人与人之间沟通的基础，说脏话是没有礼貌的表现，是不会受欢迎的，懂礼貌的孩子更容易被大家所接受，成为一个受欢迎的小朋友。

（4）不要当客人来时，把孩子打发到旁边

许多时候，我们会遇到这样的情况：有的爸爸妈妈觉得家里来了客人应该把孩子赶回自己的房间，不让孩子在中间添乱，或者让孩子自己去一边玩耍，不予理会。

殊不知，为了这片刻的安宁，我们已经在不经意中剥夺了孩子

参与社会交际的权利。而这一不经意的举动，也伤害了孩子幼小的自尊心。

总之，家长要从女孩小的时候就培养她懂礼貌的好习惯，这会使我们的“小公主”更招人喜爱，更好地立足社会。而且，培养一个懂礼貌且彬彬有礼的孩子，也是我们进行家庭教育的前提与基础。

6. 教会女儿感恩，让她的心灵更美丽

一个不懂得感恩的女孩，一定不会热爱生活，一定很难得到生活的厚爱，更不可能体会到人生的幸福和快乐。家长要让孩子有一颗感恩的心，不能让她走进冷漠。

一个女孩如果心中没有感恩，就会变得内心冰冷，冷漠无情。做人要心怀感恩，拥有一颗感恩的心，人才能够发现美丽，才能发现生活的精彩，对自己拥有的一切才能够珍惜。

报载，范光磊是江苏沛县安国镇二郎庙村的一个农民工，不幸的是，他年仅四岁的女儿范硕硕因患恶性肿瘤急剧扩散而死亡，在伤心之余，他却把孩子的眼角膜和遗体无偿捐献出来，回报社会对他心爱女儿的关爱。

当人们问范光磊是怀着一种什么样的心情来完成这件事的时候，他流着泪低头说道：“我们的女儿只活了四年，却是一个知道感恩的孩子，她心疼我，心疼她妈。我这么做，我想，她走了，也会很快乐。”

范硕硕从小就非常懂事，她自己有一颗感恩的心，还把爱播撒到身边人们的心里，让人们感受到生活的温暖。她看到父母陪护自己非常地辛苦，她总是请求父母："你们睡一会儿吧，我有事再叫醒你们。"

当小硕顽看到社会上众多不知名的好心人、医生、护士为她治病捐款捐物，她非常感动，同时也很担心，她说："爸爸，咱们拿什么还呢？"医生听到一个四岁的女孩子居然说出这样的话也感觉十分震惊。

在硕硕病危之时，她告诉父亲说："爸爸！我不行了，咱别乱花钱了。"

当父亲试探着问她，假如现在的医疗条件真的治不好她的病，是否愿意把自己的眼角膜捐出来，这样可以使五六名眼病患者重新恢复光明，小硕硕毫不犹豫地点了头。妈妈在一旁已经泣不成声，而小硕硕却伸出小手企图去安慰妈妈。

医院的医护人员都说范光磊养了个好女儿，那么小就那么懂事，知道感恩，知道回报。爸爸外出打工，孩子就跟着妈妈忙前忙后，从地里的施肥拔草，到屋里的洗衣做饭，她都能插上手、帮上忙，也许就是因为知道生活的艰辛才让她变得这样懂事吧。

虽然流行歌曲"感恩的心"家喻户晓，可是真正能做到感恩的，却能有几人呢？对于孩子来说，感恩似乎就更远，衣来伸手饭来张口的生活，她们觉得这都是理所应当的。

让女儿拥有一颗感恩的心，才能让她每一刻都过得幸福。学会感恩，才不会一味地怨天尤人，才有信心去面对生活的挑战，使自己永远保持健康进取的心。学会感恩，世界就会变得五彩缤纷，美丽多姿，人生也将会阳光普照，瑰丽多彩。

一个不知对父母感恩的人，就更不会对别人的帮助心怀感恩：而不知感恩，就很可能会养成贪婪自私的性格，从而导致自己难以融入社会。

其实，父母在这方面起着很大的引导作用，父母要在孩子付出的时候适时地表扬孩子，让孩子在感恩中体验快乐，比如：当孩子帮我们做了家务之后，真诚地说：“谢谢宝贝。”当孩子主动帮忙时，诚挚地表扬：“真不错，你真懂事。”当孩子参加助人活动回来时，也别忘了说一声“辛苦了”。

可能有的父母认为这样的做法有些虚伪，其实不然，孩子的心是纯净的。她在感知自己的做法是否正确，如果父母能够用赞赏的方式来强化孩子的感恩行为，那么感恩意识就会深深印在孩子的脑海里。

女孩子天生细腻敏锐，感悟能力比较强，让她学会感恩不难，只要让她感觉到自己生活中的一切都是来自于别人的创造，来自于别人的辛苦，自己时时处处都离不开别人的帮助，这样就可以了。

父母要告诉孩子，尽管我们要学会感恩，但是帮助别人却不要去求回报。只有这样，帮助别人的心才最纯正。

总之，感恩是福。当女儿学会感恩后，她在面对失败、无奈时，才会因为感激自己的拥有而愿意勇敢地面对，豁达地处理，使自己获得更大的进步。一个感恩的女孩子，将会快乐一生。

7. 做女红，让女孩变得细心有耐性

女红对于女孩子来说，有一种性格再造的功效，它能让女孩子变得更有耐性、更有创造力，它可以增添生活的情趣，沉淀人的心境，

无形中还让女孩子具有了温婉的气质。

比如，绣花，是一种比缝补还要细致的手工操作，需要手巧心细才行。和缝补一样，它不仅能够锻炼女孩子的动手能力，同时，还能够陶冶孩子的性情，让粗心的女孩子变得越来越细心。

现在的女孩子，你若问她：你会织毛衣吗？她一定会嘲笑你说：老土！买不是又快又好吗，自己织多麻烦？她们不懂，手织的毛衣浸润着自己的成长情怀，买的毛衣怎么能和它相提并论呢？

有一个九岁的女孩平时非常粗心，做计算题时经常出错。后来姥姥让她开始学绣花，没想到，两个月之后，她粗心的毛病就改掉了很多，成绩也提高了很多。

现在很多家长认为，与其让孩子学一种将来用不上的技巧，还不如让孩子学习诸如弹钢琴、操作电脑等项目，将来可以用来谋生。

当然，弹钢琴、操作电脑的确都能够锻炼孩子的动手能力，但是绣花动作最精细，是其他活动代替不了的。

而且，女红给人一种美的享受，在闲暇时，阳光洒满的小屋，静静地制作自己心爱的东西，同样是一种修身养性的方式。

在制作的过程中，可以慢慢帮人抚平心灵的伤痕，调节女孩的情绪。无疑，女红对于女孩子的心理健康具有非常积极的意义。

有一个女孩子生病住院了，离开了学校的小伙伴，她变得郁郁寡欢。这个时候，妈妈给她带来了毛衣针和一团毛线，教给她编织，在静静的日子里，女孩渐渐平静下来，她不再烦闷，不再伤心，不再抱怨。很快，她就出院了，当同学们问她住院的那段时间闷不闷时，她摇摇头，指指自己身上漂亮的毛衣说：“当然不闷了，你们看，我学会编织了。”同学们看看她身上那件精美的毛衣，赞叹不已。

精细的手工劳动，不仅能够美化衣服、鞋袜、窗帘和其他装饰品，增强人的审美观念，还有利于绣花者的身心健康。所以，父母要根据女孩的生理特点，让她们多学习，以促进她们的体力和智力的发育，使女孩子健康、快乐成长。

科学研究表明，小女孩手部的细小肌肉群发育比较缓慢，大脑皮质对这些肌肉的指挥功能也比较低，手指的灵活性较差，若对女孩加强绣花训练，就能锻炼手部的细小肌肉群，增强手指的灵活性，为孩子以后学习弹钢琴、操作电脑等打下坚实的基础。

另外，科学研究发现，世界上有很多画家、钢琴家、雕刻家，都是通过学习绣花而练习基本功的。因为学习绣花时，需要认真仔细观察自然界的景物，如鸟兽虫鱼、风光山水、树木花卉、各种图案等，可以大大加深对大自然的钟情，激发对祖国大好河山的热爱，提高自己的美感与欣赏水平。

自己织毛衣、绣花、钩包、缝纫、设计一个盘扣、重新制作一个领子或者一个袖子，心里总会有种温柔的情愫。对于不同年龄的女性来说，女红具有不同的意义，对于幼女来说，那是一种对世界柔性的探索，对于少女来说，那里隐含着自己悸动的灵性，对于成年女人来说，那是一种梦想的延伸。

当然，学习绣花可不是一件容易的事，十三岁的娜娜费了好大劲儿才学会了绣花。

娜娜的奶奶会绣花，她经常看到奶奶绣出各种漂亮的布鞋、帽子、枕套、鞋垫等，心中好生羡慕，于是自己也想亲手绣一绣。

那天，她看到奶奶不在家，就偷偷地找来了奶奶绣花的材料——针线和布，慢慢学者开始绣花。她在脑海里回忆奶奶绣花的样子，以为依葫芦画瓢总能绣好，但是没想到在奶奶手中非常简单轻巧的动作，自己却怎么也做不好，一根轻巧的绣花针竟然也变得如房梁一般沉重，自己还时不时被扎伤手。娜娜扔下布赌气不绣了，但是她有些不甘心，既然开始了就不能放弃，于是，她决定去找奶奶。

娜娜以为奶奶肯定要嘲笑她了，没想到奶奶听说她要学绣花，非常高兴，还鼓励她说："刚拿起针就能绣，我们娜娜真的很不错啊。”接着，奶奶便教给她绣花的技巧，奶奶说：“绣花，首先要选好线的颜色，然后再按照所画的轮廓一下下地绣好边框，之后才能开始动手绣中间的。”奶奶慢慢地讲着，还不时示范给孙女，一向好动不好静的娜娜居然变得非常有耐心，她静静地细心听着、看着。

娜娜在奶奶的指导下，娜娜终于学会了下针，她按照奶奶所画的小蝴蝶的轮廓一针一线地绣。一个下午的时间，一只翩然而飞的蝴蝶就在她的针下灵动起来，娜娜非常有成就感。

绣花说起来很难，其实不难，在老师的指导下，多练习，所有的孩子都能够学会绣花。

父母在帮助孩子学习绣花时，要注意以下几点：

（1）帮助孩子进行绣花线的选择

女孩在绣花的过程中，要选择丝线，调配颜色，穿针引线，这对提高她们的视力和辨色力，都有一定的好处。同时，当她们辨不清颜色、穿不上针时，也便于及时发现她们的生理缺陷，如色弱、色盲、斜视等，以及时得到诊治。

（2）若女孩绣花绣成各种图案后，可以对其进行评点

评点能增加她们对这项手工劳动的兴趣，这对于以后的美育教学、审美观念与水平，都有很大益处。

虽然父母没有必要让自己的女儿一定要成为“大家闺秀”，但是让她变得“蕙质兰心”却是一个不错的结果。因此，至少要让自己的女儿学会一种女红。

8. 让女儿尝试欣赏他人

一位哲人说过，赞美是美德的影子，一个能欣赏别人的人，一个能对别人发出赞美的人，是个能不断取得进步的人。

一般来讲，女孩子的嫉妒心比男孩子强，对于比自己漂亮或者能力强的人，心里总是酸酸的，萌生醋意，不能正确地看待自己和对方，不懂得欣赏他人。这种嫉妒心理就像毒蛇一样，会毁掉女孩子美好的心灵。

某地曾经发生过这样一件事：

一位高中女生，半夜把一杯硫酸泼到同学的脸上。当办案人员追问是怎样的仇恨才使她做出如此歇斯底里的举动时，她的回答让见多识广的办案人员大吃一惊，她说："她比我学习好。"

嫉妒是人心灵的毒药，会使一个人慢性中毒，不但得不到任何好处，反而让自己跌进痛苦的世界中走不出来。同时，嫉妒还是拿别人的优秀来惩罚自己，实在不可取。因此，在女儿小的时候，父母要注意培养孩子能够欣赏他人的能力。那么，怎样让女儿学会欣赏他人呢？

（1）父母要以欣赏的眼光看人

如果父母平时在评价周围的人时就持鄙视的态度，那么女儿如何能学会欣赏他人呢？这里要注意，要真心欣赏他人，如果父母表现得虚情假意，那么女儿只会变得虚伪。

(2) 告诉女儿欣赏他人是促进和谐的人际关系的一种方法

在艾里姆夫妇的《养育女儿》一书中，他们把女孩对情感的要求解释为对“关系”的需要。也就是说，与男孩子相比，女孩子更看重人际关系。只要父母告诉她，欣赏别人会让她变得更受欢迎，那么，她就会想办法去发现别人的长处。

(3) 让女儿学会欣赏自己

一位著名的教育家说：“一个会欣赏别人的孩子，是自信的、快乐的、勇敢的、开放的。”孩子之所以有嫉妒心理，就是因为对自己不自信，不能欣赏自己，自然就无法欣赏别人。因此，让女儿学会欣赏别人，首先要让她学会欣赏自己。

(4) 告诉女儿能欣赏他人的人才是能进步的人

欣赏他人就意味着找到了一个学习的目标，而对于这个目标，只要通过努力学习就有可能达到。相反，不能欣赏他人，不但意味着看不到（或者看不得）别人的长处，也意味着在遮蔽自己的短处，而这样的结果势必会导致故步自封。

父母要告诉女儿：世界上的任何一个人，都不可能是某个领域中的完人，总有一些人会优于自己，但是每个人也有自己的优势，同时，通过努力也可以达到别人那样优秀。

当孩子认同优秀是学习和努力换来的，那么她就会想方设法去提高自己，她的表现一定是欣赏别人，而不是嫉妒别人。比如，当她看到一株芍药开得非常好时，她会发出欣赏的话语：这个花开得太好了，你是怎么种的？能不能教我？面对这样的孩子，相信没有人会不喜欢。这样的孩子在别人有所成就时，不是心存嫉妒，而是平静地看待，并且愿意跟随他学习，取得同样的成就。

生活就是一面镜子，你喜欢别人，别人就喜欢你；你欣赏别人，别人就欣赏你；你帮助别人，也就是帮助自己。培养孩子欣赏他人的能力，就是在帮助她不断提高自己。

教孩子学会欣赏别人显然是一个系统工程，而且，这个工程是从孩子出生那一刻起就要开始的。但是，这种工程并不是父母要怎样帮助孩子做，不是要给孩子进行洗脑，让她接受我们的思想，而是让她自己去经历，让孩子自己在做的过程中学会独立，学会欣赏自己，学会欣赏他人。因此，作为父母，要给孩子探索发现的机会，给孩子完成自己成长的机会。

欣赏对于孩子个性的健康发展，尤其是情感的健康发展有着非常重要的意义。一个女孩子如果性情温和懂得欣赏，她在成长中与别人的矛盾就会减少，就更容易受人欢迎，她自己也更容易找到自己的价值感和人生的乐趣。因此，不可忽视这方面的教育。

为了培养女儿这种品格，父母要开阔孩子的视野，让孩子广交朋友，多见世面，在与别人的交往中，感受它所带来的和谐和别人的喝彩，对别人的欣赏多一分，自己的魅力就增加一分。正所谓：境界宽，心胸才能宽，心胸宽，世界才会宽。

9. 培养女儿做一个孝敬长辈的乖女孩

人们常说，“百善孝为先”，“孝”是中华民族的传统美德。亲情也是人类最为重要，不可缺失的感情。尊敬老人、孝敬父母，是教育的重要内容，也是女孩必备的美好品德。

中华民族的传统美德源远流长，前人能很好地传承，但当社会步入了现代化，为什么这些观念却淡化了呢？孝顺为什么这么不受重视？怎样才能培养女孩子这种美好的品德呢？

孝是人类的高尚品格，是人类最应该具备的品质，是亲子之间的双向幸福，是家庭和谐、关系密切的法宝。女孩应该拥有一颗孝心，懂得理解和尊重长辈，经常主动帮助父母，做力所能及的事情，更要学会独立自主。

在我国历史上，有很多孝顺孩子的例子：

公元前206年，刘邦建立了西汉政权。刘邦有一个儿子叫刘恒，即后来的汉文帝，就是一个有名的大孝子。刘恒非常孝顺、尊敬母亲，对她照顾得无微不至。

有一年，他的母亲患了重病，刘恒三年如一日地服侍在床前。他的母亲一病就是三年，卧床不起。刘恒亲自为母亲煎汤药，并且日夜守护在母亲身边。每次看到母亲睡了，他才趴在床边睡一会儿。每次煎完药，总是自己先尝一尝，看看汤药苦不苦、烫不烫，觉得差不多了，才让母亲喝。

刘恒孝顺母亲的事，在朝野广为流传。人们都称赞他是一个大孝子。有诗颂曰：仁孝闻天下，巍巍冠百王。母后三载病，汤药必先尝。

这就是古代《二十四孝》中最著名的“亲尝汤药”的故事。

其实，孩子不孝顺和家长的引导很有关系，家长不应该一味地责怪孩子，而应该反省自己教育中是否有偏颇或者失误。

小敏今年八岁了，是家中的宝贝，小敏虽然也很依赖自己的父母，但却不知道去心疼他们。每天傍晚，爸爸妈妈工作了一天回到家里，小敏还求父母陪她玩儿“过家家”，边玩儿还边喊肚子饿。

小敏的爸妈经常感到很累，他们也明显地意识到，如果对孩子不引导很可能让小敏丧失掉孝敬父母的意识。

于是，小敏的爸妈决定：从生活小事做起，培养小敏的这种意识。

有一天，小敏来了兴趣，要尝试自己洗碗筷。若放在以前，妈妈是不会答应的，可是，这一次妈妈痛快地答应了小敏。第一次洗碗筷，小敏感到十分费劲，力气大了，怕碗碟破碎，力气小了，怕洗不干净。

小敏问妈妈：“妈妈，你平时刷锅洗碗也这么累吗？”妈妈说：“虽然我力气要比你大些，不过每次洗那么脏的碗筷，也是很累的。”小敏听完后，想了想说：“妈妈，我现在长大了，以后我来洗家里的碗筷吧。”

妈妈听了小敏的话，心里不知有多高兴，并立即夸奖小敏说：“女儿懂事了，知道心疼妈妈了。”听了妈妈的夸奖，小敏高兴地笑了。从此以后，小敏变得懂事多了，知道主动帮爸爸妈妈承担一些家务。对于自己的爸爸妈妈，小敏也懂得关心与体贴了。

事实上，孝敬父母也体现了一个孩子能否关心他人、设身处地地为他人着想。如果一个孩子连孝敬父母都做不到，将来是不可能做好任何事情的。因此，我们一定要重视培养孩子孝敬父母的好习惯。

孝顺的女孩也必然会是善良的孩子，一定会是一个知书达理拥有爱心的孩子。因此，父母在女孩身上投放爱心的时候，不要忘记在她的心里也播下一颗孝心的种子，让她成为一个孝顺的好女孩。

女儿是家庭的宝贝，父母们毫无保留地关爱着她们。多数孩子看到父母日夜操劳，为了自己如此辛苦，她们也会升起报答父母的感情，希望自己能给予父母爱和关怀。这样，女孩的感激之情就慢慢上升为孝心了，女孩也就成了一个孝顺的孩子了。

琳琳的爷爷生病了，住进了医院。琳琳的爸爸妈妈每天都要轮流着去医院照顾琳琳的爷爷，给爷爷换洗衣服、洗澡。爸爸每天一口口喂爷爷吃饭。他们每天还要上班，不停地奔波忙碌。看到这些，琳琳很是感动，心里时刻都有一股暖流在涌动。琳琳也想做点什么，于是，她就主动地帮妈妈洗碗，打扫卫生，给爸爸端茶送水。琳琳想，等自己长大了，等将来爸爸妈妈老了，生病了，自己也要好好地照顾他们。

看到女儿成长得如此快，爸爸妈妈也很高兴，心里很是安慰。正是他们的榜样作用，让女儿懂得了要孝顺长辈。因为，言教不如身教，只是嘴上教育是没有用的，做出好样子才是最重要的。

现在生活中大多数家长不懂得如何教育女孩，只知道对她们照顾得无微不至，百般溺爱。于是，女孩过惯了衣来伸手饭来张口的生活，她们就不会懂得回报和感恩。她们会认为父母对于她们的照顾是理所当然的，因此就不会珍惜和感恩，有时还会因为一些小事和父母大发脾气，不会理解父母的苦心。

现实生活中有一些人，他们从不善待自己的老人，或是疏于关心照顾，几个月难得回家一次，甚至还有打骂、遗弃老人的事情发生。对于这样的父母，女孩也会模仿，她们意识不到孝心的重要性，当然不会成为一个孝顺的孩子。所以，父母就要做好榜样，像琳琳的爸爸妈妈那样，女孩才能接受到好的熏陶和教育。

父母在引导女孩孝敬父母的时候，首先要做好表率和榜样，孝敬自己的老人。那样，女儿才能够得到最真实、最有用的教育。父母要注意生活中的细节，让女儿在很平常的小事上感觉到孝心和善心的重要，让女儿在一点一滴中得到教育和引导，这样潜移默化的熏陶才会更有成效。

女孩成为一个懂得孝敬父母和长辈的人，亲子之间就能够享受到更大的幸福，女孩才能成为更加优秀的人。

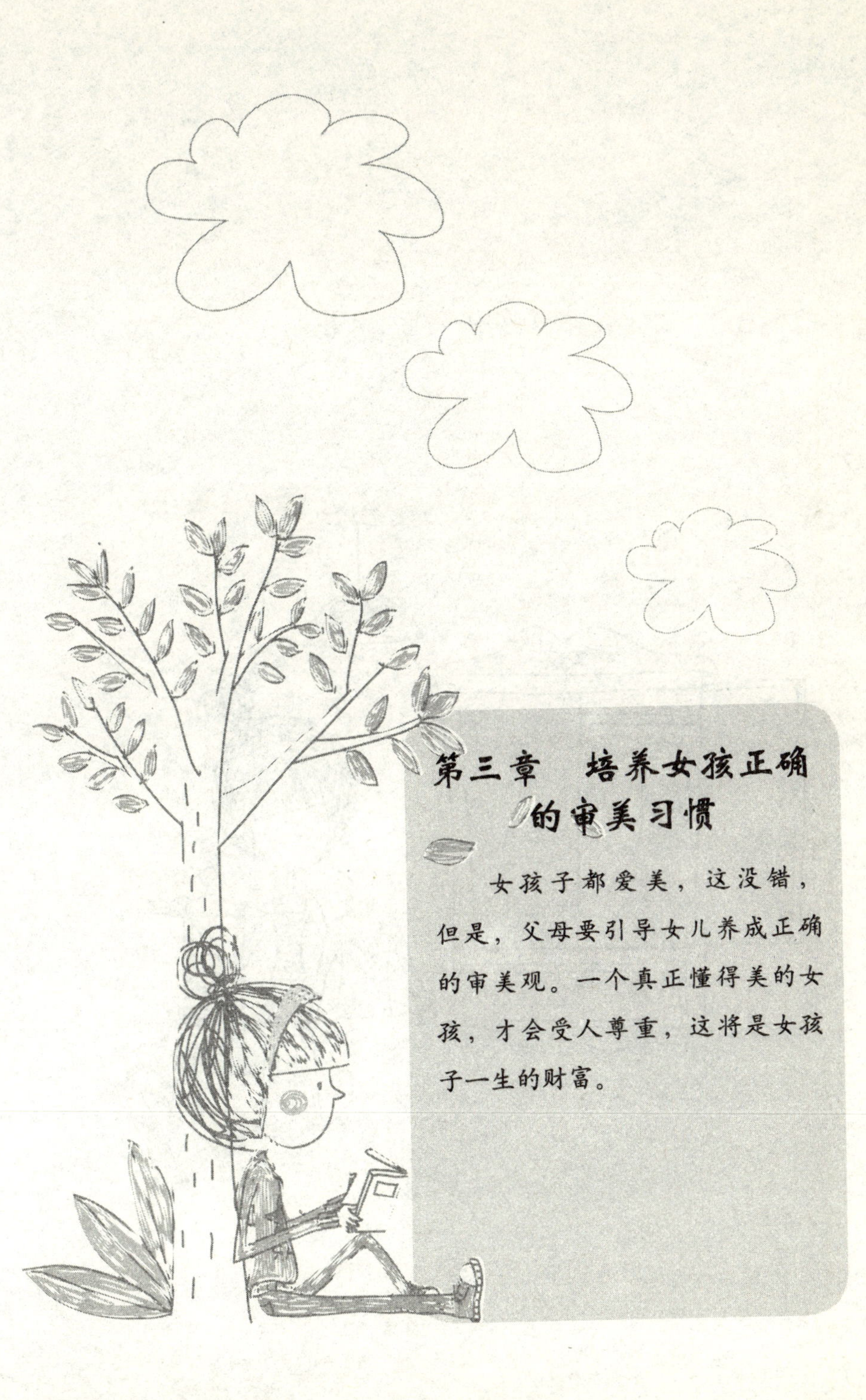

第三章　培养女孩正确的审美习惯

女孩子都爱美，这没错，但是，父母要引导女儿养成正确的审美观。一个真正懂得美的女孩，才会受人尊重，这将是女孩子一生的财富。

SMILE

1. 培养女孩独特气质

女孩子不一定要有大眼睛、高鼻梁、樱桃小嘴才漂亮，她不一定拥有闭月羞花、倾城倾国的容颜，不一定具有婀娜多姿、亭亭玉立的身材，她需要有的是和善的容颜，和谐的体态，自信的内心，这是一种可贵的气质。

事实上，心灵美的女孩是美丽的。这是一种外表形象和内心气质的和谐，就像我们期望的人与自然、人与精神的和谐一样。这种内在和谐的美丽并非是一些面部器官的组合，而是一种整体的优美，甚至稍有缺陷也是一种和谐，犹如白玉中的微瑕，丝毫不影响它的美丽和价值。

因此，作为父母，要让自己的女儿知道，内在和谐的美才是真正的美丽，并且要帮助她打造这种和谐的美丽。这并不是说不让女孩们打扮自己，也不是打击她们，不让她们变得更漂亮，而是防止她们过分地看重外表和美丽的标准而忽视了内心的修炼，因为那对她们的发展是有害的。

要让女儿知道美丽不仅仅体现在外表上，而是更多地体现在其他方面，比如内心的平衡、平时举止的得体、内心的坚定以及把握自己人生的能力。拥有这些品质的女孩才会发出美丽的光芒。

帮助女儿打造内心的美丽，塑造她的气质还有一个好处，就是能使女儿了解她自己内在的精神财富，知道她自己的价值。因为女孩子和男孩子不同，女孩最大的敌人可能是她的镜子，她会常常通过镜子来评价自己，而且大多时候不会让她满意。

这时，父母应该助她一臂之力。过分迷信漂亮的外表使女孩们无法正确地看待自己，使她很难成为一个坚强的女孩。如果一个女孩子以外貌来判断自己的价值，她的一生将走入误区，从而给自己的前途造成障碍。

独特的气质说起来似乎有点抽象，但是专家告诉家长，实际生活中，父母应该如何帮助女孩塑造这种和谐之美，这里面大有学问。

（1）引导女儿接受她外表的缺陷

如果一个女孩，被媒体宣传的所谓“美丽理想模式”所动，不能接受自己的外表缺陷，这将对她的一生产生心理的阴影。但是在现实生活中，每一个女孩都有自己的优点和缺点，这两者合在一起才构成她独特的个性特点。很多女孩经常夸大自己的缺点，而低估自己的优点。父母需要正确及时地发现女儿这种倾向，并进行引导，告诉女儿真正的美在内心，可以通过读书来改变气质，气质才是永远不会消失的财富。

（2）让女儿知道健康的重要

很多人没有意识到体育运动对女孩来说有多重要。家长应该鼓励女儿选择一项适合女孩子的运动，比如轻巧一些的跳绳、散步等。运动可以塑造女孩的形体，它使女孩精力旺盛，更有活力。

而且，运动得越多的女孩，食欲也越好。父母应明白，让女儿在室外新鲜的空气里进行体育锻炼，不仅能让她获得强健的身体，而且还能让她额外获得一份好心情。

（3）帮助女儿保持平和的心态

女孩要想走好自己的人生之路，她可能会经历很多不如意的事情。告诉她，不必把所有的事都放在心上，逆境来了要从容面对。家长要教女儿学会处理不顺利的事情，让她不要为此生气或使自己陷入害怕担忧之中。告诉女儿，永远不要失去平和的心态。拥有平和心态的女孩才能有高雅的气质，因为气质往往是一个人内心的反映。

（4）帮助女儿树立自信心

一个自信的女孩往往让人欣赏，不自信的女孩，往往喜欢小声说话，举止轻巧，行为从不张扬，使自己显得平凡普通。她们似乎在向别人暗示："看，我对你们并没有威胁！"这些退让的、不自然的、对别人没有威胁的行为方式掩盖了女孩的许多优点，从而给她的生活造成困难。父母要鼓励女儿表现得更自由、更坚定，如果她坚定地想要达成什么，她也有权得到它们。

父母帮助女儿打造内在的美和独特的气质，先要让孩子懂得心灵和外在的关系，要让女孩主动塑造外表与内心的和谐。只有女儿从内心树立正确的价值取向，才能积极地配合家长的教育，不会有抵触情绪。

有气质的女孩，内心世界往往是和谐的，只有和谐的美才是真正的美。这样的美历经岁月，魅力不易消失，它会伴着女孩的一生，是女孩一生的财富。

2. 浓浓书香养育贤德女孩

古代社会，一个出生在"书香门第"的女孩，通常有着大家闺秀的端庄和优雅，人们娶妻都渴望娶那些出身于书香世家的女子。出身于这样的家庭，女子自然而然地就濡染上了书的香气。受书香滋养的女子，多数性情柔和、知书达礼，这样的女子必定是相夫教子的贤妻良母。现代社会的父母，也应该让女孩在书海中快乐地泛舟，培养出现代的气质才女。

容貌是很难改变的，但气质却是后天塑造的。人随着年龄的增长都渐渐地老去，以往的容颜不再，但气质却永远存在。经常受书籍熏陶的女孩会流露一种特殊的气质，沉静、聪明、纯洁、高雅。

书籍能给女孩子带来很大的财富，它可以塑造女孩的气质，让女孩树立良好的世界观、人生观和价值观，增长孩子的知识。现在家长们一味追求升学率，使孩子们每日都埋没在习题集中，让她们在题海中挣扎。事实上，课外阅读对于孩子的学习、健康成长都有着不可估量的作用。只是接触习题集，会使孩子的知识面严重狭窄。

网络和影视的普及和发展，已经让孩子离书本越来越远了。很多孩子沉重的书包里堆着满满的教材、习题集，家长们还在不停地给孩子购买，生怕孩子的学习成绩下降，考试不及格。

其实，父母应该让孩子的心灵达到平衡地发展，如果忽视了心灵的成长而只重视知识技能的学习，无疑是不利于孩子的未来的。

很多成功的女性将自己最成功的那一瞬间的启示和灵感源于一本或者几本好书，这就是书籍的力量。读书，能够扩大一个人的视野，能够改善一个人的性情，在日渐浮躁的世界上获得一份宁静。

对于女孩子来说，读书，可以陶冶她们的性情，扩展她们的视野，提升她们的高度。能够让她们关注周围的世界而不再拘泥于自己的小世界中，能够让她们以一颗博爱的心去爱这个世界，爱所有的人。

一个优秀的女孩，一定不是只知道xyz，只会说几句英文，而其他都一概不知。优秀的女孩，不一定学习成绩名列前茅，但她的知识结构肯定是合理的、优化的，她的性格一定是平和的、谦虚的，她的人生观肯定是积极的、向上的。

在书的世界中，她们可以感受到人间的冷暖，为步入社会做好准备；她们可以感受到哲人的无限智慧；也可以感受到冰心温暖的小桔灯。但是在书中，她们更能够感受到的是简爱的“在上帝面前我们都是平等”的尊严；感受到斯嘉丽“明天又是新的一天”的信念；感受到圣女贞德的英勇无比。在书的世界中，女孩可以了解到，原来女人不仅有林黛玉的娇柔，还可以有史湘云的豪爽。原来女人的世界是那么宽广，女人也可以这么活。

只有读万卷书，才能每临大事有静气，成就别人无法企及的事业。有一句话说得好：能闲世人所闲人，方能忙世人所忙事。这里所谓的闲事，就是读书。淡泊以明志，宁静以致远，这样的境界非读书不能够达到。牛顿曾经说，自己站得高是因为踩在前人的肩膀上，而书籍就给了女孩一个这样的肩膀，让她站在这上面，鸟瞰这个世界。

3. 帮助女儿改掉虚荣的习惯

一个虚荣的女孩子，一生都会成为虚假荣光的奴隶，生活不会轻松，她会永远生活在别人的目光下而失去自我，失去人生的方向。

“虚荣”，就是“虚假的荣光”，不是世间真正荣耀。一个女孩子，如果染上了“虚荣”的毛病，那么她就像背上了沉重的负担，抑或像白雪公主里的皇后，每天紧紧盯着镜子，念念有词：“魔镜魔镜，谁比我更漂亮？”这样，她根本不会下功夫在自身修养及内在气质的提高上。更为严重的是，如果女孩子沉溺在华而不实之中不能自拔，那么她就难以看到美丽的真实境界，不能踏踏实实地进步，也就难以把握实实在在的幸福。

英国哲学家培根就曾经精辟地说道：“虚荣的人被智者所轻视，愚者所倾服，阿谀者所崇拜，而为自己的虚荣所奴役。”可以说，在所有人性缺陷的枷锁里，虚荣是最容易锁住美好品德的枷锁之一。当你的女儿爱上虚荣的时候，就是她远离美好的时候。

当然，渴望得到更多的关注是女孩的特性，而虚荣心也大多由此而来，父母如果引导不好，就很容易让女儿形成虚荣心理，处处想显出自己的优越性：要么爱攀比容貌，要么喜欢攀比服装，要么攀比学习成绩。这都是“虚荣心”在作怪，让女孩早早地在所谓“时尚个性”的舞台上迷失了自己。

丽丽是一个很多小朋友都羡慕的女孩子，因为她次次都能拿到学校的“优秀标兵”奖。这次，她又毫无悬念地获得了本年度的“优秀标兵”奖。颁奖大会到了，老师在台前高声宣布了丽丽的名字。可是老师在前面的讲台上连着喊了两次“杨丽丽”，坐在下面的丽丽仍然纹丝不动，置若罔闻。无奈，颁奖的老师又提高音量，再一次喊到了她的名字，这时她才站起来，开心地跑去领奖。

妈妈对丽丽的做法很不理解，回家后，她问女儿为什么老师叫了她半天还不起来领奖。

丽丽振振有词地说：“你没看到所有的人对我领奖已经无动于衷了吗？我得让全校的师生都听到我的名字，记住我的名字，所以，我故意等到老师喊第三声的时候才站起来。”妈妈惊讶不已。

这是一个失败的教育例子，虽然丽丽各方面都表现得很优秀，但是她的内心却已经被虚荣虫蛀了。

其实，美是多样化的，朴素也是美，而且是一种内在的、气质上的美。父母最好在女儿小的时候就在她的心中逐步树立起这一审美观，女儿长大后自然就能抵抗虚荣心的侵蚀。一个朴素务实的女孩可

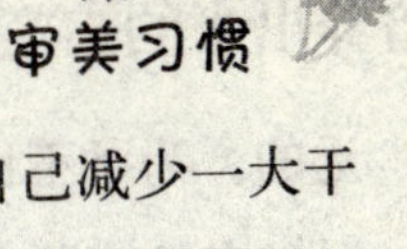

以少被或不被虚荣心误导自己的心理和行为，从而为自己减少一大干扰源。这样，女孩就会把自己主要的心思和有限的时间都用在学习和长本事上，而不会迷失方向。

要让女儿远离虚荣，可以采用下面的方法：

(1) 父母要首先远离虚荣

女孩好虚荣的毛病有时是受父母不良影响的结果。有些父母平时不注重个人修养，只是一味穿名牌、讲阔气、搞面子工程，女儿也就会学着他们的样子好打扮、好虚荣。

所以，父母一定要加强自身修养，注意自己的言谈举止，要给女儿树立一个好榜样。另外，不管经济条件如何，父母都不能放纵女儿的消费欲，应有目的、有计划地加以引导，逐步纠正女儿追求穿戴、羡慕虚荣的坏习惯。

(2) 父母要注意女儿的心理动态

由平常心过渡到虚荣心是一个逐渐发展的过程。父母平时要多留心女儿的言行举止，一旦发现虚荣的苗头，就要及时纠正，防患于未然。比如，当女儿对衣服、文具、玩具等特别挑剔，抱怨父母不能给自己提供优越的物质条件时，父母就要耐心、细心地正确引导女儿，告诉她，她现在的主要任务是充实自己而非其他。

(3) 适当的时候父母要拒绝孩子的无礼要求

如果女儿在物质上提出不合理的要求，要坚决拒绝。拒绝时，父母的态度要一致，不要一个唱红脸一个唱白脸，使女儿觉得有机可乘。

虚荣心重的女孩，所欲求的东西，莫过于名不副实的荣誉。这些虚表的东西会在人们心中形成一股强烈的欲望，而欲望是永无止境的。因此，如果父母不对女儿的虚荣心加以遏制，一味地“打肿脸充胖子”，最终可能害了女儿，苦了自己。

如果女孩子走上了追求虚荣的路，就很容易受到外界的诱惑，走错人生的路。父母的虚荣则更可怕，因为这对女孩的影响也将是深远的。为了不让女儿被虚荣破坏心境，父母们首先要做到不虚荣。同时，在培育孩子的过程中，还要以务实为基本原则，不能把精力都放在表面的东西上。

4. 培养并鼓励女孩绘画兴趣

要养成女孩绘画的习惯。绘画能够让女孩敞开自己的心灵，去感悟大自然的所有奇迹，感悟人世间的所有美好；能够培养女孩的想象力、创造力和审美能力。画画不仅仅是一门技术，更是教女孩如何发现美、如何记录美的一把金钥匙。

有一位母亲说了这样一个故事：

女儿今年四岁多了，三岁的时候开始让她学习绘画，经过一年多的学习，我忽然明显地感觉到她对周围事物的感觉比以前敏锐多了。她常常会在早晨起床以后兴奋地跑过来跟我说："妈妈，妈妈，咱们家的小鱼又长大了啊！"或者是："妈妈，咱们家阳台上的花今天又长了新叶子。"

幼儿园老师也常常夸她总是很快地能发现周围小朋友身上的变化，比如小朋友们今天谁换了一件新衣服，谁戴了一个新发卡，女儿总是第一个看到，而且还要夸奖人家一下。她总能说出对美的独特的看法，有时出门前，我正在换衣服，她会一边看一边跟我说："妈妈，我觉得你应该穿这件衣服，我觉得这件衣服很好看。"这时我穿上她建议的衣服，感觉很不错。

画画的女孩，能很容易地发现周围环境的细微之处，能用自己的画笔把容易被人忽略的美好和悲伤表现出来。

在开始学画的时候，女孩是最富于想象能力的。她们有时会把大海画成橙色的，把陆地画成绿色的，把太阳画成刚睡醒的样子，把星星画成五颜六色的……这时父母应该鼓励孩子充分想象，对孩子画的画给予肯定和赞扬，孩子对于画画会更有信心，能够充分发挥儿时的想象力。孩子小时候，最需要的就是想象力，画画时的那种任意而为，那种大胆、纯真的想象对于她们将来的成长大有裨益。

小姜就是一个非常爱画画的女孩，她的画，在想象的奇特、用色的大胆上常常让别人羡慕。小姜说这一切都要归功于自己的母亲。

小姜刚刚学画的时候，有一天学校里要组织绘画比赛，回到家里，小姜就开始专心致志地画画。小姜画得很高兴，很快就画好了，对自己的画非常有信心。

过了几天，绘画比赛结果出来了，小姜发现自己没有得奖，很失落，找到了老师。老师告诉她："你画的云彩是五颜六色的，你弄错了，云彩应该是白色的。"回家后，小姜找到了妈妈。妈妈想了一会儿，说："女儿，明天咱们一起看看云到底是什么颜色的好不好？"小姜点点头。

第二天，天气非常好。小姜和妈妈一起站在阳台上，看着天上的云彩。妈妈说："云彩是什么颜色啊？"小姜说："是白的。""嗯"。这时妈妈递给小姜一副自己的墨镜，让小姜戴上再看，小姜戴上之后，发现云彩变成了粉红色的了。妈妈又给小姜一副爸爸的墨镜，这时小姜又发现云彩变成了深蓝色。小姜高兴地说："妈妈，我看到了五颜六色的云彩啊！"妈妈这时说："女儿，你画的并没有错，因为云彩在不同的人看来就是五颜六色的。"

小姜很高兴，虽然没有评上奖，可是她知道自己并没有错。后来，妈妈把那幅画投给了一家儿童报社，结果获奖了，报社评委很赞赏小姜的想象力。

儿童会不自觉地把自己看到的事物加上自己独特的想象力。比如她会想，太阳公公如果遇到烦心的事，便会躲着不出来。花朵遇到伤心的事就会凋落。这在大人看来甚至有些幼稚，但是，正是这些“幼稚”的东西才蕴含着一种对生命的童真的理解方式。

如果小姜的母亲当时接受老师的观点，告诉小姜下次把云彩画成白色，用常识来否定女儿，那样，就不会对小姜的画画兴趣产生这么大的影响力。画画对于大多数女孩来说，只是一种手段，并不是终极目的。因为大多数女孩成不了梵高那样的画家，通过画画这种手段培养自己的审美能力才是最重要的。

不论你的女儿最终画成什么样子，父母都应该尊重她，因为那是她从自己的视角看到的世界。

女孩子学习绘画，对培养她的卓越气质究竟有哪些作用呢？

其实，绘画并不仅仅是让孩子学会画画，它更重视通过画画来培养孩子的观察力、记忆力、表现力、想象力和创造力。

同时，绘画能让我们的小公主敞开心灵，使她在绘画中舒展自己内在的想象和情感，通过绘画把自己对周围事物的认识表达出来。从而培养孩子的审美情趣和修养，尤其是在培养良好的心理素质，如毅力、耐力等方面，更是功不可没。

很多从小培养孩子绘画能力的父母，更是对此深有感触：

“在女儿学习绘画的同时，她也开始逐渐养成了细心观察周围环境的好习惯。无论树叶开始落了、燕子飞来了，她都会第一个发现。”

“女儿自从学习画画之后，审美意识也渐渐增强了，经常关心家里物品的摆放和家人的穿着。告诉我们应该把花瓶摆在哪里，告诉爸爸出门应该穿什么颜色的裤子。”

……

不难看出，在绘画的过程中，女孩子卓越的个性能力、审美能

力，都可以得到很大程度的提高。为了在自己的画纸上创作出美丽的图景，她们学会了观察美、体悟美、展现美……

一句话可以对绘画的作用进行概括：绘画，赋予了女孩子更多感悟美的能力!

做事的兴趣既源于天性，也有后天的培养，父母对孩子绘画的兴趣应该经常鼓励。如果父母发现孩子喜欢到处乱涂乱画，而且女孩子比男孩子更愿意“涂鸦”，那么父母应该注意，这是孩子学习绘画的启蒙阶段。而父母在孩子绘画的启蒙阶段，态度如何、采取什么样的方法对待，将直接关系着孩子日后对绘画是否会产生浓厚的兴趣。

有一次，佳佳正在绘画辅导班里学画画。爸爸来接女儿了，佳佳马上把自己刚画好的画递给爸爸，爸爸反复看了几遍，还是没有看出女儿画的是什么。“这是什么呀？”爸爸小声问佳佳。“是小狗呀。”佳佳话音还未落，爸爸就大声地夸奖：“这不是咱家的小狗吗，画得真像，太好了。”说着眉开眼笑地领着佳佳回家了。

如果女儿做的事情是对的，父母就应该鼓励孩子去做，并不断地给予赞美，女儿的兴趣就会倍加浓厚，她的各方面能力就会逐渐提高。

5. 女孩要有优雅的举止

现在，有些父母对自己的女儿感到很奇怪，因为他们发现自己的女儿不知为什么比男孩还要淘气。稍有不顺心，女儿便会大呼小叫，动作野蛮，直到父母答应她为止。孩子有时生气了，还富有攻击性，常常拿家里的东西，甚至小猫小狗出气。

由此可见，让女孩子有一个优雅得体的举止，也应作为家庭教育的重点。

让女孩子的行为举止优雅并不等于要压制孩子的个性，也不等于让女孩子变得弱小不堪一击。她可以性格豪放，但不可以行为粗野，可以文明优雅，但不可以性格扭曲。只要女孩子表现得从容自然，便足够了。

那么，在日常生活中，父母应如何培养女儿优雅得体的举止呢？以下一些方法供你参考：

（1）父母要为自己的女儿树立良好的榜样

孩子在小时候，会不自觉地向父母学习。学习父母平时的穿着打扮，学习父母在生活中的为人处世。父母怎样对待朋友和敌人，孩子也会耳濡目染，慢慢学会。

因为孩子首先会和父母学习说话，这是个较长的过程，因此父母一定要时时注意自己的言行，尤其是在和外人谈话时，父母和外人优雅的言谈举止会让孩子慢慢学会。小孩子不知道美与丑、对与错，因此父母首先树立榜样至关重要。

（2）让女孩从小养成良好的站姿

在人际交往中，良好的站姿是优雅言谈举止的基础，能体现出优秀的气质。“站如松”是对站姿的最好诠释，意思就是人站立时，要像松树一样挺拔、端正、舒展、俊美。挺胸抬头收腹是最起码的站姿，不管在哪里，在哪种场合，只要是站就要保持这种形态，长久下来就会形成一种习惯。而且，这对于成长中的女孩子身体塑形也很重要。告诉你的女儿，站立时身体要直立、挺胸收腹、脚尖稍向外呈V字型，切不可无精打采、缩脖、耸肩、塌腰；正式场合不能双手叉腰或将双臂环抱于胸前。

（3）让女孩做到坐姿优雅

对坐姿的要求是“坐如钟”，即要像钟一样端正稳重。女孩坐着时，父母要让她做到身要正，腿可以并拢向左或向右侧放，最好不要跷二郎腿。双手自然放在膝上或扶手上，切忌两腿叉开。

（4）女孩走路的姿态

女孩走路时，上体要伸直，挺胸收腹，目不斜视，走起路来轻盈飘逸。不可大踏步的好像有什么急事似的，更不可畏首畏尾，左右瞻顾。

（5）让女孩注重出入次序

父母要教会女儿尊敬长者，请长者先出门，为他们提供茶点，保证他们座位舒适，留意是否有危险的楼梯。这些都是尊重老人的标志。

（6）教女儿学会正确的餐桌礼仪

进餐之前，应先让长者入座。让女儿保持坐姿良好，离餐桌有一定距离，正确使用餐具。用餐时需不紧不慢，从容安静，小口进食。自己不喜欢的食物不要多取。用餐之后记得道谢（即使在家里）。

无论时代如何变迁，年轻一代的审美观可能会变化，但对女孩的要求是不会变的，女孩就应该要有女孩的样子。而女孩的样子，举止优雅是第一位的。

下面是专家给父母的一些建议。

一个女孩不论有多么先进的思想观点，有多么大的才能，但如果没有优雅的言谈举止，她就很难受到人们的尊重和欢迎。因此，父母要从日常生话入手，培养女儿优雅的举止，比如各种站立姿势、就餐礼仪、谈吐等。

优雅举止是有一定标准的。在日常生活中，女孩父母们不妨参照以下标准，对孩子提出合理正确的要求。

（1）仪容仪表

仪容仪表的整洁对女孩子来说非常重要，女孩应该保持脸、脖子、手的洁净，哪怕有一丝瑕疵，也会影响到女孩的整体形象。勤剪指甲、勤洗头；早晚刷牙，饭后漱口，注意口腔卫生；经常洗澡，保证身体没有异味；衣着要干净、整洁、合体。

（2）行为举止

站姿、坐姿、行走的姿势，这些是女孩必须保持好的，父母应该规定一些比较明确的标准。例如，优美的站立姿势要求身体直立、挺胸收腹、脚尖稍向外呈V字形；要避免无精打采、耸肩、塌腰，千万不能半躺半坐；走路要昂首挺胸，肩膀自然摆动，步速适中等。

（3）表情神态

父母要教育女儿，与人交往时，应该首先尊重对方，并表现出友好的态度，面带微笑，千万不要出现随便剔牙、掏耳、挖鼻、搔痒、抠脚等不良习惯动作。

（4）言谈措辞

父母要让女儿养成使用文明礼貌用语的好习惯，如经常说“您好、谢谢、请、对不起、没关系”等。父母还应告诉女儿，沉默寡言、啰嗦重复，都是不正确的语言表达方式。

需要注意的是，父母在教导孩子时，不要用教训、命令的口吻，而是要引导孩子慢慢养成良好的习惯。孩子犯的一些错误，是出于无知，如果以严词厉色加以批评，效果只能会朝着相反的方向发展。优雅的言谈举止是一种良好的习惯，这种习惯的养成需要一个较长的过程。当优雅举止成为孩子一种不自觉的习惯，孩子卓尔不凡的气质也就形成了。

因此，想让孩子变得举止优雅，最好的方式就是——提示和赞扬。

母亲带女儿去一位阿姨家做客前，她用提示的口吻对女儿说："我们去看阿姨的时候，如果你能首先向阿姨问好，并且用餐后向阿姨表示感谢，我们会为你感到高兴。"做客回来后，母亲这样表扬了自己的女儿："我和阿姨今天都很高兴，我们真喜欢你的问好和感谢。"

父母对女孩子的提示，会让女孩子产生想表现优秀的强烈念头，而且会做好准备，努力并完美地实现父母的期望。而父母适时的表扬，则可以让孩子心里有一种满足感，会希望通过努力再次得到父母的表扬。以后，父母便会发现，孩子已经不再需要提示，只需适时表扬就可以了。

此外，父母还可以和孩子相互约定一些做事原则来引导孩子举止文雅。比如，如果你想说"真不懂事，随便拿人家的东西！"可以换成这样说："我们约好，如果你想要什么玩具，向爸爸妈妈要，好吗？"这样孩子比较容易接受，因为你是在和她约定一件事情，而不是在批评她。

6. 培养女儿正确审美观

内心美与外表美哪个更重要，这是长期以来探讨的一个话题。而大多数人认同的是内心美更重要，内心美才是真正的美。长期以来，父母也是一直教育孩子要注重内心美。只有内心充满友善，有修养，有文化，才是永恒不变的美，才能永远得到人们的称赞。缺乏内心美的人，总是想方设法追求外表美，不遗余力地展示外表的那一点美，就像不结果实的稻穗，总是昂着头，其实他们内心是极度空虚的。外表美是暂时的，等到人老珠黄、年老色衰之时，外表美已不复存在。

道理是摆在这里，谁都知道心灵美比外表美重要，可是现实中仍有许多女孩对自己的体重和外貌感到不满。据一份心理研究报告说，超过一半的十四岁女孩和近70%的十七岁女孩都因为她们的身体而感到不快乐。一项调查显示，大学里只有30%的年轻女孩还坚持着均衡的饮食习惯；超过60%的女孩因为一点点肥胖而杞人忧天，通过节食来追求苗条的身材。人们对美的评价可能存在一定差异，但这显示了当今社会舆论的一些误区。社会上的一些不良现象，通过媒体的炒作，令一些女孩把美貌与身材看得比才学更重要。一旦女孩形成这样的认识，她的价值观也会随之发生变化。比如在看待精神追求与物质追求方面，这时的女孩在思想上会发生偏差。女孩可能会放松精神的追求，只在意外表，然而外表怎么可能满足人的精神层次追求呢？随着女孩青春期的到来，这种偏差会越来越明显。

现实的世界中，美貌是不能决定一切的，美貌所带来的成功只是一种假象，成功后面还有辛酸与泪水。父母应该把握住时机，让自己的女儿早一点认识到这一点。

专门研究年轻女性心理发展的女心理学家安·卡农博士说："对身体最初的否定认识产生于青春期早期，因此，母亲在这个时期应该格外留意自己的女儿，注意她对自身和对她人身体的看法。"

那么，父母们该如何防止女儿走入或帮助女儿走出这一误区呢？不妨采用下面的方法：

（1）父母可以适时地转移女儿的注意点

美貌是天生得来的，没有什么了不起，只有通过自己努力得来的才是最值得珍惜的。当女儿通过学习和良好的习惯表现出优雅的气质和谈吐时，父母可以对女儿夸奖一番，并要显得相当重视。女儿便会忽视身体上的优缺点，更加懂得成功与收获之美。相反，如果父母经常对女儿说"啊！女儿真漂亮"，女儿便会喜欢追求美貌那种虚幻的东西，心存侥幸，不愿付出。

（2）女孩的青春期早期是一个关键的时期

这一时期，女孩在身体上会发生明显的变化，女孩面临着心灵美与外表美的选择。这时候的女孩很在意别人对自己的评价，别人的评价会影响女孩的选择。这个阶段的教育最为关键，父母一定要抓住这个阶段，告诉女儿：女性的美是来自内心的，内心的美才是真正健康的美、自然的美，外表并不重要。

有些父母不重视青春期的教育，任由女儿自由发展，结果进入了追求外表美的误区。一些女孩对自己的外表不满意，竟然有整容的想法。整容在时下很热，媒体上时常爆出明星大腕整容的新闻。但整容花费比较大，一般的家庭怎么负担得起为孩子整容？有些女孩便好像失去了希望一样，在自怨自艾中生活。丑小鸭总有变成白天鹅的那一天，父母应教会女儿摆正心态，正确地认识自己。整容也不可能一劳永逸，也是暂时的，女孩要自信地面对每一天，通过不懈的努力，来提高自己的气质美、内在美。

其实，女孩子到了三岁左右，就开始对自我和环境有审美要求。比如对自己的衣着会产生浓厚的兴趣，有时甚至非常敏感。对此，女孩的父母们常常抱怨说：

“现在的小姑娘都怎么了？才三岁便闹着要在大冬天穿裙子。”

“我们家的小姑娘才多大？竟然要我给她涂指甲油。”

“我家丫头穿着我的高跟鞋满屋子走，说什么也不听。”

这些抱怨都反映了这时候的小姑娘的心理上的变化，会突然对美产生很多的想法，比如有的女孩子喜欢颜色多的鞋子，有的喜欢扎漂亮的辫子，有的喜欢穿裙子……这说明女孩子的审美敏感期已经到来了。

审美期的到来，对于小女孩，并不是什么坏事，而是好事。从心理学来说，从审美敏感期开始，女孩子的一生都会一直处在一种对美丽的探索之中。这个探索的过程对于女孩子的成长至关重要。父母要注意，女孩子对于美丽的探索不只表现在穿着、外貌方面，包括社会的各个方面，比如文字、城市建筑、风景、人文等。因此，父母不应该对孩子的审美探索进行粗暴地干涉、限制，而要对孩子的审美观形成进行正确地指导、引导、鼓励，孩子就极有可能成长为一位审美能力极高的美丽女孩。

可惜的是，许多家长认识不到这一点，对孩子的成长造成了不可磨灭的影响。一位母亲就曾这样悔恨地写道：

女儿四岁那年冬天，在外面看到一个小朋友穿着漂亮的裙子，回家后便换了一个人一样，吵着要穿裙子。当时家里没有冬天小女孩穿的裙子，于是我便拿出其他漂亮的衣服给她穿。可是，她对那些衣服都不感兴趣，认为那些全是破衣服，只有裙子才是最漂亮的。她闹得越来越厉害，在家里大哭大叫。爸爸下班回来，知道事情原委后，大发雷霆，抽她屁股，“真是小妖精，这么小就臭美，大了还了得”。

女儿立即安静了。我又对女儿进行开解：女孩不要追求美，追求美就要犯错。

女儿不再要裙子了，可能是由于暴力和恐吓。第二年春天，我给女儿买了一条漂亮的裙子，问她喜不喜欢，可我并没有看到她高兴的神态。

爱美是女孩子的天性，但爸爸的严厉体罚、妈妈的思想教育，却无一不让孩子的头脑中产生了这样一种错误的观念：穿裙子的小姑娘会变坏。

因此，当你的小公主也表现出强烈的爱美倾向时，家长要尊重她的要求，毕竟她还只是个小孩子。家长也要理解孩子，给孩子以温暖，用爱心来化解孩子的困惑，让孩子健康地探索世间的美丽，成为一个高雅的女人。

7. 健康最美，不盲目减肥

爱美是女孩的天性，女孩子慢慢长大，逐渐地接受一种观点：女孩子美丽的一个标准就是身材瘦。在这种观念的影响下，女孩子都热衷于减肥。女孩子们在一起谈论的话题也是关于如何减肥，什么牌子的减肥茶最有效。

女子瘦了才漂亮，这种观点并没有完全错。我们在理解女孩子的同时，应该了解一下这种观念形成的一些社会原因。现在的社会，各种美好的事物都会被炒作，包括女人的美丽。女人给社会提供了很多的商机，商人会使出浑身解数，千方百计地利用女人的美丽来达到自己的商业目的。在社会上，这是非常普遍的现象。当你打开电视机，广告里裸露着白皙皮肤、绽放甜蜜笑容的模特，电视剧里穿着时尚、柔情万种的明星，还有电视节目里高贵典雅、浓妆艳抹的主持人，都令你产生无限的遐想，令你心驰神往。当你走在马路上，两边的广告牌上的性感美女又令你驻足停留。这些女人的美丽一方面达到了商业效应和社会效应，另一方面也使女人对于美丽更加关注。女人每天都在担心自己是否还美丽，她们认为自己一旦失去美丽，自己在社会上的地位将一落千丈。

女孩子在成长过程中，每天都会看到周围环境里的美女炒作。女孩子慢慢地意识到美丽身材的重要性，开始盲目地追从，学着美容和减肥。女孩子正是长身体的时候，盲目地减肥对身体有极大的危害。

有些女孩为了获得或保持苗条的身材，不惜采取节食、不定期绝食、吃泻药、吃利尿药、束腰等各种方式减肥。这种行为是极不可取的。

处于青春发育期的女孩，身体和心理上正朝着成熟的方向发展。青春期的孩子，身体快速发育，需要大量的营养物质和热量。她们所需要的营养物质和热量比成人还要高出20%～50%。营养物质中的蛋白质是人体所需的六大营养要素之一，是人体组织生长、更新和修复的必需物质。瘦肉、鸡蛋和牛奶中含有大量的蛋白质，一些女孩子为了减肥而少吃或者不吃这些食物，造成发育缓慢、身体素质下降、机体抵抗力下降等严重不良影响。身体是瘦了，而身高却偏低，那还何谈美丽的身材？身体缺乏营养，面容憔悴、体力不支，优雅的举止也就不复存在。身体抵抗力下降，容易感染各种传染病，每天吃药打针的，像林黛玉就算是美丽吗？青春发育期的女孩盲目减肥，还会打乱机体内分泌调节功能，引起月经紊乱，甚至出现闭经。

现在有关研究证明，盲目减肥和乱吃减肥药，会增加女性患脂肪肝的风险。相关医生说，盲目减肥还会给女孩将来的生育及其后代带来极大危害，脂肪不足还会影响寿命。有些女孩减肥是为了寻找爱情，但爱情并不是建立在美丽之上的。男人并不喜欢所谓“苗条”的女孩，更不喜欢因为追求所谓的“苗条”而失去健康的女孩。

一位医生说，当他看到一位十六岁的女孩因为减肥患上了严重的肝病，奄奄一息地躺在病床上的时候，真的感到很痛心，他想不明白一个刚刚十六岁的女孩为什么要如此看重自己的身材，她应该是在校园里无忧无虑学习的时候。

肥胖的人易患心血管病、糖尿病以及乳腺、前列腺、子宫内膜、肾和胆囊等部位的肿瘤。医生会建议肥胖者适当减肥，但这个时候的减肥只是一种健康需要。如果为了苗条而过度减肥，真是大错特错。医生所建议的肥胖者是太过肥胖的人，而城市里的一些女孩看到自己稍微有一点脂肪，便要跟风减肥，每天节食，对任何事物都避之唯恐不及。

苗条是一种美，但丰满也是一种美。一些女孩身材稍胖，有着良好的曲线美，相对于那些骨感的女孩，不是更具有美感吗？女孩子的胸部和臀部存在着大量的脂肪，如果减肥过度，这两个部位的脂肪会大量减少。这样一来，曲线没有了，肉感也没有了，很好的丰韵少女变成了“太平公主”。过度减肥还会造成人的脸部失去光泽，身材瘦小。减肥之后，昔日的光彩和气势都不见了，失去了往日的少女的朝气蓬勃，真是得不偿失。减肥的前提是“肥”，如果不是因为肥胖去减肥，而是追求瘦去减肥，动机就错了，结果肯定也不会好。肥胖并不影响美，减肥也不一定就是美丽的。

20世纪90年代，社会上流行健美，电视上早晨放着健美操，社会上还有各种健美操大赛。追求健美是对的，因为健美与瘦毫无关系。我们会看到电视上的健美冠军并不是瘦，而是身材匀称，甚至是强壮。健美的一个前提是健康，没有健康，何谈健美。人们追求健美其实就是追求健康。在现在的健身馆里，健身教练不会用瘦身来要求参与者，而是通过制订合理科学的健身计划，来达到健康与美丽的双重效果。因此，女孩子以瘦为美的做法是不可取的。盲目地减肥，不仅不利于健康，也会因为失去健康而最终失去美。

8. 女孩儿要大方一点，改掉扭捏的习惯

在过去，大人夸孩子总是说，这小姑娘真大方。在现在社会，人们同样喜欢大大方方的女孩子。大方的女孩子看上去就气质优雅，谈吐自然、落落大方的女孩子在社交场合会得到周围人的青睐。那什么是大方呢？大方就是在社交场合举止、言谈、穿着得体，毫不做作，与陌生人谈话不羞怯，不胆小，放得开，没有小家子气。小家子气就是扭扭捏捏，害羞。小孩子害羞是正常的，只要通过多与人交往，多见世面，就会慢慢摆脱害羞。

害羞的女孩子在社交中经常处于被动的地位，不愿意主动与人交流。因为害羞，女孩子在交际中心理上处于劣势，所以在交往中会受到一些小的挫折。害羞的女孩子心理容易受到伤害，多次挫折之后，女孩子心理上会产生逃避社交的倾向。但如果女孩心理上产生长期恐惧，就会形成社交恐惧症，把别人负面的评价看得比什么都重，因此变得更加无法适应社会。如果到了这种程度的羞怯，就已经很难改正。现在社会要求女孩子也要像男孩子那样在社交中主动积极。现在社会女人也要工作，也要追求事业，如果不主动，机会不会自己跑上门来。

女孩子在小时候肯定会害羞的，年龄大约是在一至三岁。这时候的小女孩可能不喜欢见生人，不愿意和陌生人谈话。这时候，父母不需要太在意，鼓励一下孩子就可以。但如果孩子过了这段害羞期，仍然非常腼腆，父母就应对此多加关注、多加引导了。因为这时候孩子表现出来的腼腆和害羞，虽有天生的生理因素，也和父母的一些不恰当的做法有关：

（1）别给女儿“贴标签”

当女孩子不愿意开口说话时，父母便当着女儿的面说女儿害羞，这种做法是错误的。这就好似给女儿贴上了一个“害羞”的标签，孩子会慢慢地认为自己就是害羞的。每当她见到陌生人时，都会在内心里告诉自己，我是害羞的，就可以名正言顺地逃避与陌生人交流。这时，害羞就成为了小女孩一种有意识的行为。

（2）不体贴反指责

女孩子小时候不愿意开口说话，大多数情况下是因为自信心不足。当女孩子见到父母的好朋友表现出羞羞答答时，心里已经感到一丝的自卑，这时候父母如果加以指责，腼腆的女孩的自信心会再次受到打击。没有了自信心，女孩子不可能表现得落落大方。

女孩子小时候已经是害羞的了，父母不应该再由于一些不适当的做法令女儿强化害羞的意识。孩子的成长不可以任由自己发展，需要父母的教导和帮助。下面是一些好的方法，可以帮助女儿走出害羞，开朗地面对周围人。

（1）经常带孩子去做客，可以锻炼孩子的勇气

父母带孩子做客之前，可以先让孩子做好准备，让女儿了解造访的对象。女儿可能没有勇气见陌生人，父母可以鼓励女儿，告诉女儿：“张叔叔非常想见你，给你准备了好吃的和礼物，如果你可以和张叔叔多说几句话，回家后，爸爸会奖励你一件玩具。”这样的话，女儿会很愿意去做客，心里消除了抵触感，高兴地在别人家玩儿。

如果女儿表现得很好，父母应该强调一下：“做客多好啊，有好吃的，又有好玩儿的，做客没什么可怕的，爸爸以后常带你出去，好不好？”此外，在做客之后，父母还要抓住时机对女儿的表现进行表扬。如果女儿的表现不是特别好，父母也应该给予鼓励，这次不好，下次会好的。女儿是需要肯定和鼓励的，经常得到父母的表扬，女儿的勇气自然会增加。

（2）要重视培养女儿的自信心

不自信的女孩子内心是脆弱的，父母应该用和缓的语气鼓励孩子，而不应该使用粗暴的口气训斥孩子，否则只会令女孩子的自信心更加受挫。父母要多鼓励，让女儿得到肯定和表扬，对胆怯的女孩更应如此。不自信的女孩面对事情时，总会把事情预料得很坏，结果导致不敢去做某事。父母这时如果抓住时机，鼓励孩子，孩子便会消除顾虑，胆子自然会大起来。慧慧与姑姑一年多没有见面了，爸爸带着慧慧去姑姑家。在路上，慧慧显得闷闷不乐。爸爸对慧慧讲道："慧慧不是很想见姑姑吗？姑姑也非常想念慧慧，见到慧慧，姑姑会很开心的，会带你去好玩儿的地方。"听完爸爸的话，慧慧露出了一丝笑容。爸爸接着讲了姑姑以前陪慧慧玩儿的情景。到了姑姑家，慧慧首先跑向姑姑，和姑姑拥抱。

每个女孩都有闪光的一面，父母的任务就是挖掘孩子的闪光点，注意培养、鼓励孩子的闪光点，并让孩子认识到自己的闪光点，孩子的自信心自然会增强。当女孩对自己的能力充满信心时，大方、不扭捏的气质自然就水到渠成了。

（3）帮助女儿对别人也充满信心

父母对孩子的影响非常大。在孩子两三岁的时候，孩子会不自觉地向父母学习待人接物。女儿对于别人的相信也来自于父母的影响。父母一定要读懂女儿的心思，尽量信任她。女儿得到了别人的信任，自然就学会了信任他人。信任是亲近的基础，如果女孩无法信任他人，她也很难真正信任并亲近别人，这也是羞怯的成因。

总之，家庭对于成长中的孩子的影响是不可磨灭的。平等、理解、温馨的家庭环境能给她勇气和自信，令她慢慢地学会如何自信地与人相处，如何才能落落大方。这样，女孩优雅脱俗的气质就会慢慢形成了。

父母不应该把女儿当成掌中宝，不敢把女儿的手放开。离不开父母的女儿永远只是不会飞翔的小鸟，只有敢于振翅一飞，才能成为蓝天中的飞燕。不要太爱护我们的女儿，让她们走入社会，社会是最好的练兵场。走入社会的女儿见过了各种世面，见过了各种人物，便会摆脱害羞，迎来自信。相信我们的女儿，她会在磨炼中成长起来，渐渐变得大方起来，在交际中优雅端庄，受人喜爱。

9. 学会幽默，女孩幽默人见人爱

幽默是一种艺术，正是因为有了幽默，人与人之间的关系才会变得和谐默契。幽默是一种才华，它用轻松愉悦的语言表现生活中的酸甜苦辣，让人们忘却烦恼、摆脱压力。幽默是一种人生态度，凡事看到事情的另一面，便可以得到意外的收获。幽默可以让女孩变得更加有亲和力，让周围人对她产生由衷的赞美之情，让她的气质瞬间提升许多。根据专家多年的研究成果来看，幽默感是情商的重要组成部分。因此，塑造女儿良好的气质，不要忘了培养女儿的幽默感。

孩子对世间的一切充满了童趣，往往会让大人看到她的最可爱之处。

一个很乖的女孩子通过电话在广播里给她的爸爸点歌，她用稚嫩的声音告诉主持人：她的爸爸很辛苦，星期天还要去工地上干活，

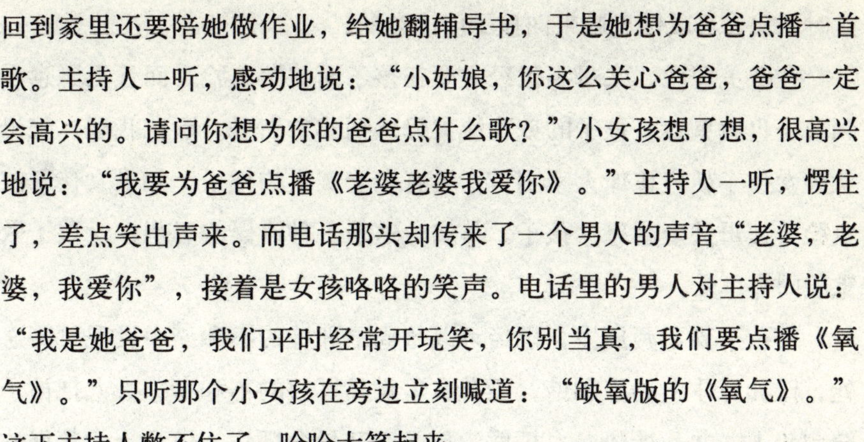

回到家里还要陪她做作业，给她翻辅导书，于是她想为爸爸点播一首歌。主持人一听，感动地说：“小姑娘，你这么关心爸爸，爸爸一定会高兴的。请问你想为你的爸爸点什么歌？”小女孩想了想，很高兴地说：“我要为爸爸点播《老婆老婆我爱你》。”主持人一听，愣住了，差点笑出声来。而电话那头却传来了一个男人的声音“老婆，老婆，我爱你”，接着是女孩咯咯的笑声。电话里的男人对主持人说：“我是她爸爸，我们平时经常开玩笑，你别当真，我们要点播《氧气》。”只听那个小女孩在旁边立刻喊道：“缺氧版的《氧气》。”这下主持人憋不住了，哈哈大笑起来。

小孩子对学习有反感，却用了一个父亲的角度的歌曲表达自己对父亲的理解。很是郁闷的话题，却由于孩子的机灵，轻松化解。连主持人也禁不住大笑起来，显示出了父女之间融洽的关系。幽默也令主持人感到了孩子的天真可爱。

幽默感和天性有很大关系，有的女孩子从小便表现出出众的幽默感，有的女孩子在幽默这方面却表现得很迟钝。研究表明，人的幽默感大约三成是天生的，其余七成则须靠后天培养。因此，对于幽默感迟钝的女孩子，父母不要灰心，只要在日常生活中注意培养，幽默感还是可以提高的。在婴儿出生七周后，如果父母仔细观察，会发现孩子已经开始显露幽默的感觉，这时候加以培养，对孩子进行早期的幽默感觉训练，孩子会成长为一个幽默高手。

那么，怎样培养孩子的幽默感呢？

（1）通过非语言进行幽默传达

小孩子语言能力不是很强，父母可以通过非语言的幽默方式来训练孩子的幽默能力。

当孩子一周岁时，对周围人的脸部表情显得十分敏感。比如，孩子看到父母笑，自己也跟着笑起来，如果有人对他瞪眼，他便会被吓得哭起来。做鬼脸是最好的，也是最为常用的脸部幽默方式。因此，这时候父母可以做鬼脸来向孩子传达幽默。

在欧美国家，父母不但经常要在孩子面前做鬼脸，而且更愿意看到孩子也做鬼脸，孩子的鬼脸让父母感到非常高兴。而在我国，父母认为女孩子就应该像大家闺秀，要有老老实实的样子，如果女孩子做鬼脸，父母甚至会怒斥孩子。其实，这是一种错误的思想，女孩子做鬼脸同样可爱。

等孩子到了两周岁，已经可以从周围环境的不和谐中发现可笑之处，比如身体上的不和谐，还有家里物品摆放的不和谐。大人把裤子穿到头上，并且裤腿左右摇摆，孩子一开始会愣住，但马上会觉得非常搞笑。有时孩子会做错一些事情，比如把白袜子和黑袜子一起穿。父母这时候不要责怪孩子，而要夸奖孩子太有幽默细胞了，让孩子穿上两种颜色的袜子，逗一逗他，他便又学会了一种幽默的技巧，孩子也会慢慢地喜欢上“幽默”这种东西。

三岁幼儿的智力，已发展到能认识概念不和谐中潜藏的幽默。当年轻的爸爸拄着拐杖走来走去，夏天妈妈穿上冬天的大皮袄，孩子会马上哈哈大笑。这时候，孩子同时也学会了自己搞一些小幽默，比如戴上大胡子，来逗父母哈哈大笑。父母应该及时给予孩子鼓励，让孩子对自己的幽默感增加自信。

我们小时候经常过家家，现在的孩子也是如此。到孩子四岁左右的时候，小孩子开始喜欢扮演社会上的角色，也就是过家家。比如一个孩子扮演小偷，其他孩子扮演警察，玩儿起警察抓小偷的游戏来，孩子们的幽默感便发展到了高级阶段，这说明孩子们会主动创造一些幽默。

（2）让女孩学会更高级别的幽默形式

对于五至六岁的女孩来说，已经能对语言中的幽默十分敏感，她们可以听懂幽默的寓言故事。这时候的孩子语言能力处于快速增长的时期，同音异义词和双关语的巧用及绕口令等的学习，都可以令孩子学习语言的幽默。

这时候的孩子的语言幽默也主要是从父母那里学来的。父母应该开始重视孩子的早期教育，让孩子了解更加丰富的词汇，为孩子的幽默和其他语言能力打下基础。如果词汇贫乏，语言的表达能力太差，那就无法达到幽默的效果。

七岁的孩子大多已上学，这时候的孩子可以自己讲一些笑话。但孩子讲的有些笑话不够高雅，但大人们不应该批评孩子，打消孩子的积极性。比如，有一个妈妈问女儿："丽丽，你如果那么喜欢和叔叔家的小弟弟玩儿，那妈妈也给你生一个小弟弟好不好？"丽丽好像很高兴，瞪大双眼高兴地说："好啊，好啊，我不喜欢小弟弟。要不，妈妈你再给我生一个小猫吧，好不好啊！！"这里，孩子自己说出了一种幽默，但是孩子并不知道这是对妈妈的一种不尊重，所以，妈妈没有责怪孩子，而是反问道："如果我给你生一只小花猫，那我不就是一只大花猫啊？"以幽默对幽默，母女哈哈一笑，既没有伤害到孩子，还令孩子沉浸在幽默带来的喜悦与智慧之中。

孩子在学校这个大群体中的生活，在适应学校生活的过程中，学会了学校的一些规章制度，也同时会发现学校里的一些笑话。比如，哪个学生在课堂上吃东西，哪个学生考试抄袭被老师发现了。这时候的孩子已经具有很强的自尊心，因此，如果孩子回家讲到学校里的有趣的事情，父母对于孩子的笑话，应该认真地听，父母要能够在孩子讲完之后，发出会心的欢笑。这样，孩子会很愿意把以后的学校里有趣的事情也讲给父母听。

孩子上二三年级时，父母可以给孩子选择一些幽默性的读物或者电视栏目，让孩子在优美的文章中感受幽默，进一步提高幽默素养。

女儿形成幽默感之后，性格也会随着发生变化，会变得开朗、乐观、积极。拥有了幽默的语言和幽默的技巧后，女儿会在人际交往中更加游刃有余，把与旁人的关系处理得相当融洽。而且，具有幽默感的女孩子面对挑战，可以从容不迫地处理，面对挫折，可以一笑了之，乐观积极地面对。

在培养女儿的幽默感时，父母也需注意一些事项：幽默不可以建立在其他人的痛苦之上，不可以讽刺其他人。不可以为了幽默而追求幽默，搞一些恶作剧。幽默一定要高雅，不要有低俗的内容。女孩子如果为了幽默作出过激、过分的行为，只能损害女孩子的形象。幽默不可能只通过学一些笑话，看一些幽默故事就可以学会。幽默是一个人所具有的品质和个性，是随着孩子成长过程中学识的增加和阅历的广泛而逐渐培养起来的。幽默的人，透露着一身幽默的气质，无论谈论何种话题，都可以表现出睿智和幽默。因此，父母们不要操之过急，而要去丰富女儿的内心世界。

10. 告诉女儿容貌美与内心美是两回事

有些女孩总过于注重自己的容貌，一旦容貌出现瑕疵便对生活失去信心。对此，家长应该正确引导自己的女儿，并且教会女儿真正的美是外在与内在的结合。

看看下面这个故事中的母亲是怎样让女儿明白这个道理的：

在一个小城市里，有一个小公园，在公园的中央是一圈座椅。每当晴天下午的时候，一个十四五岁的小姑娘都会在妈妈的陪伴下到这里来拉手风琴。小女孩拉琴非常投入，美妙的琴声总会吸引周围的居民前来欣赏。小女孩不仅手风琴拉得好，还长了一个白皙、漂亮的脸蛋。人们在驻足欣赏琴声的同时，还不住地夸奖小姑娘的漂亮。看到如此多的观众，小姑娘拉得更加投入。拉完手风琴，小姑娘会向观众致谢，然后心满意足地和妈妈回家。

有一年十一月，一场小小的火灾令小女孩的脸上留下了不可治愈的伤疤。小女孩很在意自己的美丽，然而现在自己的美丽却被大火毁之一旦，她天使一样的美丽成了记忆，小女孩非常伤心。小姑娘不敢见人了，总是躲在家里抽抽泣泣，什么事情都无法让她高兴起来。而公园中央美妙的琴声再也不存在了，那里下午再也没有了聚集的人群。

小女孩的妈妈看到小女孩如此悲伤，真不知道该做些什么，但她知道一定要想办法唤回女儿往日的自信。于是，母亲决定用琴声来给小女孩以鼓励。突然有一天，人们又听到了琴声，但人们看到的不是小女孩，而是她的母亲。母亲的琴声没有小女孩的美妙，但母亲拉手风琴的时候非常自信，母亲的动作虽然笨拙，但是脸上却看不到一丝悲愁。

渐渐地，周围居民都围了上来。人们听到的是并不怎么悦耳的琴声，都很好奇，围过来才发现，原来是小女孩的母亲在拉琴。人们开始发出疑问，母亲说："我的女儿现在不愿意或者不敢出来拉琴了，而我现在做的正是在给我的女儿拉琴。"大家都为母亲的举动而鼓掌，都呼喊着小女孩出来拉琴。小女孩走出了房子，穿过人群，来到母亲面前，双眼含着泪水，对母亲说道："妈妈，谢谢你，你的琴声才是世界上最动听的琴声。"

说完，女孩开始从容地演奏那些人们熟悉的曲子。小女孩恢复了往日的自信，又重新回到了公园中央展示她的美妙的琴声。小女孩明白了一个道理：不管人处在什么样的境遇，遇到什么挫折，都要保持一颗自信的心，不要因为自己容貌上的一点问题不敢与人交往，不敢走入社会。

第四章　培养女孩自立自强的习惯

谁说女子不如男？新时代的女孩儿也顶起了半边天。但人生无常，没有任何人的一生能一帆风顺。这就要求女孩儿学会自立自强，从容不迫地去面对人生各种挫折。

SALE
CLEAN
CLEAN
1 BABY
2 BABY
3 BABY

1. 面对病痛，教会女儿坚强

人的一生不可能平平坦坦，总会遇到挫折。孩子在成长的过程中也会遇到大大小小的困难，很多家长习惯于帮助孩子处理问题，解决困难。这样对孩子的成长是非常不利的，孩子很容易形成依赖心理，总想着有爸爸妈妈的帮助，一旦自己独立走向社会，遇到事情，便不知道如何处理。家长要做的应该是，在孩子小时候，引导孩子处理困难，教会孩子如何应对挫折。

人不可能避免遇到种种挫折，孩子最开始遇到的挫折可能只是一个简单的发烧。父母应该告诉孩子，发烧是有些痛苦，但是是他可以承受得了得。孩子会慢慢认识到挫折是什么样子的，遇到挫折，自己应该怎么办。看着孩子满脸恐惧、浑身发抖的样子，你会不会像甘地夫人一样对孩子坦诚相告：他将来遇到的挫折将不止于此，迎接挫折才是他应该做的。

其实，细心的父母可以利用孩子生活中遇到的小小“挫折”，或者说是这样或那样的“不顺”，就可以让孩子学会认识挫折，处理挫折。人生是一场与困难、挫折作斗争的持久战，早一些让孩子懂得挫折，孩子便会早一点儿适应社会的起起伏伏。当孩子遇到困难时，父母应该运用巧妙的语言告诉孩子，他遇到的是困难，但只是困难而已，可以克服，他总会遇到的。这样，孩子便会懂得不逃避、不放弃，从容面对困难。

父母应该相信孩子的能力，孩子可以战胜一些困难。只要孩子遇到的困难不是超出了孩子的能力，父母就应该放开手，不要怕这怕那。只要有了父母的鼓励和指导，孩子还是可以战胜许多小困难的。

丹丹的妈妈回忆说，丹丹三岁半时，有一天天还没有亮，就听见女儿在房间里大声地哭。原来女儿的喉咙好像被什么东西卡住了，造成了她呼吸非常困难，看样子非常痛苦。丹丹的妈妈想起了以前看过的一个电视节目，讲的是小孩子喉头水肿的症状。她觉得女儿很有可能是喉头水肿。电视上说这种病非常危险，因为儿童喉管比较细，小孩子一遇到疼痛就只知道大哭，而哭会导致喉头水肿越来越厉害，那么更严重的后果就是小孩子因为水肿堵塞喉管，导致窒息。

丹丹的妈妈当时也非常害怕，因为小孩不知道自己病的严重性，大人可以控制自己，小孩子却很难控制自己的情绪。但丹丹的妈妈还是非常平静地告诉丹丹："宝贝不要哭，你现在的痛苦是因为你的喉咙病变了，你如果尽量避免哭，你的痛苦会减少许多，否则你的痛苦会加重的。"丹丹似乎听懂了，哭声慢慢地减弱了。丹丹的妈妈继续说道："妈妈马上带你去医院，到了医院，你就会好的。"丹丹基本听懂了妈妈的话，尽管她看起来还是很难过，可还是在妈妈的帮助下，穿好衣服。女孩子其实是最听话的，当她遇到困难时，如果父母告诉她正确的处理办法，她听懂之后，会马上照办的。

当时天还没有亮，街上的出租车很少，她们等了很长时间才等到。在这期间，她的呼吸一直很困难，但一直保持着很稳定的情绪。到了医院，急诊大夫很快地给丹丹进行治疗，病情就慢慢好转了。医生和护士对丹丹的表现感到很吃惊，一般的孩子遇到这种情况肯定会大哭大闹，这对于治疗非常不利，而丹丹却表现得很平稳。其实丹丹也和其他孩子一样，遇到痛苦也是只管哭。但主要原因在于丹丹妈妈的处理方法。她相信孩子会听得懂妈妈的话，相信女儿有克服疼痛的潜能。

吃药打针对于小孩子来说是常事，但小孩子面对吃药打针时的哭闹，许多父母不知如何处理。刚刚做父母的大人多数情况下会用自己的威势吓住孩子，让孩子老老实实地打针吃药；有些父母好一点儿，会哄骗孩子，比如说药是甜的，这两种做法都是不可取得。面对孩子的哭闹，父母应该注意以下几点。

首先，父母应该尽量保持平静，不可以表现出着急或者生气的表情。小孩子善于察言观色，他们已经把父母当作一种不可替代的依赖，他们会根据父母的表现作出相应的反应。小孩子生了病，心里已经很害怕了，如果再看到父母慌张的神色，他们会更加不知所措，心里的恐惧只能再次增加，哭闹只能越来越厉害。父母的平静会让孩子看到希望，他们心里会知道，自己没有事，只是一点儿病而已。这样，孩子就会比较坦然地面对打针吃药。

其次，父母要为孩子摆明道理。孩子是非常愿意听家长的话的。孩子如果知道了为什么吃药打针，就不会再哭闹了。孩子们对打针吃药的害怕，可能是因为其他孩子的影响，或医院的气氛等，如果家长可以营造出平静、闲适的气氛，孩子自然会忘记对打针吃药的恐惧。

最后，不能用哄骗或恐吓的方式劝孩子吃药打针。孩子不愿意吃药，一些家长就喜欢用“不吃药，大灰狼会把你吃了”，或者“如果宝宝好好地吃药，吃完药，妈妈会给宝宝买一辆小汽车”。这种办法只可以用一时，不可以长期使用。而且，由于恐吓或哄骗，孩子意识不到自己遇到的是挫折，难道等孩子走入社会遇到困难，也要找人来哄骗吗？这也会造成孩子对父母的不信任。

有些父母认为，女孩子不需要坚强。但事实上却恰恰相反，在现在的社会，女孩会遇到各种诱惑和挫折，她们如果想一步一步走下去，家庭和事业都可以达到令人满意的结果，她们必须学会坚强。现在的女孩子不应该是花房里的花朵，而应是展翅凌空的海燕，只有经得住挫折，才能飞得更高。千万不要放弃对自己的女儿进行挫折教育，要让她们从小认识什么是挫折，学会如何面对挫折，如何经得起挫折。当女儿成功地经历过挫折后，她会感谢小时父母给自己的真正的爱。从女孩吃药打针开始，巧妙地利用生活中的小小的“事故”，会让女儿更坚强、更豁达、更成熟。

2. 自尊自爱，女孩方可自立自强

自尊自爱，即自我尊重和自我爱护。自尊自爱是女孩必须学习的第一课，自尊自爱是一个人在社会中存在的一个基本条件。如果一个人连自己都不尊重，那他不会尊重其他人，也不会得到其他人的尊重。一个人走入社会后，最应该相信的就是自己，只有自己才能最爱护自己，爱护自己是爱护其他人的先决条件。作为女孩，更应该尊重自己的人格，爱护自己的身体和心灵。

父母都希望自己的女儿是一个自尊自爱的好女孩。一个人只有具有了自尊自爱，才能成为一个在社会上真正自立的人。只有具有了自尊自爱，一个人才可能独立于社会之中。一个人是独立的，是自立的，才不会为一些小的诱惑而迷失自己，也不会屈从于某一压力之下，作出自己不愿意做的事情。具有了自尊自爱，一个人才能是一个完整的社会化的人，才能适应社会，树立在社会上生存的目标，承担在社会上生存的责任。拥有自尊自爱的女孩，人格才是健全的。自尊自爱的女孩在生活中处处以自尊自爱为标准，不会做出有损于自己，有损于家人、朋友、社会的事情，更不会因为名利而出卖自己。

历史上，陶渊明就有“不为五斗米折腰”的故事。

公元405年秋，陶渊明为了养家糊口，凭借自己满腹的学识，通过举荐，来到离家乡不远的彭泽当县令。这年冬天，一名督邮被上级派下来，到彭泽县来监察陶渊明在本县的治理工作。督邮是品位很低的官职，但由于督邮和太守同流合污，处处在太守面前趋炎附势，说长道短，所以也有些权势。这次派来的督邮，也是一个毫不讲理，欺压下级官吏之徒。他一到彭泽的旅舍，就要求县令陶渊明前来见他。陶渊明是一个蔑视功名富贵，不肯趋炎附势的人，对这种只会在下面人身上称王称霸的小官吏很是瞧不起。但是他毕竟是上面派来督察的，也不得不去相见，于是陶渊明马上动身。刚要出门，不料县吏拦住陶渊明说：“大人，参见督邮要穿官服，并且束上大带，不然有失体统，督邮要乘机大做文章，会对大人不利的！”听到这话，陶渊明长叹一声，实在忍不住了，说：“我不能为五斗米向乡里小人折腰！”话说完后，陶渊明便把大印交出，修书一封留给那个督邮，骑上马扬长而去，离开了只当了八十多天县令的彭泽。

陶渊明有自己的尊严和底线，让他为了五斗米向一个小小的督邮折腰，这是不可能的。陶渊明就是这样的高风亮节，他坚守高贵人格的情操深为人们所赞扬。

自尊自爱并不是遇到有损于自己的事情就要逃避，而是要积极地面对，用自己的智慧来化解他人对自己的无礼。女孩子不但要懂得自尊自爱，还要学习如何用智慧来维护自己，保护自己免于被伤害。

晏子将要出使楚国。楚王听到这个消息后，对身边的侍臣说：“晏婴是齐国善于辞令的人，现在他正要来，我想要羞辱他，用什么办法好呢？”侍臣回答说：“当他来的时候，请让我们绑着一个人从大王面前走过。大王就问：‘他是干什么的？’我就回答说：‘他是齐国人。’大王再问：‘犯了什么罪？’我回答说：‘他犯了偷窃罪。’”楚王点头称是。

晏子来到了楚国，楚王请晏子喝酒。酒喝得正高兴的时候，两名公差绑着一个人走到楚王面前。楚王问道："绑着的人是干什么的？"公差回答说："他是齐国人，犯了偷窃罪。"楚王暗自得意，看着晏子问道："齐国人本来就善于偷东西的吗？"晏子离开席位回答道："我听说这样一件事：橘树生长在淮河以南的地方就是橘树，生长在淮河以北的地方就变成了枳树，只是叶相像罢了，果实的味道却不同。为什么会这样呢？是因为水土条件不相同啊。现在这个人生长在齐国不偷东西，一到了楚国就偷起来了，莫非楚国的水土使他喜欢偷东西吗？"楚王苦笑一下，无言以对。晏子出使楚国，楚国君王却要嘲笑晏子和晏子国家的人民，这不仅伤害了晏子的自尊，更是伤害了齐国的国家尊然，晏子当然不能坦然视之。晏子使用巧妙的语言维护了自己的尊严，而楚王不但没有生气，反而更加敬重晏子。女孩子常常遇到的事情就是一些人肆意挑衅女孩的自尊，如果女孩以正面严肃的反击对待，难免不会有人来刁难和欺辱，如果这个时候，女孩可以用智慧的语言婉转地回复，那样就可以维护自己，也会让对方反而尊重自己。

女孩有了自尊自爱，才会有自强的品格。自尊的女孩对成功具有更强烈的信念，所以就更加努力，因为只有成功了，自强了，才会得到其他人的尊重。一个没有自尊的女孩，不懂得如何得到别人的尊重，当然就不知道自强为何物，只能被挫折打败，然后一蹶不振，自暴自弃。

华罗庚中学毕业后，因为家里贫穷，没有钱交学费，才不得已被迫失学。但华罗庚没有放弃继续读书的志愿，回到家乡，他一面帮父亲干活，一面借书自学。眼看华罗庚学业有所进步时，他却又身染伤寒，病情非常严重，生命危在旦夕。在床上躺了半年后，华罗庚身体渐渐康复，但这场病却给华罗庚留下了终身的遗憾，他的左腿关节变形，也就是说，他由一个健康人变成了瘸子。当时，十九岁的华罗

庚迷茫了、困惑了，不知道自己的路在何方。在绝望的日子里，华罗庚想到了战国的孙膑。孙膑被人陷害，失去了双腿的行走能力，但他却写出了惊世的兵书，并仍然可以带领军队。于是，他鼓励自己说："古人尚能身残志不残，我才只有十九岁，更没理由自暴自弃，我要用健全的头脑，代替不健全的双腿！"青年华罗庚开始坚强地与不公的命运做抗争。白天，华罗庚忍着剧痛帮家里干活，晚上，他拖着疲惫的身体坚持在油灯下自学到深夜。华罗庚坚持每天如此，从不放弃学习，他深知自己的命运不应该由上天来决定。他要靠自己的不懈努力来改变自己的命运。1930年，华罗庚的论文在《科学》杂志上发表了，清华大学数学系主任熊庆来教授看了这篇论文，感觉很震惊，一个毛头小伙子竟然可以通过自学写出学术性如此强的论文，自己的学生都很难写出来。后来，清华大学聘请华罗庚当了助理员。在学术研究的殿堂——清华园里，华罗庚一边做助理员的工作，一边在数学课上听课。华罗庚在清华园里学习、工作都非常努力，他还用四年时间自学了英、德、法等语言，发表了论文十余篇。二十五岁时，华罗庚已是蜚声国际的著名学者了。

从华罗庚的例子我们可以看到，自尊自爱是自强的基础，自强是自己尊严的保证。有了自尊，人才不会放弃；有了自爱，人才不会自暴自弃。自尊自爱不仅可以提升女孩的气质和形象，还可以影响到女孩一生的幸福。懂得了自尊自爱，女孩也就懂得了自我的重要性，也就能在充满诱惑和欺骗的社会中保护自己，取得成功。

3. 让女儿明白理想与现实相结合的道理

关于理想，一位名人说过这样一句话：当你具有了理想，并且开始为你心中的理想而奋斗，那你的人生才算真正开始。没有理想，青春就会是暗淡没有光泽的；没有志向，你的生命就会像大海中没有航向的小舟，失去方向，任由海浪打向任何地方。因此，对于处于生命成长阶段的女孩来说，更要重视引导她树立一个现实的、崇高的理想，以使她能够早一点开始自己人生的航程，向着一个明确的方向破浪前行。

其实，女孩小时候也有理想，但小女孩容易受到一些诱惑，不能树立正确、远大的理想。在小女孩刚刚产生理想的时候，需要父母的正确引导。

原来父母小时候的理想是要当科学家、飞行员，很单一。现在小孩子的理想呈现多元化，显得更加现实。比如当大老板、当优秀主持人，或者当歌星和体育明星，这是多数孩子心中的梦想。这主要是由于现在的孩子被炒作的环境包围着。演唱会上歌星的光彩夺人，电影里明星的帅酷表演，还有各种选秀节目对小孩子的包装炒作，都使得现在的孩子崇尚那耀眼的光环。

这种现象的出现不是孩子的错，是周围环境造成的。但现象的产生不代表本质的变化，当父母发现孩子有了一些不切合实际的理想时，父母应该对孩子进行正确的引导。孩子们只会看到表面的东西，

并不知道明星、歌星成功的背后有着外人不知道的艰辛和努力；只知道当老板很气派很享受，却不知其所担负的责任与压力。一句话点醒梦中人，父母应该在适当的时候告诉女儿这些。有时，甚至只是不经意的一句话，就能点燃女儿理想的火花。

居里夫人本名玛丽·居里，波兰人。玛丽的父母都是教师，虽然玛丽家里很困难，但玛丽的父母很重视对孩子的教育，而且很重视他们的理想教育。

玛丽六岁开始进入学堂。当时发生了战争，英国和俄国把波兰占领了，并且瓜分了波兰。波兰的首府华沙成为了俄国的一部分。俄国不仅想要占领波兰的领土，甚至还要控制波兰的人民，俄国不允许学校里教波兰本国的语言，他们强制学生学习俄语。但是，为了反抗俄国的占领，学校仍然偷偷教学生波兰语。为了严密监督学校的教育，每个学校里面都被安置了一个俄国督学，经常监视老师和学生的一举一动。俄国督学经常进行突击检查，这一天，俄国督学又来了。而当时玛丽的老师正在给学生们讲波兰语，他们听到消息，马上换上俄国强制规定的俄语教材，开始教俄语。督学来到之后，看到老师是在讲俄语，有些放心，但觉得有些不对劲，他用怀疑的目光扫视着大家，然后趾高气扬地对学生和老师说："哪个学生可以讲一讲俄语，我要考一考你们是不是真的在学俄文。"老师用信任的目光看了看玛丽，希望玛丽可以帮大家度过这一关。玛丽的记忆力很好，学会了一些俄语的句子。玛丽便站了起来，用流利的俄语和俄国督学对话，回答了督学提出的所有问题。

这件事深深地触动了玛丽幼小的心灵，玛丽感到了民族受压迫的屈辱感。回到家之后，玛丽把这件事哭着告诉了父亲。父亲语重心长地安慰女儿说："一个国家领土可以被侵占，民族尊严可能被扼杀，但人的知识是无法从记忆中抹去的。"看到女儿脸上显现几分喜色，好像明白了自己所说的话，父亲接着说道："罗马用式力征服了希腊，但是希腊却用文化征服了罗马。”

玛丽深深记住了父亲的话，下定决心一定要努力钻研科学知识，以便日后可以为祖国作出贡献。从此之后，玛丽对于读书学习特别用功，因为有了优异的成绩，玛丽可以去国外继续深造，经过不懈地努力，玛丽在大学里获得了两个硕士学位。学业完成后，她很想回到波兰，为受压迫的祖国做出一些事情。但不久，玛丽与法国年轻物理学家皮埃尔·居里认识了。他们具有共同的研究目标，在学问方面可以互相取长补短。于是，玛丽改变了她的计划。此后她和丈夫一起致力于研究放射性现象，发现了两种放射性元素。玛丽对于自己的研究成果非常自豪，为了纪念她的祖国波兰，她将它们命名为“镭”和“钋”。因为这两种放射性元素的发现，居里夫人获得诺贝尔奖。

父亲的教育，令玛丽从小树立了远大的理想，她不追求自己的成功，而是要为祖国作出一份贡献。有了远大的理想，玛丽才可以一直刻苦地学习，不畏困难，勇攀科学高峰，取得了非凡的成就。

父母在引导女儿树立理想时，应该注意以下几个方面：

（1）帮助女儿早一点儿知道自己将来愿意从事的职业

现在社会是一个分工非常明确的社会，任何工作都会有人去做。每一个人不可能都从事自己喜欢的职业。人会随着周围环境的变化、自己的成长过程，去决定做什么工作。但不同的工作只是分工不同，职业没有高低贵贱之分，大家都是平等的劳动者。人当然要有一个高的人生目标，但父母既要鼓励女儿追求远大的职业理想，又要让女儿做好当一个普通劳动者的心理准备。只要是自己踏踏实实、努力地工作，就是在为国家作贡献。

（2）不要简单地否定女儿的理想

女儿小时候会产生一些不切合实际的想法是正常的，如果女儿向父母说出自己的想法，父母都不应简单地进行否定，或者进行粗暴地制止。我们应该做的是引导孩子，让孩子自己放弃那些不切合实际的

理想，但不论是什么理想，父母都应该首先给予肯定，然后再慢慢地给孩子分析她的理想，并要恰当地告诉她实现这一理想必须具备的知识与能力。

（3）教会女儿积极行动

首先，父母应该让女儿知道，人仅有理想是不够的，如果不付出行动，一切都是空谈。行动是实现理想的唯一途径，理想是高于现实的东西，美好的理想转化为现实，需要用行动、用奋斗去实现理想。其次，父母要告诉女儿，不要因为有了崇高的理想就好高骛远，不要每天只是想着美好的理想，而不从现在开始行动。再崇高的理想也要从小事做起，理想都是一步一步实现的。最后，父母还要告诉女儿，理想的实现不会一帆风顺，在她奋斗的过程中，会遭遇各种各样的挫折，人不可以因为一些挫折而放弃自己的理想，而应该以一种坚韧不拔的精神去面对困难和挫折。

父母是孩子的榜样，如果要求女儿做一个有理想的人，父母首先应该是有理想、敢奋斗的人，否则，父母不管怎样教育，孩子也很难树立理想。有些父母，每天只是浑浑噩噩地过日子，孩子看在眼里，会认为人生就应该是那样的，导致孩子容易以父母为镜，变得没有理想。父母培养孩子的理想，要从小事做起，而不能简单地每天只对孩子说，“努力学习，做大事”，父母应该从培养孩子的做事能力和良好的人格做起。

4. 帮助女儿科学地规划自己

罗伯特·路易斯曾经讲过：帮助孩子学会规划未来只有知道了通往今天的路，我们才能清楚而明智地规划未来。

父母都是望子成龙心切，但孩子成才不是一朝一夕之事，需要一个长期培养的过程。成功不可一蹴而就，父母要从小教会孩子努力奋斗。但对于孩子的成功，父母只是起到一个辅助的作用，孩子自己才是最关键的。要让孩子主动地去努力，自己规划自己的人生蓝图。父母要教会孩子自己设计未来，有些父母在孩子出生时，就为孩子规划好了一生。这样对孩子其实是不利的，孩子会缺乏主动，也会产生逆反心理。在西方发达国家，初中以上的孩子都是自己规划自己的人生。

在国内，懂得为孩子规划未来的父母并不多，但也有明智的父母在孩子很小的时候就教会孩子规划未来，令孩子有了很不错的前景。温州瑞安的一位母亲，家里有五子一女，在她的培养下，六个孩子全部学业有成，全都出国留学，并都在国外拿到了博士学位。当人们问这位母亲是如何教育孩子，让她的孩子都如此成功时，这位母亲说："孩子们的未来不是我设计好的，而是我让他们从小自己设计自己的人生。我给六个孩子都取了小名，分别是孟子、孙子、荀子、润子、曾子、西子，我让孩子们规划出一个高目标的人生。"

这位母亲家庭教育的成功，正在于她教会了她的孩子们规划未

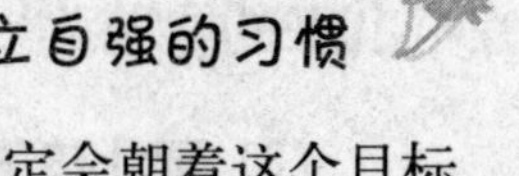

来。如果孩子们有了属于自己的人生规划，他们肯定会朝着这个目标努力奋斗。

让孩子学会规划自己的未来，是一个复杂的教育过程，内容涉及很多方面，下面给出了最重要的一些建议：

（1）孩子特长的规划

父母应该及时发现女孩小时候表现出来的特长，然后加以科学引导。父母要让孩子知道自己的长处，然后引导她朝着更加深入的方向发展。

等孩子的特长发展到一定阶段，父母可以引导孩子认识到，她喜不喜欢自己的特长，愿不愿意长期发展。如果女儿回答肯定，那父母应该教会孩子对自己的特长发展制定规划。有了规划，孩子会更加努力发展自己。女孩到了一定的年龄，可以让她参加一些科学的智力测试，比如“韦氏智商测试”，这样父母就可以全面了解孩子的优势，从而做为孩子未来规划的一些参考。

（2）孩子职业的规划

孩子未走入社会，不懂得什么是工作，不了解各种职业的特点，更不会决定自己将来从事的职业。父母可以帮助孩子讲一些自己职业的情况，慢慢地发现孩子的兴趣所在，然后引导孩子喜欢上一个职业。父母也可以从孩子自身的素质出发，考虑她适合的职业。若孩子的素质不容乐观，父母要根据女儿的性格、特长和社会职业情况，与她共同商量未来的职业之路。

女儿想要做什么职业要由自己来决定，父母可以为女儿提供一些参考，比如告诉女儿一种职业需要一个人具有什么样的素质。父母要引导孩子关注社会的职业需求情况，让女儿根据社会需求结合自己的特长，思考自己的职业规划。孩子可能对一些职业了解的并不全面，这时候女儿就需要父母的帮助，从而更深入地了解这些职业的相关事宜，比如职业的环境、职业的发展趋势等。

（3）要让孩子有终生学习的规划

现在的世界，日新月异，稍有放松，就会跟不上时代的潮流。古语有“女子无才便是德”，这种观点在当今社会是非常错误的。女孩也不应该停滞不前，应该时刻做好学习的准备。学习能力是一个人必须具有的能力，只有不断地学习，才能适应变化的社会。女儿如果具有很强的学习能力，就要让她制定一个终身学习的规划。学识不但可以让女孩适应社会，还可以提高女孩子的气质。学习以及受教育还可以给女儿带来无穷的乐趣，使女儿变得更加充实。一个人越是进步，对知识的渴望越是强烈。

女孩的人生是需要规划的，有了好的人生规划，女孩才会拥有炫丽的生命。但在引导女儿规划自己的人生时，父母需要注意两个方面：一是尊重女儿，尊重她的兴趣爱好和性格特点，不要强迫女儿规划人生，也不要强加干涉女儿的规划，如果强迫她做她不喜欢的事情，只能落得两败俱伤；另一方面，要让女儿的人生规划符合现实世界的实际，不要让女儿制订一些空洞、遥远的计划，那样女儿终将一事无成。

5. 帮助女儿改掉光说不干的习惯

苏霍姆林斯基曾经说过：让孩子们不要去空谈崇高的理想，让这些理想存在于幼小心灵的热情激荡之中，存在于激奋的情感和行动之中，存在于爱和恨、忠诚和不妥协的精神之中。

女孩子都是非常感性的，她们的梦想非常绚丽。但当她们回到现实的世界后，又常常感到，现实与梦想之间，距离太遥远了，梦想是那样难以企及，现实是这样的残酷，梦想与现实之间仿佛隔着天上人间。这时，父母要告诉女儿，梦想并不是那样遥不可及，只要一个人的梦想不是太离谱，通过自己的艰辛努力，他的梦想一定会实现的。但没有努力，梦想只是一个泡沫，就像水中捞月一样，不可能实现。没有行动，梦想永远只能是明天的梦想。

索菲娅·罗兰之所以能够取得很高的成就，主要应该归功于她母亲对她的帮助。她的母亲不愧是一位伟大的母亲。

索菲娅是个私生女，从很小的时候就常常受到人们歧视。索菲亚和母亲相依为命，因为家里很穷，她和母亲经常不能吃饱饭，也买不起保暖的衣服。但索菲娅有她的梦想，那就是当一名出色的演员，这也是她母亲的期望。为此，虽然贫困，索菲娅的母亲也努力寻找机会来实现女儿的愿望。

这一年，在那不勒斯正在举行少女选美比赛。索菲亚的母亲知道后，非常兴奋，跑回家，鼓励女儿去试试。索菲娅长得很漂亮，就像一个小公主。母亲相信女儿在这次比赛中一定会胜出，如果那样，就可以一朝成名，当演员的梦想也就会渐渐变成现实了。

于是，母女俩立刻积极行动起来。母亲使用家里的一切资源打扮女儿。索菲亚没有漂亮的衣服，母亲就用家里零碎的布料和家里唯一的一件彩色窗帘，为索菲娅精心缝制了一件漂亮的礼服。有了衣服，但没有鞋子也不行。母亲于是找来红油漆，把自己的黑皮鞋刷了两遍，一双和礼服非常相称的鞋子就出来了。索菲娅穿上妈妈为自己制作的衣服和鞋子，显得更加动人。

比赛那天，索菲娅穿上了自己的新衣服，在舞台上尽情展现自己。评委们虽然觉得她的衣服很普通，但觉得索菲亚有一种超于一般小姑娘的气质和容貌。评委们一致通过，索菲亚被选为大海皇后的12个女儿之一——海的公主。母亲坐在台下，激动得泪流满面。

此后，母亲对自己的女儿更加有信心，她下定决心，一定要把女儿培养成一个演员，实现母女俩共同的梦想。不久，有一个著名的美国摄制组来到罗马拍摄电影，母亲和女儿意识到，成功的机会终于来了。趁着摄制组要招临时演员，母亲马上陪女儿去罗马应试。令人高兴的是，索菲娅又被选中了，她从此便开始了自己的演员生涯。

索菲亚和母亲不是心中空怀着梦想，而是抓住一切机会，积极地行动起来。没有母亲积极地行动，索菲娅的梦想是不会成为现实的。母亲为索菲亚缝制衣服，刷红皮鞋，让索菲亚可以参加选美比赛；母亲又积极地让女儿去参加摄制组的应试，让索菲亚走上了自己的演艺事业。

这个故事告诉我们：不要让自己心中的梦想成为一种寄托，而要努力去实现它。明天的成与败我们不能把握，但我们可以很好地把握的是今天的行动。今天的行动是至关重要的，没有今天的行动，一切梦想都只是空谈。不要把任何事情都寄希望于明天，今日复明日，明日何其多，只梦想明天的人，注定一事无成。要让自己

的女儿学会把握今天，利用今天，从今天的一点一滴的小事做起，梦想将不会遥远。

道理说起来容易，但真正做起来就困难了，所谓“说时容易做时难”。女儿小时候会有很强的惰性，不愿意付出努力。但孩子是需要父母的帮助来成长的，总有一些可行的措施可以改变女儿，让你的女儿能够采取积极的行动为梦想而奋斗。下面就是一些比较可行的办法，希望能对你有所帮助。

（1）教会女儿先做主要的事

一个人的时间是有限的，不可能把所有事情都做好，这时候就要分辨出哪些事情需要马上做好，哪些事情可以缓一缓。同时让她知道，不是做的所有事情都会有完美的结果，有的事情会产生好的结果，有的事情则会产生坏的结果。所以要让女儿学会优先选择那种做了以后能够获得正面效果的事情，那种可以在很大程度上帮助目标实现的事情，而且一定要专心致志。如果想完成所有的事情，只会什么事情都办不好，白白浪费时间。

（2）不要让女儿总是等待完美的出现

完美固然好，但世界上没有十全十美的事情，只有接近完美的事情。有时孩子迟迟不行动，他是想等到时机成熟，可以把事情做得很完美。机会对于成功很重要，如果你错过了一次机会，成功可能就会离你远去。等到所有条件都具备以后才去做，只能把机会白白地给了其他人。不要让女儿整天想好的条件，想好的结果，要让女儿变成“我马上就去做”的那种人，不要优柔寡断，要果断抓住机会前行。没有条件，创造条件也要上。

上面的办法是针对女孩小时候的主要问题、困境而列出来的，运用上面的办法，会让女儿变成一个实干家，让女儿学会如何把梦想与现实联系起来。

只有靠行动，理想才有可能变为现实。父母要教会女儿马上行动，面对事情，想好了，就要做。不要怕犯错误，我们可以从错误中吸取教训，这样会成长得更快。马上行动，你就会处于主动地位，事情便可以处于你的把握之中。不要等到万事俱备以后才去做，永远没有绝对完美的事。行动的能力不需要任何天赋，只在于平时的积极努力，一旦你的女儿养成了马上行动的习惯，只需要努力耕耘，好习惯自然会在生活中开花结果。

6. 用心培养女儿的上进心

苏霍姆林斯基认为：要是儿童自己不求上进，不知自勉，任何教育者都不能在他的身上培养出好的品质。

现实与梦想需要行动来连接，但行动像奔驰的汽车一样需要动力，行动的动力就是上进心。有的人最初行动能力很强，后来事情失败了，遇到了挫折，他便再也不愿意做其他事情，这时的状态就是缺乏动力的表现。父母不仅要培养女儿的行动能力，还要让女儿具有一颗上进心。女儿如果是上进的，她的行动能力会很容易培养，因为她是主动的。父母也应当看到，由于女儿自身的女性特质，会缺乏上进心，做事没有动力。这样，即使女儿具有行动能力，也会在追逐梦想的过程中失去斗志，没有恒心。这就需要父母的特别关照，持续鼓励，赋予她更多的上进心。

如果女孩具有很强的上进心，她对梦想的渴望就会非常强烈，那她就会为自己的目标而采取一切行动。正如同弓拉得愈满，箭头就飞得愈远一样。具有了上进心，女儿不管遇到什么困难，什么挫折，都会不轻言失败，信心百倍，朝着既定目标永不回头，她就能在有生之年走向成功，实现她的梦想。耶鲁大学的精英教育理论告诉父母及女孩子们：只要一个人具有了不断自我激励、永远追求高目标的习惯，那他会很快改掉身上的不良品质和不好的习惯，他离成功就不远了。上进心的威力，由此可见一斑。

一天，李红放学回到家后，表现得闷闷不乐，也没有心情做作业，只是望着自己的作业和课本发呆。妈妈发现后，走到李红跟前。见妈妈走近，李红举着作业本问妈妈：“妈妈，你看看，我的字是不是写得很差？今天班里举行了一次钢笔书法比赛，我看到其他同学都比我写得好，我为什么写不好呢？”

妈妈接过一看，李红的字写得上一个，下一个，确实写得不太好。妈妈赶紧安慰女儿：“写得不好不是问题，我们可以经常练习啊，其他同学比你写得好，那是因为他们经常练习，只要你勤奋练习，你也会写出非常漂亮的字的。”

李红高兴地对妈妈说道：“啊！原来是这样，那我也要经常练字，直到写的字和同学的字一样漂亮为止。”妈妈赶紧接着又鼓励了李红几句，答应要给李红买字帖。

字帖买回来后，李红非常高兴，马上就开始练字，电视里放着精彩的动画片，她也顾不上看。看到女儿有如此强的上进心，妈妈和爸爸都非常高兴。妈妈和爸爸一起帮她矫正写字的姿势，不停地鼓励她。一段时间下来，李红终于有了进步，字已写得像模像样，李红对自己充满了信心，说下次班里书法比赛一定要好好表现。

这就是上进心的巨大作用。当女儿有了很强的上进心的时候，她会主动地努力，行动能力很强，甚至不需要父母的督促。

上进心也是需要培养的，那么，父母怎样帮助女儿培养这种可贵的上进心呢？以下建议可供参考：

（1）通过目标的实现让女儿体验成就感

心理学研究证明，通过行动取得的成果，容易使人产生一种精神上的满足感，并伴有积极上进的情绪，而行动如果失败，人会产生消极的情绪。因此，父母可以帮助女儿建立一个一段时间之内恰当的学习目标，让她在一段时间里通过自己的努力能够实现目标，获得成功的快乐。学习上成功的喜悦之情会让女儿渴望学习、战胜困难、不断进取。

（2）激发女儿的求知欲

求知的欲望是女儿爱学习的内在动力。对知识的渴望会让女儿对周围世界充满了好奇心，会主动地通过学习去探究世界。求知欲与学习的兴趣是关联的。具有了学习的兴趣，学到了新奇的知识，女儿就会想对世界了解得更多。

（3）发现女儿的特长

只要父母耐心寻找，总会发现女儿的特长。父母要从培养女儿的特长开始，培养女儿的上进心。既然是女儿的特长，女儿就会喜欢做，也会想把它做得更好。这样女儿就会自发地形成上进心，父母再给女儿制定目标，女儿就会为实现目标而努力，女儿的上进心就会增强。具体做时，父母可以让孩子讲自己的理想，将来想干些什么，并确定一定的目标。例如，女儿喜欢舞蹈，可以让她想象一下成为舞蹈家，在舞台上表演的感觉。

（4）父母可以通过伟大人物的成功事例来激发女儿的上进心

伟大人物的成功事例很多，而伟人通常是具有上进心的，很小就知道努力。父母可以把这些讲给自己的女儿听，以此来增强女儿的进取心。事实也确实如此，爱迪生、达尔文、爱因斯坦等小时候显得都很笨，他们后来之所以成功，关键在于他们自己的努力，他们对成功永不停息的追求。也可以找女儿身边的事例进行引导，这样，教育就会更加有效。

一个有追求的人总是会给自己设定一个又一个更高的目标，用目标来激发自己不断努力、不断进取。而安于现状的人只能留在原地踏步，是不会做出什么大成绩的。因此，父母要激发女儿的上进心。这样，她就会具有坚强的意志，总会不停息地攀登更高的山峰，不断取得成功，实现自己的理想。

7. 教会女儿自立但是要警惕女儿的任性

蒙台梭利曾讲过：儿童心灵上的许多烙印，都是成人无意间烙下的。孩子变得任性，多由父母的溺爱所致。

女孩子，可以有富贵高雅的气质，但不可以有一种凌人之上的气势，不可以成为刁蛮的小公主。一个任性刁蛮的女孩子，不能包容周围的一切，总是会让周围的人感到敌视，即使非常优秀的女孩子，也得不到周围人们的欢迎。因此，在女儿成长的过程中，我们不要娇惯孩子，不要让她变得任性刁蛮。

当女孩子三四岁时，经常会以自我为中心，不听从父母的话。但这只是一种自我意识建立的外显，并不是她的故意所为。她只是想知道自己到底能做点儿什么，父母是不是很疼爱自己。也就是说，孩子的自我意识感让她看起来有些任性。

这时候父母不能以强硬的态度对待孩子，让孩子遵从父母的意见。这样对孩子的成长是不利的。但这时，用道理也不能改变孩子的任性，那么怎么办呢？

意大利著名教育家蒙台梭利说过这样一段话："对成人而言，儿童的心灵是一个难解之谜。"我们应该努力找到孩子任性的原因，这种原因在大多数情况之下是不可理解的。但只要把孩子任性的原因找到，并且化解掉，孩子就不会任性了。一个成人若想找到这些谜底，就必须对儿童采取一种新的态度，增强对儿童的责任感。成人必须从孩子的角度考虑事情，不要以管理者的身份对孩子横加指责。我们可以从生活中的细节发现孩子的特点，从而了解孩子的心灵。

有时女儿的任性是由于父母的娇惯，因此父母不要溺爱自己的女儿，不要事事顺着孩子的意思来做。这样，孩子就不会出现极端任性的性格。具体说来，父母要注意以下几点：

（1）要倍加留心孩子的自我意识建立期

人之初，性本善。孩子不会没有原因地大哭大闹，蛮不讲理，之所以会出现这样的性格，是因为在孩子的自我意识建立时期，父母没有给予正确有效地引导。因此，父母应该首先从自己身上去找原因，是不是以前对于孩子不够关心，以前对于孩子的一些小事没有处理好？比如父母在孩子很乖的时候对她大发脾气；或者父母不尊重孩子的建议，强迫孩子做某些事情；或者孩子需要什么，就立刻给她什么。如果是这样，那么，就是父母的错做法造成孩子现在的状态，是父母一步步把孩子引入“歧途”的。

（2）要理解孩子，从孩子的角度想问题

有些女孩子有时候做出的事情之所以让大人难以理解，是因为她们有自己的想法，她们并不知道自己的想法是不对的，因为她们还是孩子。如果父母不能从孩子的角度想问题，一味按照大人的规则来处理孩子的事情，那么父母就无法走入孩子的内心，不能引导孩子正确地处理事情，也就无法根治孩子的蛮不讲理。但如果让成人去理解孩子的心思，确实很难，这就需要父母的努力。父母可以在平时认真观察孩子的做事原则，也可以通过孩子面对一些状况的表情与反应来了解孩子的心思。如果实在不行，父母可以找一些教育专家或者请教一些优秀的家长。孩子的心思虽然难以琢磨，但还是有规律可循的。比如，有的女孩子任性只是想要证明父母很爱自己，如果家长对孩子加以关心，孩子自然会变得非常听话。因为小孩子都有对爱的渴求，都非常希望得到父母的爱，如果你给了孩子无比的关爱，孩子就会有一种温暖感，也就心满意足了。

当然，不同的孩子有不同的问题，要区别对待。这个方法并不是对每一个孩子都适用，但总的原则是这样的，所以，父母在平时需要有耐心，认真观察、琢磨自己的孩子的心思。

（3）不要答应女儿不合理的请求

没有规矩不成方圆，父母应该给孩子设定一些必要限制。如果没有限制，孩子就会随自己的意愿做事情，不管对与错，长期如此，孩子就会任意而为，破坏规矩。孩子小时候是可以进行改造的，父母应该抓住这个阶段，让孩子知道一些做事的原则。

如果孩子小时候蛮不讲理，而父母不加干预，等孩子长大了，再改变他就没有那么容易了。做事懂规矩也是一种适应社会的表现，孩子长大后如果任意而为，那他就不可能适应社会。因此，父母不能总是迁就女儿，把“迁就”这条路堵死，让女儿不再寄希望于此，那么，她就不会蛮不讲理。

（4）巧妙地拒绝女儿

面对孩子的蛮不讲理，父母不应该以生气、斥责来胁迫孩子就范，这样做，只会令孩子变得更加蛮不讲理，因为这种方式本身就没有道理。父母可以通过巧妙的方式令孩子自己选择放弃。

比如，女儿喜欢上一个玩具时，而家里已经有许多玩具，父母可以转移孩子的注意力，让玩具从孩子的脑海中消失。或者给她两个条件，让她自己去选择，并要求她对自己的选择负责等。即便是直接拒绝孩子，也要选择恰当的理由，用温和的态度拒绝孩子，这样才更容易让女孩子接受。

8．教会女孩理智地面对危机

温斯顿·邱吉尔曾讲过：当危险来临时，不要逃避，否则危险只会有增无减；若毅然面对，危险便可减半。所以，无论遇到任何危险，绝对不能逃避。

父母疼爱女儿，不希望孩子遇到危险，而有的父母即使是一些小事，也要为孩子担心。比如孩子骑车去上学，有些父母就会担心孩子会不会出现交通事故。父母爱女儿是对的，但过度担心是没有必要的。孩子毕竟是要长大的，不让女孩面对小的危险，就不能使其面对人生的大危险。父母都希望女儿一生平安，但女儿未必一辈子都能在安然的环境中生活，她会经历各种各样无法预料的事情。但这不一定就是坏事，因为女儿遇到不测事件时，为了脱离危险，会发挥内在的潜能，运用自己的智慧，稳定自己的情绪化解问题。危险过后，女儿就成长了，在遇到更大的危险的时候，就会有足够的勇气和智慧来应付。因此，父母应该抛开过度保护的心理，让女孩有面对危险的机会，这样她以后才不会害怕危险，而且也能从容应对。

小女孩盈盈只有四岁，正是爱跑爱跳的年龄。家里的客厅地板比卧室的高一些，爸爸发现后，经常嘱咐女儿一定要小心，在家里不要乱跑乱跳，否则会很危险的。但小盈盈喜欢的游戏就是在各个房间窜来窜去，一玩起来，就把爸爸的嘱咐忘光了。有一天，小盈盈又高兴地在家里乱蹦乱跳，一不小心，便摔在了地上。这时候，盈盈想起了爸爸的嘱咐，感到爸爸是对的，对于预防有了更深的认识。于是，盈盈五岁的时候已经能严格遵守交通规则，知到过马路要走横道线，红灯停、绿灯行，这都是爸爸教的。

这位父亲的做法是非常合适的。他首先发现了危险，并提示女儿危险的存在，但是他并没有严厉地要求不准女儿在家里跑来跑去。女儿体验到危险，尝到了苦头之后，明白了爸爸是对的，这才知道了预防危险的重要性。当然，并不是每件事都要女孩亲自去尝试，但是父母要告诉女儿危险的存在，让女儿做好防范危险的准备，遭遇危险会对自己造成伤害，在危险出现之前，要想办法躲开它。

其实，人生下来就有求生的本能，为了生存，个体会主动地学会一些能力。女孩天生已经有了这些能力，只要父母适时地提醒孩子，孩子会逐渐地学会规避危险。可以经常和你的女儿一起讨论各种应对危险的策略，特别是处于潜在危险中时如何降低危险、保护自己的办法。下面这些建议值得你一试：

（1）让女儿经常参加体育锻炼、增强体质

身体好，才会在遇到危险时爆发出惊人的潜力。如果女儿身体健康、体格强壮，女儿还会充满自信，相信自己能在危险中安全脱身。

（2）要让女儿自信地说“不”

父母不应该强迫女儿做自己不愿意做的事情，如果那样，女儿将会失去自信，不知道如何拒绝别人，甚至对她的朋友、对某个行事怪异或令人害怕的成年人都要学会说“不”。因此父母要允许你的女儿持有不同的观点，这样，女儿在自己正确的情况下，才会坚持自己的独立见解，不受其他人的控制。允许她表达自己的情绪感受，如果她可以在家中表现出愤怒、难过或兴奋的情绪，那么，在遇到潜在的危险情境时，她就更容易坦率而果断地做出回应。

（3）带女儿在体验中克服对危险的恐惧

亲身体验是让女儿学会应对许多危险的最好途径。女儿在体验

中，会认识危险，了解危险带来的后果，因此，体验能减轻她的恐惧，也有助于形成常识。人们接触的危险越少，对危险的恐惧就越大。因此，不要让女孩子总是待在家中，让她去社会中锻炼，体验危险，消除对危险的恐惧。

（4）告诉女儿一些降低危险的方法

降低危险的有用建议包括：处于人多的地方，处于公众的视线之中；避免走后楼梯及地下通道；集体出行——女孩最好认识那些人并能信任他们，而且中途不要和他们分开；妥善保管随身携带的现金——把一小部分放在钱包里，其余的放在别的什么地方。

（5）教女儿防骗

社会上的骗子很多，他们专门骗女孩的钱，诱惑她们走歪门邪道，甚至拐卖女孩。父母要在恰当的时候给女儿分析这些社会现象，告诉她辨别骗子、坏人的方法。教育她在遇到危险时，一定动脑子想一想，不能和陌生人到任何地方去，如果是认识的人也要回家告诉爸爸妈妈。如果有人强迫自己做任何事情，一定要呼救，并告诉家人。

（6）教女儿应对紧急情况

一般来说，生活中难免会遇到水灾、火灾、地震、触电、溺水、车祸、迷路、遇上坏人等特殊事件，因此，父母应该让女儿知道：着火了怎么办，迷路了怎么办等。还要让她知道火警电话“119”，报警电话“110”，急救电话“120”等，最重要的是记住父母的手机号码。

危险是令人害怕的，但危险有时是逃脱不了的，要让女儿学会直面危险。不要遇到危险就不知所措，要开动脑筋，处理危险。

当危险真的来临的时候，明智的父母不但要教女孩如何躲避危险，更要教她直面危险，通过自己的处理方式来战胜危险，并增强应对危险的能力。这种能力需要父母耐心地通过一些小事逐渐培养起来。小孩子都有体验新鲜感的冲动，因此父母不要忽略女孩对新鲜感的体验。当她尝试做有危险性的事时，父母不要拒绝她，而要告诉她存在的危险和如何避险。另外，父母要尽量满足女孩的好奇心，小孩子的好奇心是打消不掉的，今天父母不允许孩子做她感到好奇的事情，她明天还会继续做的。如果孩子好奇的事情是危险的，与其让她偷偷做，还不如父母把危险摆在她面前，协助她满足好奇心。

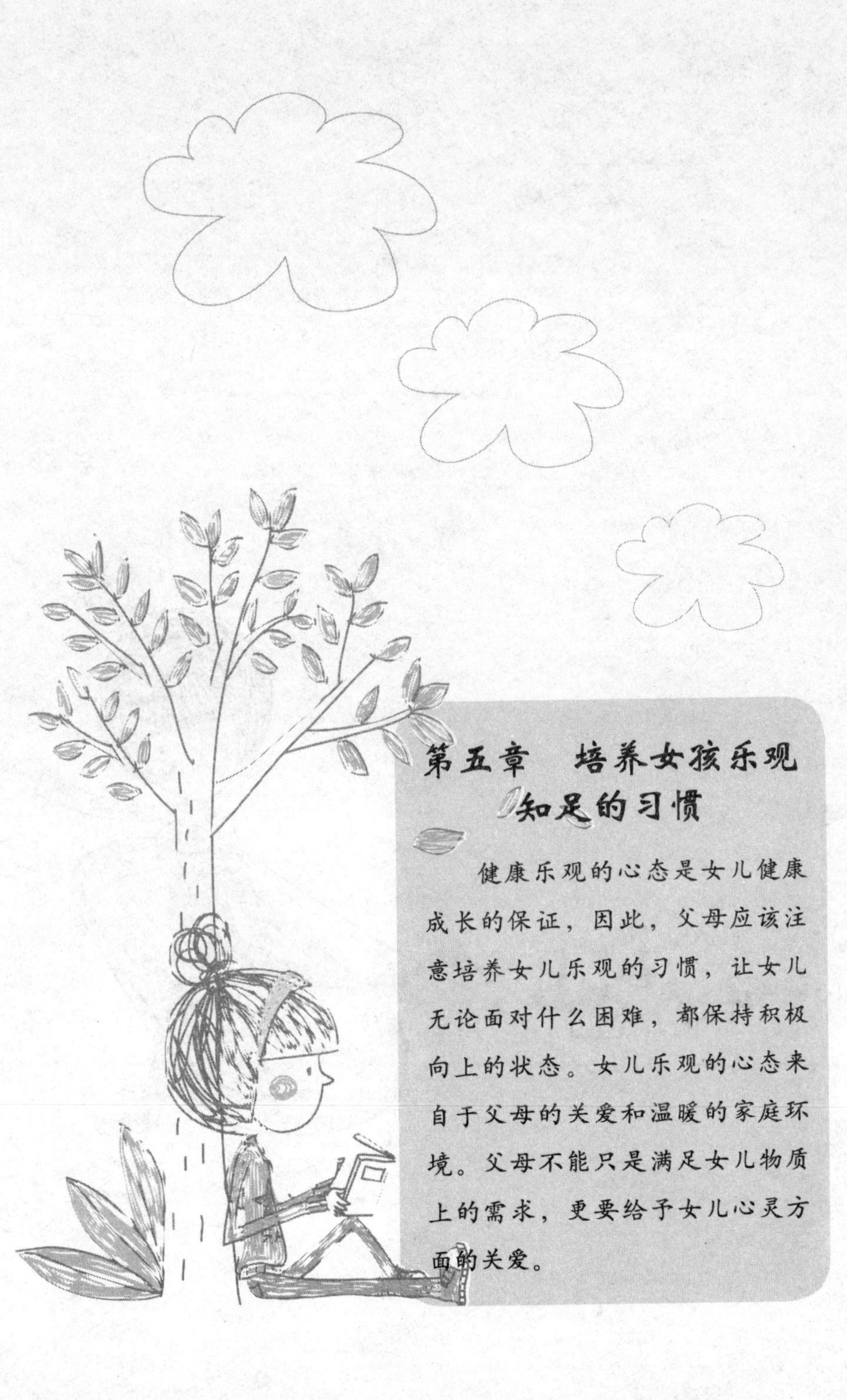

第五章　培养女孩乐观知足的习惯

健康乐观的心态是女儿健康成长的保证，因此，父母应该注意培养女儿乐观的习惯，让女儿无论面对什么困难，都保持积极向上的状态。女儿乐观的心态来自于父母的关爱和温暖的家庭环境。父母不能只是满足女儿物质上的需求，更要给予女儿心灵方面的关爱。

1. 父母的关爱是女儿最需要的

2007年2月，联合国秘书长安南在德克萨斯州的一个庄园里为非洲的难民儿童举办了一个慈善晚会，受邀的都是世界级的威望人士。

这时，有一位老爷爷领着一位小姑娘也来到了这里，小姑娘的手上还捧着一个非常精致的存钱罐。

老爷爷走到门口的时候被保安拦住了，保安有礼貌地问："不好意思，请问你们有邀请函吗？"老爷爷说："我的孙女看到这里要为非洲儿童举行慈善晚会，她就将自己的全部积蓄拿出来想为那些小朋友尽一份爱心，我们想表示一下自己的爱心难道不可以吗？"保安说："对不起，这里除了工作人员之外，没有请柬的不能进人。"老爷爷说："那么我可以不进去，但是让我的孙女进去表示一下自己的爱心可以吗？"保安很为难。

这时小女孩说："保安叔叔，慈善行为最需要的不是钱，是心。我知道你们这里邀请的都是那些有很多钱的人，我虽然没有很多很多的钱，这个存钱罐里的就是我全部的积蓄了。但是我的心和他们的心都是一样的。"

这时旁边的一位老人说："孩子，你说得很对，你应该进去。"说着他掏出自己的请柬递给这位保安，说："我可以带她进去吗？"保安立刻说："当然可以，巴菲特先生。"

这次晚会的倡导者是安南秘书长，在晚会上，比尔·盖茨捐出了八百万美元，巴菲特捐出了三百万美元，但他们都不是本次晚会的主角，而抱着存钱罐的小姑娘成为了这次晚会的主角。她说的那句“慈善行为最需要的不是钱，是心”也成为那天宴会的标语，她用自己的爱心和真诚赢来了人们的掌声，也唤起了更多人的爱心。

爱是不能用金钱的多少来衡量的，真正的爱是无价的。父母给予子女的应该是爱，这种爱的形式是多种多样的，但是不能总是围绕着金钱。

媛媛在一所重点大学里上学，她长得非常漂亮，气质不俗。她告诉大家她出身于知识分子家庭，从小受到良好的教育。有一天，媛媛正在教室里学习的时候，同学告诉她外面有人找。

媛媛非常奇怪现在谁来找她，出去就看见一个佝偻的背影在寒风中冻得瑟瑟发抖。媛媛很生气地对那个人说：“你来干什么，不是不让你来吗？有什么事？”那位中年妇女递给媛媛一个包裹，低声地说：“今天天气会降温，我怕你感冒，给你带来几件衣服。”媛媛不耐烦地打断她的话说：“知道了，真麻烦，只要给我钱就行了，还用这么罗嗦。”她接过包袱又极不耐烦地说：“你赶紧走吧，别让我同学看见了，我没有跟他们说过。”这位中年女人的脸上显现出一丝忧伤，但马上就没有了，说：“好，那我走了，你注意别冻着啊。”

回到教室里，同学们议论纷纷，问媛媛那个人是谁。媛媛说：“就是一个远房亲戚，她总是给我家捎来一些乱七八糟的东西，让我带回去，真的很烦人啊。”同学们都笑了。

晚上，下起了大雪。纷纷扬扬的雪让媛媛变得非常烦躁。于是她跑去给家里打了个电话，问妈妈回没回去。如果是平常，妈妈应该早就到家了，可是今天为什么还没有到？媛媛的心里产生了一种莫名的感觉，学习也学不进去，心里一直很不安。直到她的手机响起，显示是家里来的电话。她接了电话，电话那边邻居说：“媛媛啊，你赶紧回家吧，你妈病重啊。”媛媛的心陡然降到了地狱深层。

媛媛赶紧跟学校请了假，匆忙地往家里赶，等她到了家，发现妈妈已经快不行了。她跪在妈妈的床前，泪如雨下。邻居说：“你妈妈给你送完衣服，回来的时候滑倒了，在大雪里冻了几个小时，是我们都出去找才把她找回来的。”这时妈妈伸出她干枯的双手，用微弱的声音说着什么，媛媛赶紧把耳朵贴近母亲微动的嘴唇。母亲说：“女儿啊，妈妈没有用，一直没有给你想要的那种生活，对不起。”说完这些，母亲走了。

这时已经哭得说不出话的媛媛才知道世界上最爱她的那个人去了。她说着对不起，一遍又一遍，但是她知道无论如何母亲都已经听不见了。她用这种方式狠狠地惩罚了媛媛，让她在剩下的日子里不断地忏悔。

媛媛出身的家庭并不是很富裕，相反，在她很小的时候，父亲就去世了，是母亲一个人辛辛苦苦地把她养大的。母亲给予她的最后的爱就是那一堆御寒的衣服，媛媛知道那是无尽的爱，那是这个世界上最宝贵的爱。

父母给予女儿的爱是一生也受用不尽的财富，这是任何其他东西都不能代替的。

2. 为女儿营造美好的家庭环境

失败的婚姻会给孩子带来严重的不良影响，父母把握不了自己的婚姻，也会影响到孩子成年后把握自己的婚姻生活。即使不离婚，生活在一个天天吵架的家庭里，孩子同样会没有安全感，敏感的女孩子尤其如此。因此，教育重要，但是家庭氛围更重要。作为父母，一定要给孩子营造一个温馨的环境。

哲学上讲内因和外因，对于孩子来讲，影响他成长的因素也分内外因。内因当然就是孩子自己，即他出生时所具有的性格特点。外因当然指的是孩子成长过程中所处的周边环境。按照哲学的说法，内因对事物的发展起到决定作用，外因只会促进事物的发展。在孩子的成长过程中，孩子自身的特点自然会起到主要的作用，而他成长的环境则影响着孩子的发展。 但是，就像主要和次要矛盾可以相互转化一样，如果在孩子的成长过程中，他周边的环境很恶劣，环境对于他后天性格的塑造就起到主要作用了。

而女孩子的性格与后天的环境有更大的关系。因为女孩比较敏感，周围环境的一点点小变化都会对女孩产生影响。因此父母更应该为女孩的成长创造一个良好的环境。

能说明周围环境对孩子会产生影响的例子很多。比如，如果孩子的成长过程中有许多小伙伴，孩子就会变得开朗、外向。孩子接触最多的就是家庭环境了，所以能不能有一个好的家庭环境，对于孩子的成长有着重要的影响作用。许多孩子就是因为缺少家庭温暖，缺少与家人的沟通，性格变得非常异常。比如，现在社会上有一个很突出的问题就是留守儿童。在一些山村里面，父母都出外打工，家里只剩下留守老人和儿童。这样的孩子得不到父爱和母爱，不知道什么是家庭温暖。因此他们就会产生自卑的心理，从而表现出自闭、抑郁和胆怯等特点。这样他们的性格就会发展得很不健全，不能形成一个健康向上的性格和心态。当他们长大踏入社会以后，会很难适应社会，会遇到非常多的困难。

张芳的父母就是因为在外挣钱而把她丢在了家里。因为家里缺少了爸爸和妈妈，张芳感觉到非常孤单，她没有像其他孩子那样在父母跟前撒娇的机会，没有睡觉之前听妈妈讲故事，慢慢入睡的享受。虽然家里有爷爷和奶奶，但他们只能照顾张芳的日常生活，张芳得不到家庭的温暖。慢慢地，张芳变得自闭了，不再喜欢和别的孩子一起玩耍，小小的年纪就像大人似的，整天皱着眉头，一副忧心忡忡的样子。后来，因为没有积极的心态和快乐的心情，张芳的成绩也在不断地下滑。

现实生活中，像张芳这样的孩子还有很多。他们的父母一心想着挣钱，却忽略了对孩子的教育和关注。对孩子的培养不只是需要金钱，更需要父母在日常生活中给孩子的细微的关爱。特别是女孩，在成长期更需要父母的关爱，更需要从父母身上学习她们以后处理家庭和人际关系的知识，但由于缺乏这方面的知识，她们就不能养成健康完整的性格，不能具备一个成功女士必有的特质。

当然，对于有钱的家庭也是这样。有钱的父母也不要以为能够给孩子提供舒适的居住环境，能够让孩子衣食无忧，每天给孩子很多零用钱，就是对孩子的爱。孩子需要的是父母的爱，是父母对自己的关注和鼓励。

美国“钢铁大王”卡耐基就曾对他的孩子说：“金钱不能换来感

情。如果我特别大方，给你们很多钱，那你们可能只记得我的钱，记不住我这个人。如果我特别抠门儿，可能也得不到你们对我的感情，所以我宁愿多花些时间关心你们，培养人与人之间的感情。因为在关爱面前，金钱就显得无能为力了。你们应该牢记最能打动商人心的不仅是价格，还有情感。”

卡耐基就很好地认识到了关爱的重要性，懂得和谐美好的家庭环境对于孩子的成长所发挥的重要作用。生活中，许多父母就知道给女儿许多钱，认为这才是对女儿的爱，这是错误的。女儿看到金钱得来的如此容易，就不会珍惜。这样的父母也是完全忽略了女儿的感受。他们没有意识到，钱买不来感情，也买不了一个温馨的家庭带给女儿的快乐。

因此，父母一定要做一个给予子女关爱的家长，能够让女儿在关怀和鼓励下健康地成长，为女儿创和谐美好的家庭氛围，给孩子一个爱的港湾，一个快乐幸福的家园。

在孩子心中，家就是温暖的、安全的地方，有爸爸妈妈的地方，可以在家中嬉戏、放松、学习、成长。那么，怎样才能创造出良好的家庭氛围呢？

（1）建立和谐的夫妻关系

夫妻之间的爱会给孩子带来心理安全感，孩子是首先从这里体会到什么是爱，什么是关怀，也从这里开始学习如何与人相处。如果说夫妻间的和谐关系都没有了，那很难说什么温馨的家庭环境了。要让女儿成长得健康快乐，父母之间和谐相处是首要的条件。父母要注意以下几点：

一是，夫妻之间应该多沟通，如果女儿看到爸爸和妈妈融洽、亲密地谈话，会产生一种安全感，也会体会到夫妻之间的爱。二是，夫妻之间相处的时间应该尽量长一些，因为如果父母经常不在一起，女儿会怀疑爸爸和妈妈之间的感情。夫妻和孩子共度美好的时光对于女儿的影响非常大，女儿会感到无比的温暖和快乐，会把家当作自己的终身依靠。

(2) 父母与孩子要经常坐在一起谈些轻松愉快的话题

我们经常在家庭伦理剧中看到一大家人围坐在一起，开心地聊天，小小的带着善意的打闹，充满温馨的感觉，诠释着“家”的真正内涵。经常开展温馨的谈话，会增进亲情，让女儿学会如何与人和睦相处。

(3) 夫妻共同承担育女的职责

夫妻要共同承担育女的责任。即使夫妻离婚，也要共同承担育女的责任，至少在女孩子的意识里要给她保留一个“家”的痕迹。如果能得到父母亲双重的爱，那么孩子对父母离婚的感觉会很淡，孩子的心里也不至于太伤痛。

鲜花需要纯净的土壤，孩子需要温馨的家庭。在和睦的家庭里长大的女孩子会有一种恬淡安然的气质，对世界和人生都有一种非常正面的理解，能够积极地去编织自己的人际关系网，并能快乐地生活在其中。作为父母，有责任给孩子营造一个温馨的家庭环境。

和风细雨和狂风暴雨对小苗的影响是不同的，前者会给小苗成长的养料，而后者很可能会断送小苗的生命。营造温馨的家庭氛围，首先就要处理好夫妻之间的关系，这是所有教育的前提。对于女孩子来说，父母的爱就是她成长的最好的养料，即使在旁边欣赏父母之间的关爱，对于孩子也是一种正面的教育，因为那有助于她描绘一个美妙的感情世界。

3. 多和女儿进行情感和心灵沟通

男人阳刚，女人阴柔，很多人都认为这是后天环境教育的结果，其实不然，男孩和女孩从生下来就具有了这样的性格特点。做父母的都会发现这样一个现象：男孩子在玩耍时总是想着怎么争得第一名，而女孩子在玩耍时，总是考虑如何与周围的小朋友搞好关系。当然，以她们的年龄而言，女孩考虑最多的就是家庭关系。

孩子的心灵很脆弱，经不起暴风雨的考验，家庭里面的暴风骤雨更容易伤害到孩子的心灵。父母一次小小的争吵，甚至无意中的一个眼神都会在女孩幼小的心灵上留下伤痕。父母不要对女孩粗枝大叶，不要忽略女孩的感受，一件小事都会给她以后的人生历程带来不可磨灭的影响。

晓雨的父母在一家国企中上班，工资待遇丰厚，是人人羡慕的白领阶层。但是两个人现在变得很不和谐，总是因为一些鸡毛蒜皮的小事吵来吵去。在家里，任何需要解决的问题和矛盾几乎都会引起两人的战争。时间一长，两个人也会想到离婚。可是他们彼此仍然爱着对方，他们之间没有什么大的矛盾，但他们还总是吵着。于是晓雨就在这样的家庭环境中一天天长大。

两个人吵完架，就是谁也不理谁，有时饭也懒得做，甚至连孩子都不搭理了。可怜的晓雨每天战战兢兢地生活，有时甚至要饿着肚子做作业。她甚至希望父母一方出差，那样家里就剩他们其中一个人，就没有了吵架。

由于父母经常吵架，晓雨的性格变得很敏感、胆小，做事总是看别人的脸色。在班里也不和别的同学一起玩儿，只要是在人多的地方，晓雨就不敢大声说话。家庭环境不好，晓雨无心学习，学习成绩自然很差。

孩子都希望受到父母的格外关注，身为女孩子更希望自己就是那个被家人宠爱呵护的小公主。父母有责任为孩子创造一个温暖的家庭环境，只有在温暖的家庭环境里面，孩子才能够温暖、健康地成长。

首先，父母要为孩子建立一个有安全感的家庭环境。但现在的社会，人们的生活压力很大，家庭的负担很重，在生活中也会遇到很多烦恼，许多父母就只好通过吵架来发泄心中的坏情绪。但吵架是不能解决任何问题的，只会给家庭带来不稳定因素，也会给孩子造成心灵上面的创伤。可能大人觉得一次两次吵架没有什么，可是在小孩子的心里，这无异于世界大战。长期在这样的环境中生活的女孩，会怀疑爱情的存在，不会对结婚和结婚后的家庭生活产生一点儿信任。但这却应是女孩们最憧憬的最美好的人间真情，可是就连身边至亲的人都不相信这种感情，可想而知女孩会有着怎样的感受。而且孩子也会效仿父母的行为方式，孩子在以后的家庭生活中也会把吵架作为解决问题的方式。因此父母吵架对孩子的危害是有百害而无一利的。

其次，父母应该时时关注、爱护自己的孩子。孩子成长得很快，一天一个样，可能今天学会了说话，也可能今天学会了走路，父母时时关注孩子的成长，孩子会成长得更快。有的父母会说，工作那么忙，哪里有时间照顾孩子。但这只是一种借口，是挣钱重要，还是照顾孩子重要，难道两者就是一种对立的矛盾吗？你可以在中午休息的时候，给家里打一个电话，虽然说话很短，女儿也会感受到你的爱。你可以经常给女儿买一个小礼物，女儿会觉得自己是被宠爱的。你还可以在回到家后，多和女儿聊聊天，她也会感受到一种温暖。

女孩的世界是最单纯的也是最容易满足的，她们只是希望得到父母的关心，虽然有时只是小小的关心，女儿也会感到心满意足。所以，父母不要忽略自己的孩子，多给女儿一点儿爱，她会成长得更好。

4. 给自己的女儿当合格的家长

韩愈说：“闻道有先后，术业有专攻。”让一个厨师去做理发师，未必能剪出好发型，让一个老师去做医生，未必可以治病救人；同样，让生意场上的好手去教育子女，未必能游刃有余。我们从事任何一个职业，都需要相关的技能，我们作为父母也要经过培训后才可以上岗。

孩子刚出生时，父母都会把自己的孩子当成手中的宝贝，但到了孩子六七岁时，父母就会嫌孩子烦，又不听话，又要花钱，都有些后悔生孩子了。的确，孩子是很调皮，总是各处跑，什么东西都摸。而且小孩子喜怒无常，每天都在变化，今天用这个办法说服了他，明天又要换另一种办法，不然，他又会大哭大闹。但孩子总是要管的，今天付出了，明天总会有收获，想到将来孩子会成为一个对社会有用的人才，你就会有动力和激情来管教孩子的。

但很多成年人还是将自己的价值定位在个人的职业发展上，尤其是父亲。父亲工作到三四十岁的时候，经验丰富，人脉广泛，正想大干一场。这时候的父亲也就没有心思管教孩子，全身心投入到工作中，把孩子留给了妻子，他认为只要给孩子准备足够多的钱就可以了。但人生不可能只有一个衡量标准，还有家庭、子女、生活等多个指标。子女也是父母的延续，难道不比事业更重要吗？

但有些家长认为，孩子是需要榜样的，只要家长做出了榜样，孩子就会跟着学。这话是不错，父母的事业成功是会令孩子感到骄傲，但问题是，当这个父亲是根本不在乎孩子的人时，他事业的成败对孩子来说就没有多少意义了。因此，父亲不要忘记家的概念，记住你们永远是一家人，拿出干事业的一小部分精力和智慧，你就会收获一个不错的女儿。

其实，当你有了一个女儿的时候，你最重要的身份就是家长，这也是你最重要的职业，你所做的一切都是为了你的女儿。《三字经》中说：窦燕山，有义方。教五子，名俱扬。“五子登科”的故事之后，马上就是“养不教，父之过”。如果你生了他，却不能很好地管教你的孩子，那就是你的过错。

“难道，我生了一个孩子，我的其他一切活动就应该放弃吗？”

当然不是，而且要说，等你决定成为父母的时候，你的所有活动会因为你的孩子而过得更加精彩。家庭教育与工作并非鱼与熊掌，它们并不矛盾。

居里夫人是著名的科学家，两次获得诺贝尔奖，同时她还是一位成功的母亲。她的丈夫因车祸去世后，她陷入巨大的悲痛中，政府提出帮助她抚养两个女儿。坚强的居里夫人谢绝了，她说：“我自己能赚钱养活我和我的两个女儿。”

居里夫人是科学家，她一生都在搞科学研究，即便如此，居里夫人也没有忽视了对女儿的关心和教育。她像做实验一样每天记载着小女儿的体重、吃食物和长牙齿的情况。“伊蕾娜长了第六颗牙，在左边上面……她能站立了，而且不用扶。上个礼拜我们给她洗澡，她哭，现在，她不哭了，并且喜欢玩水……”

居里夫人还做笔记：“我用果子和冰糖加在一起，煮沸十五分钟，然后过滤。这样就能得到很好吃的果冻。”

居里夫人第二次获得诺贝尔奖时，她让女儿与自己一同登台领奖，为的是让女儿与自己分享这份快乐与荣耀。

第一次世界大战暴发以后，居里夫人征得孩子们的同意，将大部分财产捐给国家。不但如此，她们又加入到战地救护的队伍当中。居里夫人亲自设计并指导装备了二十辆X光汽车和两百个X射线室。遇上没有司机的时候，她就自己开车在外面营救伤员。

居里夫人两次获得诺贝尔奖，是伟大的科学家；同时他又是一个合格的母亲，在她的培养下，小女儿伊蕾娜也获得了诺贝尔奖。

5. 经常拥抱女儿对她的健康有好处

有一则教育格言说：女孩子更喜欢父母通过握握她的小手、抱一抱、亲一亲等亲密的动作来表示对她的爱和关心。

女孩子的触觉、感觉、味觉、嗅觉、听觉，较之男孩子都要敏感得多，特别是触觉，幼小的女婴通常是通过父母对自己拥抱的次数来感受父母对自己的关心。因此，父母多给孩子拥抱，女儿会感到更多的温暖。

豆豆来到这个世界似乎并不受到爸爸妈妈的欢迎，因为在很小的时候，妈妈就把她放到摇篮里，而不去管她，让她自己玩耍。豆豆只有用哭来反抗妈妈的置之不理，但妈妈还是不管她，她说不能惯下毛病。豆豆后来的哭闹果然少了，可是表情却变得很呆板，爸爸回来逗她，她都没有什么表情。

妈妈吓坏了，以为孩子得了什么病，可是检查一下，也没有发现任何问题。于是，妈妈便没有在意。可是豆豆两岁的时候，还是不会说话，而且豆豆好像对爸爸和妈妈没有任何感觉，目光看上去是呆滞的。妈妈又把豆豆带到医院，医生没有发现什么异常，于是建议他们去找一下心理医生看看。

心理医生看了看豆豆的情况，心中明白了许多。医生叫来了几个非常活泼的女孩子，让她们抱着豆豆和她一起玩耍。这些女孩子和豆豆开心地玩耍，而且不断地亲吻、抚摸孩子。开始，豆豆似乎很紧张，但是慢慢地，她的小脸上有了笑模样。就这样，豆豆每天下午都在父母的陪同下来这里待上半个多小时，周末的时间更长些。

经过一段时间的治疗，豆豆开始有了明显的变化。豆豆变得活跃起来，她眼睛也变得发亮，食欲增强，身体状况明显转好，有时候会主动地高兴地跑来跑去，最后几天豆豆在和小姑娘们玩耍时竟然呼喊着她们“姐姐”。父母不解地问心理医生：“我们的孩子为什么发生了如此好的变化？”医生回答说：“孩子得的是‘皮肤饥饿症’，得这种病的孩子需要的是爱抚、抚摸。如果孩子长期得不到这种满足，就会发育不良，智力衰退，慢慢变得迟钝。”

拥抱是人类之间表达感情非常好的一个方式，比语言表达感情更加亲密，更加感人。因此，用拥抱表达父母对孩子的疼爱之情是再好不过的了。一个经常接受拥抱的女婴，总是显得比其他女婴要聪明活泼得多，这是因为身体的刺激激活了女孩子大脑的思维细胞和身体里的基因链，让她的每一种生命功能都能发挥到最大限度。因此，父母应该多给女儿一些拥抱。

这里需要注意几个问题：

（1）经常拥抱女儿

儿童行为研究专家告诉人们：在孩子初生的两年之内，父母应该每天给予孩子二十分钟左右的身体接触，这样会使此后父母和子女的关系始终保持温馨、舒适。在大人温暖的怀中，女婴体会到安全、温暖，她可以放松、自由、痛快地进行生命的调整和成长，进行有效地新陈代谢，而这对于不被拥抱的许多孩子来说是有一定困难的。因此，儿时经常被拥抱的孩子身体通常都比其他的孩子健康。

(2) 父母拥抱长大的女儿也是很必要的

有些父母看到孩子年龄渐渐长大，便不愿意拥抱孩子，因为父母总是要显示自己的权威。其实父母不需要过于显示自己对于女儿的威势，而且拥抱也不会让父母变得不再威严，相反，拥抱会令女儿更加亲近父母，更加尊重父母。拥抱会帮助父母与女儿进行顺畅沟通，它更不易于被误解，而且转瞬之间即可完成。有时候父母与女儿之间存在误会，一个深情的拥抱便可化解误会。而这样深情的拥抱应该总是存在于父母与女儿之间，最好每天父母至少拥抱女儿一下。

(3) 特殊生理期更要拥抱女儿

对于长大的女儿，母亲应该常常拥抱，给女儿以温暖，父亲也应该拥抱女儿，给她安全感。当女孩的青春期来临，第一次经历月经的时候，女孩会感到惊慌失措，甚至会觉得很羞耻，这时候，妈妈的拥抱会给女儿理解和自信。小公主们能从温暖的拥抱中找到勇气，不再惊恐不安，对于以后许多困窘的情景，女儿也具有能力一一处理好。

当然，这个时期的女孩子同样需要父亲的拥抱。在女儿长大后，很多父亲就避免与女儿有过多亲密的举动，不再与女儿有身体接触。这样会造成父女之间感情的淡漠。女儿会对父亲产生误会，认为父亲不再喜欢自己，不再关心自己了。心理学家认为，这时候的女孩子处于最容易出现心理问题的危险时期，她们经常为了和周围人搞好关系而改变自己。如果一直受她们尊敬的父亲改变了态度，那么，她们就会产生极大的失落感，进而对自己也失望。因此，在这个阶段，父亲

也要常常拥抱自己的女儿，并鼓励孩子。

(4) 除了拥抱，还有需要更多的亲密

很多亲密的动作都具有拥抱的意义，只要父母用心，对女儿充满爱心，就会把爱准确传递给女儿。比如，对女儿说一些充满感情的话语，和女儿一起分享她成长过程中的喜怒哀乐，多与女儿进行情感沟通。拥抱是父母给女儿最好的爱的礼物，它还是保证两代人感情顺畅的一种沟通方式，父母千万不要抛弃这个最简便而又最具温情的方法。

无论女儿处于什么阶段，父母都不要忘记拥抱女儿，在女儿高兴时，父母要跳着拥抱女儿，在女儿伤心时，要默默地拥抱女儿，只要有了你们的拥抱，女儿就会健康自信地成长。

6. 让女儿学会释放压力

著名儿童教育专家卢勤说过：今天的孩子普遍感到压力大，帮助孩子减压，是父母的责任。

人的成长都是需要压力的，没有压力，人就会懒惰，不愿意行动。孩子在成长过程中会自己面对各种各样的压力，因为有了这些压力，孩子对于进步更有动力。可是这个压力必须要有一定的底线，超越了这个底线，对于孩子稚嫩的心灵就是一种伤害，使孩子无法正确面对苦难和挫折，会对将来失去了信心，无法更好地为目标而奋斗。

因此当父母发现孩子闷闷不乐，有了很大的压力的时候，父母要帮助孩子分析问题，找到压力根源，解决孩子的压力。找到压力的根源是很重要的，但很多时候，连孩子都不知道自己为什么有很大的压力。那样，父母应该主动找孩子谈话，让孩子倾诉，从孩子所经历的事中找到孩子的压力根源。

（1）让女儿学会倾吐

一个小的压力，如果不被说出来，被憋在心里，这个小小的压力也会让一个人神经紧张，倍受煎熬。因此有了压力，不要自己一个人承担，要说出来。父母应该让孩子学会倾吐自己心中的压力，学会宣泄情感。对于年幼的小女孩，由于语言表达有限，可以借助游戏来帮助她自然地解除压力。比如，和孩子过家家，让孩子扮演一个角色；给孩子一个故事开头，让她续编故事；给孩子画笔，让她画出心中的疙瘩。父母也可以让孩子发明一种游戏，让孩子规定游戏的规则，和孩子一起玩儿，当孩子叙述时，父母要认真地倾听孩子的讲话，不要随意打断，也不要提建议或下结论。在轻松的玩耍中孩子就会把自己的压力说出来，即使不能说出来，轻松的游戏也会化解她的压力。所以，父母要让女儿有顺畅表达的时间。

（2）教会女儿拿得起、放得下

很多女孩子有一些过多的忧虑，喜欢做一些“假设”性游戏，比如，早上上学迟到怎么办？考试通不过怎么办？其他同学不喜欢我怎么办？过度忧虑担心会消耗人大量的精力。父母要告诉孩子，做一件事情的时候，只要自己努力去做了，在尽了全力之后，就不要再担心了，付出总会有回报，要拿得起，放得下。谋事在人，成事在天。操心就像是嚼口香糖吹泡泡，泡泡会越吹越大，但它终究不过是泡泡。

（3）让女儿学习自我接纳

佛陀告诉弟子：“大地上长着各种各样的花，它们类别不同，清銮的莲花不会想把自己变成雍容华贵的牡丹；山坡上的黄色小野花，也不会羡慕院子里妖艳的玫瑰。”每一个人都是独一无二的，都是不

完美的。帮助女儿从小学习接纳自己，正确地评价自己，发现自己的优点，接纳自己的不完美，这有利于孩子建立正确的自我形象，形成积极健康的人格特质。心理学研究表明，自我接纳程度高的人，富有独立性，不易受暗示，有助于孩子形成一种成功者的心态，帮助她积极主动地迎接生活的挑战。

（4）让女儿学会从多个角度看问题

事物都是存在多面性的，从不同的角度会看到事物不同的方面。比如，乐观的人看到的是这个世界积极、欣欣向荣的一面，而悲观的人看到的是这个世界消极、走向颓废的一面。这样一来，乐观的人可以潇洒、充满激情地生活，而悲观的人却是困顿、得过且过地生活。悲观的人心中会存在着巨大的压力，压得自己抬不起头，看不到世界美好的一面。因此，作为父母，要教会孩子从另一个角度来看问题。告诉女儿，不管在何种情况下，人都可以根据自己的需要选择对待问题的态度。比如，可以让孩子列一个清单，她现在已拥有哪些东西，帮助她认识到她的生命中什么东西对于她是珍贵的，以形成女儿乐观的人生态度。

（5）寻求他人帮助

细看“人”字，它的结构是相互支撑的，在造字之初，古人就看到人与人之间需要相互合作，每一个人都不能离开别人而单独存在。正所谓：“单枪匹马闯不出独立的天下，一枝红杏难以表现整个春天。”因此，父母要鼓励女儿多交朋友，建立自己的人际关系网。这样就可以在面对压力，承受挑战的时候，得到朋友的帮助。孩子年幼的时候，父母往往充当帮助者的身份，当孩子渐渐长大，她的人际关系面也会扩大，比如同伴、朋友或老师等都可以为她提供各种帮助和需要。

一个无忧无虑的小女孩，就像一个刚刚学会飞行的小鸟，压力就像缚在小鸟翅膀上面的重物，压力越大，小鸟的翅膀越容易折断。因此，在女儿成长的过程中，父母不仅不要给孩子制造压力，而且还要帮助孩子从重重压力中解脱出来。

当女儿面对压力时，父母可以和她一起分享自己的经验，把自己小时候曾经遇到过的和孩子类似的情况跟孩子说一说。这样做不但能够拉近关系，当女儿知道了父母原来也常常要面对同样的压力和烦恼时，就会感觉父母是自己的同盟军，对于他们所说的话就比较容易听进去，同时还能让孩子学会怎样解决问题。

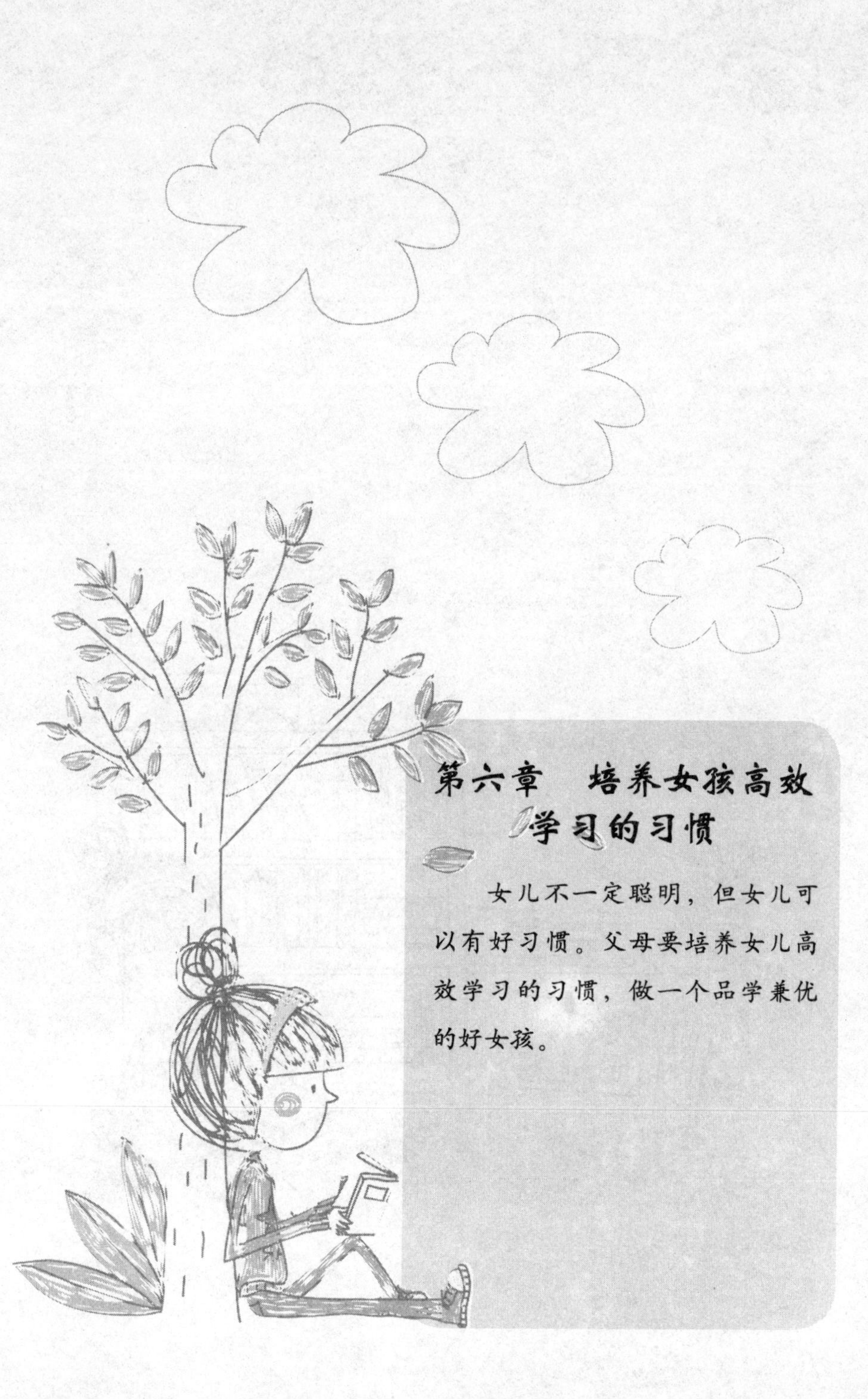

第六章　培养女孩高效学习的习惯

女儿不一定聪明，但女儿可以有好习惯。父母要培养女儿高效学习的习惯，做一个品学兼优的好女孩。

30%
SALE

1. 父母别偷懒，帮助女儿制订学习计划

人们常说，一年之计在于春。意思是，春天是一年的开始，农民伯伯可以开始播种，工人开始新一年的生产。人们在春季制订一年的打算和目标。人们做任何事情都要有计划，计划就像文章的脉络一样，会有一个基本的走向。一个人做事之前制订了计划，才能有条不紊地进行，才可以预防突发事件的发生，使事情成功完成。同样，学生学习也要有学习计划，学习计划可以帮助学生更有目的、更有效地学习。

小雪是某中学的学生，学习非常努力，有一种向上的冲劲，老师和同学都夸她。但是，她却感觉学习起来很吃力，成绩也一直上不去。小雪的爸爸妈妈也一直替她着急，可是却帮不上忙。后来，他们带小雪专门去咨询了一位教育专家。专家详细了解了她的情况后，说她学习虽然努力，但只是乱搞一气，想到什么看什么，最缺的就是一个有效地学习计划。小雪回想一下，自己就是一天到晚忙个不停，一会儿看看那，一会儿看看这。就这样，东一榔头西一棒槌的，结果自己哪一科也没有学好，也就导致整体的学习成绩得不到提升。

人的记忆力是有规律的，人不可能一下子记住一些东西，也不可能长久记住一些东西，而记忆知识更需要循序渐进。小雪学习起来就是不注意规律的把握，总是一下子学习许多东西，而且也不注意休息和总结，总想把什么都记在脑子里，但是却因过度学习而搞得很累，结果是什么也没有记住，真是事倍功半。而且，很多时候，小雪拿起书本感觉自己都会了，可是一考试就又发现自己什么也不会了。这是因为，她平时学习不注意积累和巩固，而总是凭感觉，觉得哪里重要，就看哪里，找不到学习的方向，也抓不住学习的重点。而且，因为小雪没有学习计划，学习效果不好，她的自信心也越来越差了，对考试越来越恐惧，由于心理素质下降，考试时就不能正常地发挥。

没有学习计划，就不能对学习进行有效地统筹，也就不能对知识有一个整体的把握。这样记住的就只是零散的知识，没有把知识联系起来，不能举一反三，知识也就不会运用了。这样的学习方式就过于被动了，不能够真正地理解和领会知识，就容易在紧张和一段时间后遗忘，也就不能取得好的学习效果了。像小雪这样，学习越是努力，而由于成绩没有相应提高，遇到的挫折也就越大，学习的积极性也就会被严重打击。她还会逐渐怀疑自己的学习能力，认为自己比别人笨，也就会丧失学习的热情，认为努力也不会学习好，于是也就变得厌倦学习了。学习上的打击还会转移到生活中的其他方面，她会认为自己什么都干不好，努力也是浪费时间，于是变得消极堕落。因此，纠正小雪的学习方法，让她学会制订学习计划至关重要。

好的学习计划对于孩子来说是很重要的。这里，父母们可以借鉴下面的一些建议：

是女孩在学习，而女孩应该主动为自己制订学习计划，这样，她也会把学习计划执行得更加到位。一开始父母应该参与帮助女儿制订学习计划，但是要尊重女儿的意见，以女儿的意见为主体，对计划中不合理的部分可以给女儿提建议。等过一阶段以后，就要慢慢地由女孩自己来制订计划。因为，她们自己最了解自己的学习状况，会根据自己的实际情况制订出属于自己的计划。这样还会让她们感觉自己是在没有外界压力的情况下自愿的行为，因此她们会更有责任心，也更积极主动了。

计划的制在要注意劳逸结合。古人云，文武之道，有张有弛。计划中要列出充足的休息时间，休息会提高学习的质量，反之，不知休息地学习，学习效率很差。女孩过长时间集中注意力，会导致学习的效果下降，休息是必须的。这样，好的身体和精神才可以保证学习的质量。父母可以引导孩子主动休息，在节假日也要尽量空出时间来带女儿出去走一走，或者到公园那些地方玩一玩。这样，女孩有一个好的精神状态，才会有积极的学习状态。

只有计划也不够，计划要执行到位才可以。执行到位包括量的到位和质的到位。许多人制订了计划，可能按计划去做，做到了量的到位，但在执行的质量上面却马马虎虎，那计划等于没有执行。因此父母要及时关注女儿学习的质量，对于女儿好的表现应当给予及时的赞美和鼓励，那样，她就更有积极性和主动性了。

父母要正确对待女儿的学习计划。父母一定要注意，不能用学习计划来压制女儿，也不能让女儿对学习计划感觉有很大的压力，不能让她们感觉计划是一个很重的负担。事实上，应当用学习计划来让女儿找到学习的自信心，从而提高她们学习的效果。

下面来谈一谈学习计划的制订。

计划的制订不是死板的，要灵活，要根据实际情况来不断补充和更正。一般说来，学习计划，既要有短期的计划，又要有长期的目标。譬如说，每天对当天所要做的事制订一个计划，哪些我今天做完，哪些我今天必须做一部分；哪些无论有没有时间都必须做，又有哪些今天可以先不做等，做事前最好都想一想，并安排一个顺序，什么时候干什么。这是最短期的计划。稍长一点，如一周或一月，也应有个计划。如把一个月内遇见的英语生词整理一下，过一遍，又如把一个月的错题都订正一遍等。这样的计划实施的时间不是很长，又有一定的灵活性和积累性，尤其应重视。短期计划实施得好，可以使我们对学习有一个整体的把握，学得更扎实，更有后劲。半个学期、一个学期的计划可作为长期计划，其中目标的成分多一些。譬如，在这个学期里，随着数学课的学习要自己完成一本同步的参考书，从而使自己的成绩提高十分，等等。

伏尔泰的小说《查第格》中有这么一段话：

最长的莫过于时间，因为它无穷无尽；最短的也莫过于时间，因为我们所有的计划都来不及完成；在等待的人看来，时间是最慢的，在作乐的人看来，时间是最快的；它可以无穷地扩展，也可以无限地分割；当时谁都不加重视，过后都表示惋惜；没有它，什么事都做不成；不值得后世纪念的，它却令人忘怀；伟大的，却使他们永垂不朽。

这段流传两百多年的佳话，深刻地揭示了时间的意义、价值和特点。有人曾经做过一个有趣的统计：如果一个人能活七十二年，那么，体育、看戏、看电影等娱乐活动要用去八年，闲聊要用去四年，打电话要用去一年，吃饭要用去六年，等人要用去三年，打扮要用去五年，睡觉要用去二十年，生病要用去三年，阅读书籍要用去三年，旅行要用去五年，那么用于工作的时间只有十四年。所以，我们既要珍惜时间，也要学会合理地去安排时间，两者都不能轻视，才可能事半功倍，"凡是事业上有所成就的人，无一不是利用时间的能手"。

但是，珍惜时间和抓紧时间并不是指每一天都要拼命地学习，而是让我们生活的每一天、每一分钟都变得充实而有意义。学生在学习的同时，也要培养课外兴趣爱好，比如足球、乒乓球等，只有这样，学生才可以全面发展，这才是素质教育。然而在生活中，消遣和学习似乎总是存在着矛盾。有些学生既想着学习，又想着玩耍，结果搞得功课没有做好，玩儿也没有玩儿好，时间全部浪费了。所以，父母应该向孩子强调，抓紧时间，专注于学习，提高学习效率，才是解决问题的关键。人的生命是短暂的，若我们对时间的利用率高，不就可以说变相地延长了我们的生命吗？

那么，家长应该怎样提高女儿的学习效率呢？最好的办法就是让

女儿为自己制订学习计划。“凡事预则立，不预则废”， 不论做什么事，事先有准备，就能得到成功，不然就会失败。

2. 劳逸结合，休息好才能学习好

现在比较流行的一个健康词汇就是“亚健康”。现在的许多学生和上班族都处于亚健康的状态。由于过度学习和长期加班，人的身体就不能很好地恢复，精神不能得到很好地调整，尤其是大城市快节奏的生活方式，更易导致人们出现亚健康状态，这样反过来就会影响我们的学习和工作。因此，人要学会休息，做到劳逸结合，学习效率和工作效率才可以提上去。

女孩子很在意别人对自己的看法，因此在学习上会很用功，而且心理上的压力也非常大。每天都是忙着学习，每天都是行色匆匆，有时候上体育课，也不能够很好地放松。这个时候，如果女孩不注意自我调节，不会休息，不仅收不到好的学习效果，还会给女孩带来身心健康上的危害。孩子正是长身体的时候，休息对他们来说尤为重要，选择合适的学习方法，提高学习效率，劳逸结合，才是最优的选择。

学生学习不同于体力劳动，休息方式有很大的不同，下面介绍一些常用的休息方式。

有一种休息的方法就是通过转移注意力来学习。比如女孩子看书累了，或者做题累了，就可以在安静的环境下闭目养神，尽量保持身体放松，然后，在脑海里“放电影”，对学过的知识进行回顾和梳理，进行总结，把散乱的知识系统化和条理化。这样，既可以放松又可以对知识进行融会贯通。而且，在回忆的过程中，自己可以知道自己在哪一块是比较模糊的，从而在下一步可以进行针对性的复习和训练。但是，闭目休息的过程中不要遇到一个难点就赶忙起来去翻书察看，那样只会让自己感觉更累。正确的方式是在休息以后，对需要复习的地方进行一个简略的记录，以后再列出复习补充的计划。

体力劳动的休息不可以做运动，但脑力劳动的最好的休息方式就是做运动。这就是另一种休息方法，也有助于更好地学习。有研究表明，习惯于做运动的人在智力和反应上明显高于少运动和不运动的同龄人。而且，常常运动对女孩子的身体健康有益，还会使女孩的身体和思维得到放松。那样，精神更饱满，思维更敏捷，就有利于提高她们的学习效率了。另外，运动还可以改善女孩的情绪，通过运动可以有效地预防和治疗神经紧张、失眠、忧郁和烦躁，能使女孩心理更健康，头脑更灵活。

女孩子在闲暇时间可以通过下面几种方式自我调节，放松大脑。

嚼口香糖。医学研究表明，人在咀嚼时大脑的血流量增多，这样就可以保证大脑供血，保持大脑的正常思维活动。

冷热水浴。洗澡时，冷水和热水交替，产生的冷热变化会促进人体血管的收缩和扩张，从而提高了血管弹性，也增加了对大脑的供血量。这个过程中，注意水温差距，不要太凉，也别太热，时间也不易过长，要在保证身体健康的前提下进行操作。

跳绳。经常跳绳可以增强脑神经细胞的活力，因此有助于提高人的思维能力。中医研究表明，跳跃可以刺激全身经络，使手和上肢的六条经脉气血畅通，从而为女孩子的大脑提供更多营养。

静坐。静坐的方式可以很好地帮助人解除疲劳和紧张。静坐的时候，女孩先选择一个自己感觉比较舒服的姿态，腰背挺直，双目微闭，全身放松。这样，可以稳定脑电波，可以减少能量消耗，还可以

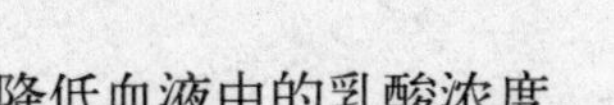

降低血液中的乳酸浓度。

父母也可以给予女儿一定的帮助，给予她们必要的鼓励和引导。

注意女儿的精神状态。如果发现女儿出现走神、精力不集中等状况，父母就要让她们休息一会儿了。这样，女儿会感觉父母是很关心自己的，就会有更大的热情，而且，休息好了，也更有利于学习。

注意和女儿交流，多鼓励她们。在女儿休息的时候，父母可以陪女儿聊天，帮助她们放松。如果女儿有些问题自己弄不明白了，父母也可以帮忙出出主意。很多时候，对于女儿取得的成就和好的表现，父母要给予及时地鼓励和赞美。这样可以增强她们的自信心，让她们发现自己的优点，从而对学习充满热情和兴趣。

陪女儿一起锻炼。父母在女儿疲劳的时候，或者在早晨和晚饭后，可以陪女儿跑跑步、打打球，或者散散步。这样既可以增强女孩的体质，还有利于增进双方的感情，更有利于父母及时地了解女儿的思想。

用乐观的态度带动女儿。女孩学习压力大的时候，精神负担会比较重。这个时候，父母就要尽量用乐观的态度来感染她，带动她乐观起来。比如聊一些轻松的话题，让女儿在轻松的状态下感受父母对于她的关怀。那样，她就会更有动力和毅力了。

3. 帮助女儿掌握正确的学习方法

有些家长会发现这样一个问题，自己的女儿学习成绩很不错，可是到了实际操作方面，却显得很差。对于这个问题，孩子非常困惑，家长也不知道怎么做才好。其实，这是家长在对孩子的教育中忽视了一个很关键的环节，就是书本知识和实际应用的联系，没有把学习知识和培养能力结合起来。

有些学生在实际生活中的笨拙，被家长这样抱怨着：我们家女儿每天都在不停地学呀、写呀、背呀，可真正在生活中遇到了问题却一点儿也派不上用场了。女儿平时考试数学成绩都挺不错的，可去菜市场买了几样菜，找回来的钱却不对，总是少几角。让她给爷爷奶奶写封信，可是费了半天的劲，写出来的信中还有很多语言不通顺。在大学里碰到一个外国学生，人家向她问路，她却无言以对。

其实，这些问题还只是女孩子学习问题中的一小部分。传统的应试教育已不适应现代的潮流，现在的人才观已经发生了很大变化，只啃书本的学生已不能很好地适应社会。现在社会各界都在呼吁教育改革，可是改革不是一朝一夕之事，学校的教育还是留给了学生很大的阴影。一个孩子曾经就写下了这样一首打油诗：考考，老师的法宝；分分，学生的命根；抄抄，逼出来的绝招。这首打油诗让人的思考沉重起来，孩子为了分数而忽略了知识，家长和老师为了分数而忽略了孩子的真正渴求。在这样的情况下，怎么能够让孩子学习到真正的知识呢？怎么能够不让孩子的学习与生活应用相脱节呢？

由于女孩天生就比较安静，在动手方面的经验和能力要比男生缺乏很多，也更容易出现学习与应用脱节的现象，甚至是动手和动口能力都很差。这样，虽然女孩子经常考高分，但在生活中却是个差生。因此，父母对于女孩的教育和引导就要注意多锻炼她们的动手和应用能力，把学习知识与培养能力结合起来。

首先，父母要注意锻炼女孩的动手能力。父母可以让女儿多参加一些类似于夏令营之类的活动，还要积极地和学校配合，在指导女孩学习的过程中加大对她们动手能力的训练力度。在家里，父母也要尽量让女儿多动手，给她们创造机会让她们参与进来。比如，可以设计一些生活场景的游戏，让女儿参与进来，引导她们解决问题，培养她们处理问题的能力和动手操作的能力。

其次，父母要培养女孩灵活运用知识的能力。灵活运用知识体现着一个人思维的广度和深度，也体现出一个人的智慧。父母要多鼓励女孩从事这方面的锻炼，引导她们学以致用，逐渐克服僵硬、呆板等做事的特点。这个过程中，父母不能急于求成，要拿出耐心来，陪女儿一起成长，那样，她们就慢慢地会变成一个让你们引以为豪的优秀女孩。

最后，父母要加强对女孩实践能力的培养。女孩在学习中出现的问题，很大原因就是父母和老师忽略了对她们实践能力的培养，因而制约了女孩的发展空间。因此，父母虽然要爱孩子，但不要溺爱孩子，敢于放手让她们去经受锻炼和磨砺。人常说，实践出真知。毛主席也说，没有实践就没有发言权。实践可以让人掌握知识也让人学到知识，在实践的验证下巩固和掌握知识。这样，你们的女孩就是一个有开拓精神和创新精神的人了，她们的成功也就据此不远了。

古人云，知之为知之，不知为不知，是知也。很多人说，学习的重要作用也就在于教会人如何去学，教给人学习的能力。父母让女孩学会学习，把女孩培养成学习型的人才，那样，她们有了学习的能力就相应会培养出动手的能力和实际操作的能力，也就会成为一个生活的勇者和成功者。

主动学习，意指把学习当作一种发自内心的、反映个体需要的活动。它的对立面是被动学习，即把学习当作一项外来的、不得不接受的活动。

主动学习的习惯，本质上是视学习为自己的迫切需要和愿望，坚持不懈地进行自主学习、自我评价、自我监督，必要的时候进行适当地自我调节，使学习效率更高、效果更好。

具体地说，主动学习的习惯主要包括三个方面的内涵。

（1）把学习当成自己的事情上

这主要体现在处理好学习的每个细节上，尽量不需要别人的提醒，做好自我管理。当然，不是每个人都是天生的“爱”学习者，所以培养主动学习的习惯，有时也需要别人的提醒和帮助。

（2）对学习有如饥似渴的需要

有随时随地只要有一点时间就用来学习的劲头。鲁迅说，他只是把别人喝咖啡的时间用在了读书上。他还说，时间就像海绵里的水，只要愿意挤总会有的。

事实上，一个人如果养成了主动学习的习惯，他就永远不会抱怨时间不够用，因为随时随地，只要有空闲，他首先想到的事情总会是学习，这样就能把零散的时间都利用起来。

苏联昆虫学家柳比歇夫没有过人的天赋，也没有优越的环境，命运似乎注定了他将度过平凡的一生。但是，他创造的“时间统计法”却拯救了自己，让他成为时间的主人。在八十二年的人生旅程中，他每天睡眠十个小时左右，并且长期参加娱乐活动、体育锻炼和社会工作，但这丝毫没有妨碍他创造出惊人的科技成果：他一共出版了七十余部学术著作，写了十二万五千张打印稿的论文和专著，内容涉及遗传学、科学史、昆虫学、植物保护、进化论和哲学等领域。

他是怎么做到的呢？原来他从1916年元旦开始直到1972年去世时一直坚持进行时间统计，每天核算，一天一小结，每月一大结，年终一总结。每天的各项活动，包括写作、看书、读报、休息、散步、娱乐等全都准确记下来，误差甚至不超过五分钟。通过统计，他发现自己每天做工作的“纯时间”大约有七个小时，最高记录是八小时。他把每天的有效时间算成十个小时，分成三个单位，分别从事两类工作。一类是创造性的科研工作，另一类是其他活动，所有计算过的工作量都尽量保证按时完成。正是由于科学严格地管理、计划和使用时间,才使得他的“勤快”造就出了神话。

（3）对自己的学习及时有效地进行评价

一个人在学习过程中，不仅学习水平在不断变化，其兴趣和爱好也在不断地变化。对这些方面进行评价和审视，不仅有利于保证学习的速度和质量，更重要的是能保证学习方向的正确。

4. 培养女儿学习上的细心习惯

提到细心，也许会有一些中学生认为，算式点错小数点，写字时少一横、一竖、一点、一撇等类似的问题，那只是小学生才容易犯的毛病。言外之意，讲述学习上的细心，是画蛇添足，多此一举。

其实不然。如果有人这样认为，就说明他对学习细心的理解过于狭窄，学习上的细心体现在学习的每一个环节上。概括地说，学习上的细心不仅应当表现在听课、读书、做作业等具体活动中，而且还应当表现在学习的观念和作风上，例如观察、思考、分析、总结等。总之，细心是养成严谨学风的基本功。故而，培养和发展学习细心的能力，是中学生必须重视的问题之一。

细心之所以是一种本领，还体现在一个人具有较强的观察、预测、判断能力等方面。看过小说《福尔摩斯探案集》的学生，一定会记得其中一个细节：在鉴定一个怀表时，华生仅仅停留在怀表的指针、刻度、设计和造型上，因而不能为破案找到一丝线索。而福尔摩斯却凭借放大镜，判断出怀表背面上的字母表示主人的姓氏；表壳上的四组数字是伦敦当铺收进怀表以后用针尖刻的票面号码，这说明怀表的主人穷困潦倒，然而有时境况也会稍有好转，所以才会四次当出又四次赎回；钥匙孔周围布满了上千条错乱的划痕，表明怀表的主人在钥匙插进孔去给怀表上弦时，手总是颤抖的，这多半是个嗜酒成性的醉汉。

北宋时期的科学家沈括，在他所著的《梦溪笔谈》中讲了这样一件事：相国寺有一幅描写奏乐的壁画是画家高益的作品，其中有一个弹琵琶的乐工，当其他乐工吹奏四字音的时候，他的指头不是拨动琵琶“四”字所在的上弦，而是掩盖着下弦。许多人批评画家不懂乐理才产生这样的错误。沈括见到这幅画以后，从管弦发音的不同，对相国寺壁画作出了正确的解释：“管以发指为声，琵琶以拨过为声，此拨掩下弦，则声在上弦也。”意思是说，管乐和弦乐的发声是有所不同的，管乐的发音可以看指头部位，琵琶是一种弦乐，必须在拨弄之后才能发出乐声，因此手指拨掩下弦，正表明声音是从上弦发出。所以，沈括认为画家不但没有画错，而且这里恰恰是画家高益构思精细、准确的表现。

在学习中，要对知识做出准确无误的判断，只有细心、准确地抓住事物主要特征才会有成效。这不仅要有观察的敏锐性，还必须具有观察的严谨性和区分微妙差异的分辨力，它是依靠有意识的培养和反复的训练才能获得的一种本领，正所谓“细微之处”见功夫。

化学课上，老师讲解一种无色的化学药品的特性。他把这种药品放入烧杯，与水混合后杯里出现了血红色。老师问道：“为什么这水会变红？”学生们你一言我一语，答案五花八门。此时，老师讲出了其中的秘密：“我事先在水里面放了其他物质。”随后，便开始讲解出现这种化学反应的原因。他对恍然大悟的学生们说：“自然界有许多你们不懂的东西，但你们要永远记住，自然界有它自己的规律，但不会蒙蔽细心观察的人。”

一个人应该善于细心观察，探幽索微。观察的目的在于透过现象看本质，任何实质的东西都有表象显露，关键就在于你是否细心察见其“蛛丝马迹”，从而获得能够作出结论的客观依据。学习思考只有通过观察才能实现，而你能观察到什么，则首先取决于你的细心。原苏联三位作家高尔基、安德列耶夫、蒲宁一次在意大利那不勒斯城的一家饭馆玩过这样的游戏：当一个顾客进门后，限定每人用三分钟时间观察来人，然后各自说出结果，看谁描述得逼真。一个顾客推门而入后，高尔基说："一个脸色苍白的人，穿着灰色西服，长着细长发红的手。"安德列耶夫什么也没观察出来，只能胡编了几句。蒲宁却有条不紊地从那人的服饰谈起，连小指甲不正常这样的细节也没放过，最后推测道："这人是个骗子！"饭店待者证实了蒲宁的观察结论。显然，蒲宁之所以能作出正确的判断，就在于他的观察细致、准确、全面。

同样，在进行学习思考时，只要问题确实在某处存在着，它就会向我们传达着某种信息，如果我们能够通过细心观察而掌握问题之所在，就能先行一步地找到解决之策。很多年以前，日本人是怎样弄到大庆出油的情报的呢？1966年7月，《中国画报》刊登了王铁人的照片，从王铁人头戴的皮帽子及周围景象推断出，油田地处摄氏零下30度以下的东北地区，大致在哈尔滨和齐齐哈尔之间。日本人利用来中国的机会测量运送原油火车上灰土的厚度，大体证实了这个油田和北京之间的距离。1966年10月，《人民中国》杂志有一篇介绍王铁人的文章，提到马家窟，还提到了钻机是人推、肩扛弄到现场的。日本人据此推断油田离车站不远，并从地图上找到了这个地方。又从一篇报道王铁人1959年国庆节在天安门观礼的消息中分析出：1959年9月王铁人还在玉门，以后便消失了，这表明大庆油田的开发时间是自1959年9月起。1966年7月，日本人对《中国画报》上刊登的一张炼油厂照片进行了研究，照片上没有尺寸，但有一个扶手。按常规，扶手拦杆高一米左右，依比例推算出炼油塔的高度、内径及炼油能力并估算出年产量。由此，日本人得到了准确的商业情报，开始同中国进行出卖炼油设备的谈判。

要作出正确的结论，需要有细心观察和判断的能力。像这样从一大堆看似杂乱无章的资料中，通过敏锐、严谨的细心观察，对问题情

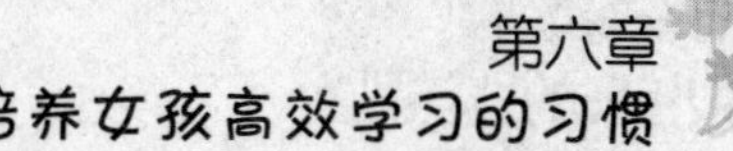

况有完整准确的印象，从而作出具有重要价值的推理判断，导致一个新结论的产生，这正是中学生在学习中应当培养和训练的能力。

有许多时候，人们会“视而不见”、“充耳不闻”。比如，你经常使用贰元人民币，但如果问你它正面和反面的图案是什么？或许，你可能一下子说不上来。据说，许多初到伦敦的人，会对伦敦居民谈到公共汽车前面画的两只眼睛，而那些“老伦敦”却很吃惊，因为他们从没有注意过，不知道有这样的事实。

生活中还经常发生这种情况：你看完当天的报纸，别人问起报纸第一版的主要新闻标题是什么，“大概是……”结果是你什么也回答不上来；一本激荡心扉的外国小说看完了，你甚至可能会说不出男女主人翁的名字；教科书阅读了好几页，尽管你在意念上非常想把它的主要内容完整地记下来，读时也似乎能够有所理解，但合上书本却还是说不清、弄不懂、记不住，有时甚至连标题都忘了。

为什么会出现上述情况？这显然是由于观察的目的性不明确，缺乏细心所致。还有一种情况是注意力分散，即人们常说的“走神”，似乎处于轻微的“失神状态”，虽然看到或听到了，但是却不能清晰地把它的内容反映出来。

在一次国际心理学会议上，会议厅的门猛然被撞开，从外面冲进一个人来，接着一个黑人手中挥舞着手枪，从后面紧追而来。两人在会议厅里的人丛中追逐，突然“砰”地一声枪响，两人又先后冲出门外。到会的几十位心理学专家惊慌未定，不料，会议主席却笑嘻嘻地请各位在场的人分别写下目击经过。原来，这是一位心理学教授所做的关于“注意”的实验，由于当场已拍摄录像，事件的真实情节可以和目击作比较。结果，在上交的四十篇报告中没有一个记录是完全正确的，其中只有一篇报告错误少于20%，有十四篇的错误在20%～40%之间，十二篇的错误在40～50%之间，其余的错误均在50%以上，而且许多报告的细节完全是臆造出来的。观察力敏锐的心理学专家如此“视而不见”、“充耳不闻”，所写的目击报告错漏百出。显然，这是惊恐万分使他们的注意力极度分散，无法细心观察而造成的结果。

“认真是成功的秘诀，粗心是失败的伴侣”。有时，由于我们粗心大意，马马虎虎，在事业上常常铸成大错，并带来严重的后果。据说，抗日战争时期，蒋介石接到某战区的一封电报，原文是“已派五军增援”。蒋介石看后，大惑不解。于是，大笔一挥，写道：“五个军？还是第五军？”由此可见发信人的马虎和不负责任。

学过历史的人都知道，曾国藩是清末的名臣，历史上的著名人物。据说，曾国藩的地位与他见微知著的能力是分不开的。一次，李鸿章要推荐三个人给曾国藩，恰巧曾国藩不在，李鸿章示意那三个人在厅外等候。不久，曾国藩回来后，李鸿章说明来意，请他考察那三个人。曾国藩说：“不必了，站在左边的那位是个忠厚人，办事小心，可派他做后勤供应一类的工作；中间那位是个阳奉阴违、两面三刀的人，不值得信任，故也担不得大任；右边那位是个将才，可有作为，能独当一面，应予重用。”李鸿章很吃惊，问：“还没用他们，您如何便知？”曾国藩笑着说：“刚才回来见厅外有三个人，走过他们身边时，左边那个低头不敢仰视，可见是位老实、小心谨慎的人。中间那位表面上恭恭敬敬，可等我走过之后就左顾右盼，可见是个阳奉阴违的人。右边那位双目正视前方，始终挺拔而立如一根栋梁，是一位大将之才。”

中学生在学习中，如果没有细心地观察，缺乏可供推论的客观事实，对知识便不可能做出准确地判断。正如数学解题一样，给出的已知条件不够，根本无从入手。请看以下一道题目：“你班上有一位同学，他的父亲五十岁，他母亲四十五岁，今年他父母结婚二十五周年，请问这位同学今年几岁？”这个问题给定的条件，绝大部分与解题无关。对于在学校里受过题海训练的学生来说，他的观察点会放在五十岁、四十五岁、今年、二十五周年等“要点”上，试图从中寻求解题的线索。最后,当认为不可能找到答案时，就说明你犯了观察不细致的错误。

假如，硬要从结婚二十五周年找到线索，算出这位同学的年龄是二十四岁，但实际上这位学生在读初三，班里不可能有一位年纪这么大的同学。其实，答案显而易见，任何一个学生的年龄，就是这位同学的年龄。

学习上的细心还有助于加强知识记忆，是记忆的首要条件。例如，要记住一个字，就要从字的形状，结构和音节入手，弄清字的部首，笔画和音调，才有可能正确地记住某一个字。正如鲁迅先生在《汉字学史纲要》一书中写道：“诵习一字，当识音形意三者；口诵耳闻其音，目察其形，心通其义，三识并用，一字之功乃全。”这段话清楚地说明，要了解一个字，必须掌握其三个基本要素，即形、音、意，然后，才能对字的结构作出正确的认识。

又如，要记住某一图形或某一景象，第一步需要弄清构成整体的各个组成部分的要素是什么；要记住一段文字所叙述的内容，仍然要通过观察认识来分辨其主要特征，才有记住它的可能性。细心可以使人的观察准确、精密、锐敏，并以此提高观察力。

总之，学习的细心观察，不是浅尝辄止，停留在表面的感性认识阶段，而是要善于思考，力求透过现象抓住事物的本质，捕捉其内在的联系。因此说：细心才能学好知识，细心能使你在学习上技高一筹。

做到学习的细心终能事半功倍，但是，细心在学习中不是孤立存在的，要把它与各种学习手段结合起来，才能发挥出巨大的作用和效果。这既是养成严谨学风的起点，也是取得事业成功的必要条件。古今中外许多著名的科学家所走过的创造发明之路便是明证。

这些事例给我们的启示是，在学习中，不论是对简单还是复杂的知识，都应当把细心与各种学习手段结合起来，并贯穿于学习的始终。这样才能更好地发挥细心的功能，养成严谨的学风。

5．培养女儿学习上的耐心习惯

什么是耐心？耐心是人们对事物的认识过程中所表现出来的个性心理特征，是信心的持久和延续，是决心和毅力的外在表现。耐心对于认识和了解客观事物的深刻性、准确性、完整性的程度和效果有明显的作用。因此，古希腊学者柏拉图曾说：“耐心是一切聪明才智的基础。”

常言道：“有恒为成功之本。”元朝有个学者陶宗仪，他一边教书，一边种地。在地里劳动时，他从不放过休息时间，去摘来一些树叶，把平日的学习体会和耳闻目睹的重要事情记在上面，写满后就放进埋在树根下的破瓮里。这样日积月累，十年之后竟积满了几十瓮。他让学生们挖出那些瓮，把树叶记的东西抄录整理出来，编了一部三十卷的《南村辍耕录》。列夫·托尔斯泰一生创作了大量文学著作，而他的日记成为他积累生活和创作的源泉。他从十九岁开始写日记，在八十二年的生涯中，共写了五十一年的日记，他的最后一篇日记终止于逝世前四天。正因为如此，托尔斯泰早年发表的短篇小说《昨天的事》以及二十四岁时发表的中篇《幼年》都是从他的日记中脱胎而来。

法国作家福楼拜信奉布封的格言：“天才即耐心。”他认为创作

上的涂改和难产正是天才的标志。他对作品总是精雕细刻，常常整夜地坐在书室里，一遍一遍地推敲着。他就是这样绞尽脑汁，无时无刻不在精心雕琢自己的作品，所以他留给后人的作品才部部都是珍品。

现代中学生说得最多的一句话就是“压力太大”。英国心理学家戴维·丰塔纳曾给压力下了一个简洁的定义：压力是对精神和肉体承受力的一种要求。实际上，耐心是对压力的一种挑战。

目前，中学生面对的心理上、精神上的压力是多方面的。如竞争的激烈、能否升学的威胁、家长和老师的希冀、考试失败的懊恼等。为此，不少中学生纷纷掉进心理压力的痛苦深渊。人生之路固然免不了有各种遭遇和不幸，而有了耐心，则没有过不去的“火焰山”。事实上，在学习这个困难面前，一个善于学习的人也会失败，但耐心却能使他顽强地坚守着自己的信念。英国小说家约翰·克里西年轻时有志于创作，但却得到了“退稿单”达七百四十三张，乃为世界文坛所罕见。但是，他仍坚持不懈从事写作。后来，在其四十年的写作生涯中，共出版五百六十四本书，约四千万字。据说，我国漫画大师华君武至今还保留着年轻时被退回的画稿两百多幅。

耐心可以检验人面对困难、失败时的态度，看看我们是倒下去还是屹立不动。明朝末年的谈迁，是浙江海宁的一个穷秀才，二十九岁开始编史。他因买不起书，就四处求借，自己动手抄写。他努力奋斗二十七年，六易其稿，五十六岁时，终于写成了一部几百万字的书。可是，一天夜里，这部书稿却被人偷走了。

谈迁伤心地大哭一场。有人以为他会从此一蹶不振，不料他第二天便振奋起精神重写起来。十年后写成第二部书稿时，谈迁已经白发苍苍了，他却高兴地对人说：“虽死而瞑目矣！”这部书就是《国榷》。汉朝时代，司马迁受到了“李陵案”的牵连，遭受宫刑（也叫腐刑）。他从“文王拘而演《周易》，仲尼厄而作《春秋》，屈原放逐乃赋《离骚》，左丘失明厥有《国语》”等发奋著书的历史名人身上认识到，“人故有一死，或轻于鸿毛，或重于泰山”。于是，司马迁忍辱负重，以坚韧不拔的意志发愤著书。就这样，他前后经过十八年，终于用生命和血泪完成了一部“究天人之际，通古今之变，成一家之言”的千古不朽之作——《史记》。

由此可见，面对压力而顽强地坚守信念，所表现出的是一种坚韧不拔的力量，这就是耐心。要想把事情做到底，单凭一时的热忱是不行的，有耐心才能成事。具有耐心的人，他的行动必然前后一致，而且不达目标决不罢休。

大学四年级下学期，在谢师宴会上，一位教授的临别赠言很特别：“各位同学毕业后一定很忙，不可能天天看书，我期望各位至少一年看一本好书。”他的话一说完立刻引起哄堂大笑！大家认为这位教授太爱说笑，“天天看书或许办不到，但是一个月看一两本好书绝对不成问题，一年下来岂不是一二十本了吗？”

时间过得真快，三十年过去了。这一届校友聚会，邀请了当年的恩师团聚。席间，这位老教授站起来问：“记得三十年前各位毕业前夕，我期望各位每年能看一本好书，当时引起各位大笑，今天我要问一下，毕业后每年看一本好书，也就是毕业后看过三十本好书的人请举手。”没有人举手，一个也没有。

不论做什么，如果缺乏耐心，你将一事无成，一无所获。没有耐心，学习很难坚持下去，学业也难以完成。有的中学生在学习上是“语言的巨人，行动的矮子”，没有坚持到底，学会学好的勇气和耐力，就会达不到应有的学习效果，甚至扼杀了自己的聪明才智。那么，为什么有的中学生会失去学习的耐心呢？究其原因大致有以下几个方面：

（1）学习自信心不足，学习兴趣低沉

例如，自认为自己不聪明，不是学习的料，总是消极片面强调自己的被动之处；或总是用“退堂鼓”来对待失败，从来不回头再试一

次，结果，学习成绩与其他同学相比时发现自己落在后头；有的学生觉得某一科目的知识特别难学，在课堂上便不注意听讲，从而轻易地拖延、放弃，以致最终丧失学习它的兴趣。自信心不足，兴趣低沉实际上是惰性的表现。由于畏难情绪的产生，因而做事拖沓，乃至半途而废。这种人所怀的期望不合实际，又不能为未来的少受挫折而多吃眼前之苦。因此，他们轻率地摒弃了自己的内驱力，灰心丧气，以致放弃进取的机会。

(2) 学习受挫后情绪不稳定

确切地说，是在学习中遇到困难时无法克服自我心理障碍，而形成的一种阻碍或有害于耐心学习的消极情绪。这种由于精神负担过重、担忧或焦虑所表现出的紧张情绪虽各不相同，程度也有所差异，但如不及时自我解脱，长期郁积，必生后患。事实上，中学生由于学习受挫而产生的担忧和焦虑，与内外环境因素都有关。如社会舆论的压力、家长与老师的威逼、作业太多、考试频繁等，为此，学生终日疲于奔命，形成长时间的紧张状态。若完不成作业，或考试分数低还要挨骂受罚，被其他同学讥笑等，都会使这些学生失去学习的耐心。

(3) 学习思路走进“死胡同”

如记不清学过的知识内容；对概念的理解模糊不清；不会用公式来运算解题；遇到具体的学习问题始终无法解决等。在学习中面对困难肯定是难免的，也没有任何一个中学生愿意失败，但是，他们却从来没有静下心来，把失败的过程和原因分析一下，不懂得“哪怕是成功的人，都曾失败过三分之二次”的道理，由于缺乏耐心而阻止了自己进一步学习的步伐。

总之，每个人的具体情况不同，中学生应根据自己的学习情况来进行学习的自我反省，找出学习上缺乏耐心的主要症结，然后才有可能提出有效的改善办法。你要明确知道，在学习上耐心能够发挥自己才智上的无比创造力。对学习差的中学生来说，一旦有了耐心意识，可使人重拾破碎的心，继续往前迈进，使生命放出灿烂的光焰。

前苏联教育家苏霍姆林斯基说："你应当努力使自己去发现兴趣的源泉，在这个发现过程中体验到自己的劳动和成就——这件事本身就是兴趣的最重要的源泉之一。"耐心在很大程度上取决于兴趣，提高学习兴趣，是增强学习耐心的重要途径。

在学习困难面前感到茫然而不知所措，肯定会失去学习的耐心。那么，怎样才能够找回失落的学习耐心呢？从学习情况的具体角度来说，应从以下几个方面入手：

（1）要明确自己的学习目的

应认识到自己为什么要学习、为什么而学习，从而提高你对学习重要性的认识，增强你对学习的责任感。与此同时，很有必要将你的长远目标、近期目标和短期目标结合起来，并积极地付诸于行动。

（2）要充分了解自己的学习兴趣之所在

当你觉得学习是件快乐的事情，这会激发出求知的欲望和创造的冲动，从而开掘出每个人本已存在的潜能。只有对所学知识表现出兴趣，才能发掘出迅捷的领悟力，才能善于运用才智解决实际问题。

你应当思考：为什么你会对这科目的学习感兴趣而对那科目的学习不感兴趣；如何使你并不感兴趣的科目变得更有兴趣一些；如何做到热爱知识，渴望学习，不论是学习哪一门课，都能做到如饥似渴，孜孜以求。

（3）要发现自己学习上的长处和短处

缺乏客观的自我认识是许多中学生的通病，他们往往是用放大镜看自己的长处和优点，而对自己在学习上的短处和缺点却常常视而不见。因此，很有必要做自我检查，即检查自己在学习行动上是否认真、勤奋、踏实、谦虚、坚毅、自制，还是马虎、懒惰、轻率、骄傲、动摇、盲目，哪些地方不足或需要加以改进。

在学习方法和技巧上，是讲求学习策略、灵活自如地运用各种学

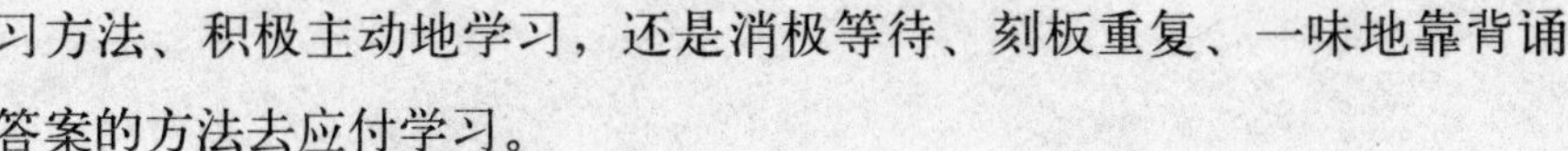

习方法、积极主动地学习，还是消极等待、刻板重复、一味地靠背诵答案的方法去应付学习。

（4）扬长避短，克服不良的学习定势

学习的习惯方式是可改变的，只要通过不间断地努力，不断地吸收和消化新的东西，发扬优点，克服缺点，就可以使自己的学习能力有所提高。

总之，学习上的耐心，是经过不断磨炼而形成的一种素质。只有正确地评估自己，看到自己的长处和优点，找出差距，努力克服，才能进步。同时，用不断发展的眼光去改造自己的学习方式，并尽心尽力地去追求学习的成功，才能找回在学习中失落的耐心，使未来的学习“百尺竿头，更进一步”。

6. 学习要步步为营，循序渐进

目标要高远，但也要量力而行，一步步来!

何谓一步步来？就是把自己的大理想分解成若干个具体的小理想，然后通过努力一步一个脚印，踏踏实实地不断前进。每跨进一步，都会更接近你的目标!

而在生活中，很多高远的人生理想之所以会流于形式，或最终消失殆尽，恰恰就在于人们没有真正做到“脚踏实地地一步步来”。

有一些年轻人，也曾立下无数的豪言壮志，要成为诗人，浪迹天涯、四海为家；要成为远近闻名的律师；要成为医生，救死扶伤……

这些年轻人开始几天还热血沸腾，斗志昂扬，整天捧着各类诗集和名著细细品读。可是努力一段日子后，却觉得生活依然是一如既往的平常，而理想依旧渴望而不可及。然后他们渐渐觉得疲惫，甚至开始怀疑自己的能力，不相信自己是那块料，懈怠随之而来。他们看看周围的同学，大多数都是那样过的，上课不用心，有看小说的、有睡觉的、有说话的；下课聊聊电视、侃侃明星；回到家作业应付了事，今天学过的课程也从不翻看第二眼，虽然日子平平淡淡，倒也过得很滋润。他们心想，自己为什么要活得那么辛苦、那么累呢？于是把理想啊、目标啊全都抛在脑后，沉湎于得过且过的状态。有时看到别人成绩突飞猛进，或是左右逢源，心中不免有些酸溜溜的，但随即又自嘲：“我不是那块料，我过我自己的生活也没什么不好。”

这些人并不缺乏崇高的理想，也为之做出过努力。可是最后还是沉沦于庸俗了，并没有获得成功。问题究竟出在哪里呢？其实原因很简单：这些人没有制定向理想迈进的具体步骤。

小刘上大学的时候，是个很有才华、很有理想的年轻人。可是参加工作没几年便总是不停地抱怨社会的残酷、工作的单调、自己有理想始终无法实现……渐渐地他丧失了锐气，不仅轻视自己的工作，甚至厌倦自己的生活，常常对别人说起："什么理想啊，都是虚幻的，有没有理想不都是这样过日子吗？"抱着这样的想法，他难免走向庸俗，生活没有热情，工作也不积极上进。

一天偶然的机会，他遇到了大学的一位知名教授，他曾对小刘的学习进行过指点。通过简单的几句闲聊，教授看出了小刘的近况，然后意味深长地给他讲述了这样一个故事：

1984年，在东京国际马拉松邀请赛中，名不见经传的日本选手山田本一出人意料地夺得了世界冠军。全世界的人都好奇他凭什么取得如此惊人的成绩。后来，人们在他的自传中找到了答案："每次比赛之前，我都要乘车把比赛的线路仔细地看一遍，并把沿途比较醒目的标志画下来，比如第一个标志是银行；第二个标志是一棵大树；第三个标志是一座红房子……这样一直画到赛程的终点。比赛开始后，我就以百米的速度奋力地向第一个目标冲去，等到达第一个目标后，我又以同样的速度向第二个目标冲去……就这样一个目标一个目标地实现，最后四十多公里的赛程，我很轻松地跑完了。起初，我并不懂这样的道理，我那时常常把我的目标定在四十多公里外终点线上的那面旗帜上，结果我跑到十几公里时就疲惫不堪了，我想我是被前面那段遥远的路程给吓倒了。"

小刘听了这个故事先是一惊，而后又羞愧地低下头。教授看出他的心事，拍拍他的肩膀说："高远的理想并不是遥不可及的，而是你没有科学地把它分解成若干小目标，并具体地落实到每天每周的任务上。"

生活中有许多因理想没能实现而郁郁寡欢的年轻人，他们要么是空谈理想而不付诸行动，要么是没有科学合理地制定迈向理想的步骤。事实上，实现理想好比走台阶，想好要走到二十几层，但不能只是仰望着二十几层的高度空发嗟叹，而是要一步一个台阶地走上去。当你在不知不觉中走完了所有的台阶时，你就已经到达了终点。生活中大凡有所成就者，都是这样一步步走过的。

著名作家埃里克说："当我放弃我的工作而打算写一本二十五万字的书时，我从不让我过多地考虑整个写作计划涉及到的繁重劳动和巨大牺牲。我想的只是下一段，不是下一页，更不是下一章如何写。整整六个月，我除了一段一段地开始外，我没有想过其他方法。结果，书写成了。"

是啊，达到任何一个目标都需要一点一点地完成。正如《荀子·劝学》中所说："不积跬步，无以至千里；不积小流，无以成江海。"对于学生来说也是这样，要想提高成绩，每一篇课文，每一道习题，每一个小知识点其实都是迈向成功的台阶。

任谁都不可否认，这是一个风云激荡的年代，这是一个机会频生的年代，这是一个人人都渴望成功的年代……而要想在这个时代成就一番事业，就必须在理想的召唤下，制定短期目标、中期目标、长期目标，并一步一个脚印，踏踏实实地走向成功。

7. 培养女儿珍惜时间的习惯

很多女孩可能都不知道：一天有多少小时？想必所有人都会给出一个毋庸置疑的答案：二十四小时。

那么，如果再问：如何把二十四小时延长，变成二十八小时，三十小时，甚至更多呢？想必很多青少年朋友都会不以为然地认为：这绝对是痴人说梦，根据地球自转周期（地球自转一周需要二十四小时），也就是说一天只可能是二十四小时，根本不可能出现二十八小时或更长。这样看来，一天二十四小时是不变的。但一天的时间可以延长为二十八小时，或更长。因为对于不同的人来说，时间的长度是不一样的：善于挤时间的人，他的时间就是在延长，可以说他的生命也在延长；经常浪费时间或是拖延时间的人，他的时间就是在缩短，生命也在浪费。

当然，如果一个人善于挤时间，且把更多的时间用在学习上，可想而知，他在学习上的造诣一定会高出其他人。而如今的青少年朋友，却很少有人能够做到这一点，对学习和时间的关系，通常没有一个清晰而准确地认识。他们总以为自己年轻，时间对他们来说非常的充裕，根本没有必要着急学习，再说学习又不是一朝一夕就能够完成的。今天没有完成的学习任务，诸如当天学的英语单词没有全部背会，或是老师布置的练习题没有做完，那明天再来完成也未尝不可，明天还没有完成，那就等到后天继续完成，反正总有一天会抽出时间做完那些功课，何必非要急着一天呢？其实，在这一过程中，他们无意中浪费了很多宝贵的时间。

如果想要避免自己在学习中浪费时间，那么首先要知道自己现在的行为是否存在这种现象。在这里，给大家列出几条（以一天的作息、学习时间为基准），以作参考，判断自己是否存在浪费时间的现象。

六点醒来，六点半起床——其间的半个小时赖在床上；

七点出门上学，等车三十分钟——等车的半个小时；

八点上课，之前的三十分钟稳定情绪、和同学闲聊，或是准备课前用品——课前的半个小时；

老师让十分钟背会的东西，由于精神不集中四十分钟才背会——其中差值的半个小时；

家庭作业本该在一个小时内完成，可你边学边玩用了一个半小时才完成——其中多耗费的半个小时；

通常情况下十点钟睡觉，由于多玩儿了几回电脑游戏，或是多看了一会儿电视节目，十点三十分才准备休息——晚睡的半个小时；

……

无论在学习上，还是在生活中，人们总会不经意地多耗费三十分钟，而这些都可算作是浪费时间。如果有些青少年朋友也有上述行为表中的现象，那么说明他们确实存在不同程度的浪费时间的现象。此时，对于这个问题应该提起高度的注意，并找寻适当的方法解决它。

那该怎样做，才能避免发生这种现象呢？

下面是一位高考状元利用时间的实例，利用时间主要采取三种方法：

（1）从不会拖延时间，今天打算要完成的事情，一定会完成，哪怕不吃不喝也要办到；

（2）充分利用课堂内的有效时间，当堂能够消化的知识绝不拖到以后；

（3）总能够从繁琐的生活中挤出一些时间来学习，所以用来学习的时间好像比别人的时间长。

这位高考状元做得最好的一点是——善于利用学习之余的零散时间。对于这一点，可以这样做：

（1）每天上学、放学都要等公交车，有时一等就是十几分钟，为了不浪费这段时间，可以把一些英语单词、理科的重要公式、定律记在小卡片上，等车时就拿出来看看。这样，记单词的速度就会比别人快，数学、物理等记忆性的知识也会比其他同学掌握得更扎实。放学回家后，写完作业也有时间看自己喜欢的电视节目。但看电视的时间不要太长，每晚也要抽出一定的时间进行复习和预习工作。就是这样，学习时间、娱乐时间总能够被安排得井井有条。

（2）每逢双休日时，如果去科技馆、天文馆等地方参观，每次都要带上书，因为途中肯定会有一些空闲时间，比如在约定的地点等人，或是回来时等侯没有参观完的同学……虽然不见得像在学校里那样严肃，但这些时间用来巩固和记忆一些知识是非常有利的。

（3）在学校的时候，如果上课的时间还没到，很多同学都喜欢聚在一起聊天，当然这样的“聚会”是要参加的，它一方面可以促进与同学间的关系，一方面也有助于了解更多的事情，其中一些时事新闻对政治学习也是有帮助的。在聊天的过程中若是能够和同学们探讨学习上的事情，还可以开阔视野，打开思路。当然，一个时间观念很强的人，对于闲聊的时间应当有所控制，一般不要占用上课或应该学习的时间。

8. 慎重为女儿选择补习班

处在当今知识爆炸的时代，家长迫切地希望孩子能够越早、越快、越多地学习各种知识。于是，孩子课余生活也被各种补习班、强化班占领，他们的人生似乎就是为了重点班、重点大学而奋斗。在这场看似有道理的学习运动中，家长的责任无形中消失了、缺位了。

有老师抱怨家长推卸教育孩子的责任。孩子在学校打架是老师的错，孩子成绩不好也是老师的错，孩子受了委屈还是老师的错，真不明白家长们怎么能如此理直气壮，难道他们自己一点儿错也没有？

有这样想法的老师是可以理解的，每天面对自己的学生，需要处理诸多问题，压力很大。其实，老师们应该看到，大部分家长还是善解人意、通情达理的。但现在也存在一个很迫切且后果很严重的社会问题：越来越多的家长把孩子送进托儿所、补习班、重点班，仿佛他们只需要出点儿学费，其他事情都是老师的责任。这种“花了钱”的心理，正说明现在很多家长没有明确的责任心。

教育是国家的一项重要工作，国家为此组织专门机构和人员来从事。但这并不是说教育就仅是社会和国家的责任。说到底，教育还是监护人和家长的责任。

孩子的学习成绩不好，老师的教育方法可能有问题，但家长的学习态度、学习热情也需要反思；孩子的生活习惯不好、喜欢撒娇等，还是主要归于家长的责任。因为家长长期和孩子在一起生活，直接决

定了孩子会成为一个怎样的人。但是，有的家长责任意识太淡薄，很少配合学校的教育，以至于孩子的学习结果是：5+2=0。学校学习五天，周末回家两天，结果知识全忘光了。

家长对孩子学习很少关心，如学习进度、难度、作业等。反正看见孩子按时上学、回家就可以了。到了家里，家长也不敦促孩子复习，仅限于照顾孩子一日三餐。这样，知识当然会被迅速地遗忘了。并非孩子记忆力不好，而是学习本身就是一个不断重复、记忆的过程，一旦中断，后面又要花很多精力重新开始。

有的家长说，他虽然没有帮助孩子复习，但是请了专门老师辅导啊。但这其实还是不能说明家长尽了足够的责任。因为学习并不是填鸭，想要达到好的学习效果，就必须有意识地帮助孩子依照规律来学习。但凡研究过学习方法的人都知道，补习班和课外活动班并不能完全解决孩子的学习问题。强化知识的最好方法是将知识用于实践，和孩子一起“检验真理”。比如，在学校学习了一些物理上的串联、并联，家长可以和孩子在家里研究一些小型电器；孩子在学校学习了古诗词，家长可以根据古诗内容安排周末活动等。可以说，这个配合学校教育的过程是需要动脑筋和花时间的。所以很多家长不愿意做，或者没时间做，就把孩子赶到补习班，补习班能做多少呢？效果又如何呢？对孩子以后的独立学习能有多大帮助呢？这些问题，家长们不去思考。

所以说，很多家长不负责任，哪怕他花了很多钱给孩子报班，也花了很多钱帮孩子解决问题，但孩子出现了问题，这本身就说明家长在某些方面没有尽到责任。

孩子怨恨社会，对人冷漠；迷恋网游，不爱学习；自私自利，无感恩之心；不知羞耻，无责任心……这些与社会环境有关，但“问题少年”就一定全是社会的错而与家长们无关吗？这一点很多家长需要反思。

可以说，很多家长对教育孩子的任务喜欢和学校“玩太极”，两者之间推来推去。学校的大门迎来送往着一批又一批孩子。但是，孩子一生只有一回，一旦敷衍了，就永远不会再有机会弥补。

9. 帮女儿改掉学习上拖拉的习惯

如今的青少年在学习的过程中存在这样一个现象：做作业时总是磨磨蹭蹭、漫不经心，本来一个小时能完成的任务，非要边学边玩儿，两个小时才完成；本该当天学会的内容，也要拖到明天再去复习；作业中也是因各种事情不能按时上交，任凭老师的催促也要一拖再拖……

在学习中，拖延成为了阻碍青少年朋友提高学习效率的一大障碍。

经过调查和分析，可以得出青少年朋友无意识地拖延学习时间，是因为他们对于拖延的危害性没有一个清醒的认识。

事实上，拖延既能消磨人的意志，又能使人变得更慵懒。拖延使计划成为泡影，拖延会导致更加困惑的现状。在生活中是这样，在学习中更是如此，比如，一个在学习中总是拖延的人，造成的直接后果就是浪费学习时间——学习效率低下——成绩不尽如人意——经常性地受到老师、家长的批评——自信心下降。

一旦他对学习失去了兴趣和自信，就会表现出学习不积极、惰性强，甚至厌学等特点，这样，他的各种学习计划很可能将不复存在，这是非常令人担心的事情。

有一个初中的学生，就是这样的一个人。他做作业的时候总是磨磨蹭蹭，经常不能按时完成老师交给他的学习任务。不仅是做作业时磨蹭，交作业也是一天拖一天的，有时候老师已经批改完这次作业了，他才把上次的作业“从容”地交给老师。不仅如此，所有有关学习的事情他都会拖拖拉拉的，比如，上课都十分钟了，他才拿出本节课的教科书；每当自习课做练习题的时候，他也是注意力不集中，东张西望的，玩会儿铅笔，或是坐在那左右摇晃，常常在别的同学做完一整页题的时候，他才做了一少半而已。

然而，大凡在生活中、工作中、学习中能够避免拖延的人，都会取得相应的成功。我国伟大的思想家、文学家鲁迅，幼年在“三味书屋”求学时，有一次上学迟到受到先生的批评，此后鲁迅就在课桌上刻下一个“早”字，以警示、鞭策自己珍惜时间，从不把今天要完成的事拖到第二天。

每当他写文章时，常常一写就到天亮。有时实在太困了，就泡一杯茶、抽一支烟，又继续工作。直到他临死前三天还替人家写序言，临死前一天，还记日记，实践了他“节省时间，等于延长了一个人生命”的思想。鲁迅先生这样的思想激励着后人不断向前，这样的精神激发后人努力学习的斗志，他永远都是我们学习的好榜样。

事实上，拖延的确能够浪费太多的时间，如果把这些浪费掉的时间用在其他更有意义的事情上，可想而知，成绩将远远好于现在。那么，如何才能避免拖延造成的影响呢？答案是：今天的事情，必须今天完成。

如果你是个自制力不够强的人，很难做到“今日事，今日毕”，那可以采用下面的一些方法，相信会对你有所帮助。

(1)请父母监督

比如，在做作业时，请爸爸或妈妈坐在旁边，然后明确地告诉他们要监督好自己，而且必须严格。如果发现写作业时像以前那样东张西望，或是做了一半就放下去看电视，就要让父母提醒自己，甚至可以采用一些强硬的手段，诸如大声地批评你或是关掉电视机。这样几次之后，做作业时你的注意力就逐渐提高了。

(2)自己鼓励自己

就是每次做作业时，如果能做到不中途打断而连续完成，就在日记中给自己画一个笑脸，并在旁边写上“你真棒！”三个字，随着日记本上的“笑脸”的增多，拖延的次数也逐渐地减少。或者可以给自己一些“物质”上的奖励，诸如吃一个苹果、一块巧克力等。不管是吃的、用的、玩儿的，还是别的什么东西，因为坚持学习了，而给自己一些喜爱的东西作为奖励，都是一个不错的办法。

(3)自己给自己惩罚

比如，有一次作业做了一半时，突然想起电视里正在转播一场足球赛，便放下笔，打开了电视，等看完球赛后，已经很晚了，该睡觉了。可是作业还没有完成，只能“秉烛夜读”了，可是刚写了一会儿，上下眼皮就开始打架，没办法只好草草地完成作业，结果做错了几道题都没有发觉。

当作业本发下来，看着上面那几个大大的红叉时，你一定是羞愧难当，这时候，可以用不买新的运动鞋，今天不能看电视，今晚要晚睡半个小时，改正做错的题等方式来给自己一点惩罚，以此加深记忆。此后每拖拉一次，就想办法惩罚自己一次，这样对于纠正坏毛病应该有一定的效果。

(4)不给拖延找借口

有的青少年朋友不愿意立即完成作业，他们的理由是：“作业明天还可以做，但那集电视今天不看，明天就不会再放了”、“我答应好朋友放学后去踢球的，作业等一会儿再做”、“我们同学都是边看电视边做作业的”、“老师下个礼拜才让交，所以不用急着做”……

无论为自己不愿意立即做作业找到什么借口，在心里都要强迫自己不要相信自己的“谎话”，学习、作业、读书在心中永远都要放在

第一位。除学习以外的绝大多数事情，都不是拖延学习时间的借口，请牢记这一点。

10. 培养女儿的创造力

著名的教育家陶行知说过：我们发现了儿童有创造力，认识了儿童有创造力，就必须进一步把儿童的创造力解放出来。

创造力是人类特有的一种综合性本领，可以说是人类潜能的最大发挥。它是指产生新思想，发现和创造新事物的能力。它是成功地完成某种创造性活动所必需的心理品质。当年，牛顿坐在苹果树下看到苹果从树上落下，就想苹果为什么不会往天上飞，而要往下落。正是牛顿的创造性思维，使他在后来提出了著名的“万有引力定律”。创造性思维是人类最可贵的思维品质。因此，要发掘女孩的潜能，父母就要加强女儿这方面的训练，激发她的创造力。

说起培养女儿的创造力，父母们往往有一种误解，认为只有美术或音乐才能培养创造力，从而将女儿的创造性活动限定在狭窄的领域里。实际上培养女孩的创造力有很多途径，比如培养女儿敢于尝试的勇气，让她成为“第一个吃螃蟹的人”，这些对于女儿创造性的培养都是非常必要的。因为有创新就必然要有突破，这就要求打破固定思维、不囿于陈见，甚至敢向权威挑战。这些，都需要莫大的勇气。

著名社会学家邓伟志先生，也是一位出色的儿童教育家，从女儿小时候起，他就领着女儿迈过一道道“第一次”的坎，跨过一个个

“第一次”的沟，帮女儿植下了一个个终身受用的勇气的“基因”。

女儿很小的时候，邓先生在街上碰到一位玩儿蛇的，这是一条不会咬人的蛇，他就让女儿用手摸一摸，锻炼她胆子大一点儿。

女儿读小学时，邓先生尝试着让女儿一个人去外婆家，妻子不放心，他就在妻子不在家的时候让女儿去，定好时间几点去，再几点回来，在妈妈回家之前回来……有一次被妻子“抓”到了，当邓先生“悔过”时，女儿早已熟门熟路了。

以后，邓先生带着女儿“第一次”坐火车、乘飞机；“第一次”登山，“第一次”探险……

这些关于“勇气”的训练，使女儿成长为敢想敢做、勇于尝试新事物、勇于创新的人。

大多数女孩子比较软弱，胆子小，不敢主动尝试新事物，所以父母在培养女儿创造力时，要特别重视对她勇气的培养，尤其是父亲要在这方面发挥重要作用，带女儿尝试“第一次”。邓先生正是通过一次次“第一次”体验和实践，传输“敢于尝试、勇于创新”的精神，不失为明智的“为父之道”。

除了让女儿勇于尝试新事物之外，还有多种方法可以帮助女儿培养创造力，现分别介绍如下：

(1)鼓励女儿多多参加创造性活动

不要以为让女儿参加活动是徒劳的、浪费时间的，即使在短期内这些活动似乎影响了女儿学习书本知识，但它最终会使女儿的创造能力呈现加倍发展的趋势。所以父母要抛弃那些“创造性活动浪费时间”的错误认识，鼓励女儿多参加这些活动。鼓励是对女儿最好的引导和鞭策，它可以调动女儿的学习热情和积极思维，培养她的学习能力和创造能力。

(2)要保护女儿的创造精神

首先要培养女儿的自信心，鼓励女儿相信自己并勇于实现自我。

有的父母爱把自己当成权威，说一不二，要求女儿必须听自己的或听老师的，这样就使孩子失去了独立思考问题的主动性。父母应给女儿表达想法的机会，让她用自己的眼睛看世界。

其次要保护女儿的好奇心。好奇心是女儿进行创造的动力和前提。女儿的年龄越小，好奇心越强，一方面是由于她对世界万物的存在及运行的方式还不明白，渴望得到解答，因而总是“打破砂锅问到底”；另一方面，也与大人对她的发现给予肯定和鼓励有关。所以，对于女儿出于好奇心而提出的问题，父母一定要有耐心解答，千万不要打击她。

(3)父母应允许女儿犯错误

有的父母一看见女儿做了错事，就训斥、打骂，这种做法易使她变得唯唯诺诺，丧失尝试和探索新事物的兴趣。父母们也要给女儿一个安全的、宽松的、支持性的成长环境，要尊重女儿，理解、关注、帮助她，使她愉悦地成长。只有在这样的环境里，女儿才可能去探索和创新。

(4)培养女儿的创造性思维

创造性思维是创造力的源泉。创造力思维的突出特点是求异性、流畅性与变通性，表现为能够突破一般思维模式、另辟蹊径。我国古代“曹冲称象”、“司马光砸缸”的故事就是运用创造性思维的典型。

总之，培养女孩的创造力，不是一朝一夕的事，但父母平时如果注意从以上方面着手，便可以大大提高女儿的创造力，从而发掘她最大的潜能。

父母可以借助提问来培养女孩的创造力。提问时要掌握向女孩发问的形式和技巧，同时也要学会听女孩发问。发问时，不要只问对或错的封闭式问题，最好依据女孩的能力，问一些没有唯一答案的开放性问题，问题越多元化，女孩所受到的思维刺激越多，其创造力越能得到发展。

第七章 观察女孩坏习惯的苗头

好习惯是慢慢养成的，坏习惯也是日积月累形成的。因此父母要及时发现女儿不良习惯的苗头，及早帮助女儿杜绝不良习惯。

1. 注意女孩青春期的问题

有一位母亲，小时候曾因为喜欢一个男孩子并写信给她而被严厉处分。因此，她对十三岁的女儿也一直严加防范，致使女儿完全没有了自己的空间。感受不到家庭温暖的女孩，慢慢地自闭起来，不再与任何人沟通，包括自己的父母。

上面的问题反映的是如何对待青春期的女孩。青春期的女孩有什么特点呢?

青春期的到来会给孩子带来很大的变化。这包括身体的变化和心理方面的变化。身体开始发育，女性特征开始增强。由于她们不了解自己身体的变化，对自己身体的变化缺乏认识和准备，就会感觉烦躁、压抑、羞愧，甚至是暴躁。这个时期她们变得异常敏感，很注意一些小的事情，事情稍有不对，她们就会变得烦躁、忧伤和易怒。这种情绪发泄的场所就是家里，她们回到家后，会对父母大发脾气，甚至不理解父母，做出严重伤害父母感情的事情。

这个时候，女孩子的心里可能正充满了这样的疑问：父母和同学怎么看我？为什么我的身体会有变化？我会变得难看吗？我会变胖吗？我应该说出心里话吗？这会不会打乱我们的关系？他们还会喜欢我吗？等等。

一位上初二的女孩碧莲，最近情绪变化很大。初一时她学习成绩很优秀，但现在成绩却慢慢下滑。她上课时难以集中注意力，总觉得在同龄人中，自己不够漂亮，而且有些胖。她总幻想着自己能歌善舞，全校的男生都向她投来喜爱的目光。另外，碧莲暗恋上了班里的一个男生，见到这个男生和其他女孩聊天她心里就很不安。

碧莲的表现很明显是青春期的女孩经常出现的心理现象。这种心理现象本来很正常，关键是父母应该如何来对待。作为家长要教育好女孩，就必须注意她们的身心发展变化规律，正确引导，一方面帮女孩一起处理问题，另一方面为女孩树立榜样。家长只有了解了女孩青春期的心理才可以对症下药。父母应像朋友那样与女孩相处，平等对待女孩，切不可对她发号施令。只有经常与孩子敞开心扉交流才容易拉近彼此间的距离。

首先，父母应理智接受现实，主动进行亲子沟通。家长每天要抽出一些时间和女孩谈谈，从中了解孩子性格、脾气以及能力的变化和增长。而孩子也能体会到父母对她的关爱，增进彼此感情，这样才能避免代沟的产生，及时进行有针对性的教育。父母从情感上与孩子相互有了理解，与孩子间可以互相信任，方可教育孩子。

其次，青春期的女孩内心较为敏感脆弱，家长要注意帮女孩重新建立自信心。青春期的女孩经常幻想自己人见人爱、多才多艺，但实际上很少有人达得到这个要求，这就造成青春期女孩很容易自卑，父母可以教育孩子扬长避短，增强自信心，让女孩各方面发展得更好。

自信心对孩子来说非常重要，有了自信心，孩子的自发性和独立性才能发展好。这时，家长应该鼓励和肯定孩子，不要总是说她们不对不好，贬义的言辞很容易伤害到孩子的自信心。

最后，父母应该让女孩明白每个女孩青春期都会有些自然的心理变化。女孩即使做不好事情，也要肯定她们做事的良好愿望。实际上，家长若能体谅女孩，给她们机会去反复实践，她们很容易进步的，自信心也会慢慢建立，更便于她们顺利地度过青春期。

事实证明，女孩得到了父母的理解，就会学会怎样理解他人。这样的女孩是一种随和豁达谦让的人，具有领袖气质，能够得到别人的拥护和爱戴。相反，如果女孩在成长过程中得不到他人的理解，那么她们就会变得很孤僻、很专断，这不利于她们与别人交往，在人际关系中很容易遭受伤害。

2. 女儿早恋，家长怎么办

一般来说，孩子主要会因为以下两点早恋：

（1）缺少家庭的关怀

父母只知道忙着工作，尤其是有些父母经常出差，没时间和孩子交流，还有一些家长除了孩子的学习，他们的身心发展情况几乎不去关心。而且青春期孩子的情绪本来就不稳定，心里话无处倾吐，只有寻找同龄人沟通。男生之间志同道合，有可能拉帮结派，因所谓“兄弟情谊”而身染恶习；男女生间因交流而找到共鸣后，就会形成一种互相依赖、崇拜的心理，时间长了就可能发展为早恋。

（2）青春期的孩子自我意识增强

如果老师和家长不去认真聆听，甚至以为孩子年少轻狂所说不足为信，于是冷漠地对待或是指责，由此代沟便很容易就产生了。孩子无人沟通，又很想得到别人认可，就开始在同学中寻找共鸣。这也是早恋出现的一个原因。

早恋在当今颇为令父母头疼，且向低龄化发展。倘若不闻不问，家长总觉得会耽误孩子学业；如果一味指责，又怕把孩子逼急，导致孩子离家出走，甚至自杀等。有些父母错误地认为，男女同学走得稍近就必定是“早恋”，因而疑神疑鬼，忧心忡忡，不让女孩随便出门，更不让女孩与男同学结伴回家。这样的做法势必会带给女儿心灵很大的伤害。

十五岁的张萍就遇到了早恋的问题，她也知道早恋是不好的，可就是控制不了自己。她很想找妈妈谈一谈，可是又怕妈妈听到这种事情骂自己。于是，这个事情弄得她吃不好睡不香，上课也经常开小差。

有一天，只有张萍和妈妈在家里，她终于鼓足勇气对妈妈说：“妈妈我喜欢上我们班的一个男生了……”

“你……”妈妈吃惊地张着嘴，“你说什么？你早恋了？你那么小的年纪知道什么是爱情啊，瞎胡闹！”

张萍看到妈妈生气了，本来话都到嘴边了，又咽了下去。她开始后悔，早料到妈妈会是这样，她就不会告诉她了。

“那个同学是谁？我说你最近怎么没有精神，原来背着我们瞎胡闹。我给你说，你马上和他断绝往来，要是再继续下去，你别怪妈妈会打你……”

张萍看妈妈训斥个没完没了，很是生气，冲着妈妈喊：“你什么时候关心过我啊？你整天就知道忙你那些事，你根本就不爱我！”说完，跑回自己的屋里，用力地把门关上。关上门，她一边流眼泪一边愤愤地对自己说，你不让我谈，我就要谈，看你能把我怎么样！

后来，张萍对学习也不感兴趣了，自己也变得很消极。

张萍的妈妈的做法是不对的，父母如果发现女孩有早恋倾向，应该用正确的方法加以引导。有位妈妈的做法颇值得借鉴：偶然一次，这位妈妈发现女儿早恋。对此，她非但不去斥责女儿，反而比过去更关心女儿了。女儿喜欢语文，这位妈妈便鼓励她去参加年级朗诵组，还启发女儿写日记，使女儿的写作水平在较短时间内得到了很大提升。于是，女儿的习作频频被刊登在校报上。女儿的交往慢慢转向了集体，而且在一次班干部选拔中被同学们推选为学习委员。到了期末考试，女儿的成绩更上了一个新台阶，考进了年级前五名，还被评为了三好学生。现在，学习和集体活动几乎成了女儿的主要活动，当初对异性的爱慕心理也渐渐平淡了，她终于走出了早恋的泥淖。

其实，细心的家长不难发现，孩子的早恋往往与生活单调，缺乏目标相关。因此，让孩子生活充实，帮助其寻找生活意义，可以有效地转移孩子对“早恋”的注意力。另外，像上述事例中的母亲一样，父母应该多抽出时间来和孩子沟通、交流，多举行一些家庭集体活动，增进彼此之间的感情，以便能及时了解孩子的心理变化，及时教育引导。

在适当时候，可以告诉女孩什么才是真正的爱情。但是，在家长和孩子谈“爱情”这个话题时，父母多少有些尴尬，主要出于“不习惯”。一位母亲面对早恋的宝贝女儿，却大胆地突破了“不习惯”的界限，她语重心长地跟孩子讲自己眼中的爱情：“女儿，听说你谈对象了，呵呵，其实这并没有什么不正常，但我需要提醒你的是，现在还不合时宜。因为你目前正处于人生的关键时刻，正需要投入全部的精力去学习，所以就不妨等过了这一关再说。人的一生会经历许多不同阶段，而变化最快，也最为重要的正是你们这五六年。随着学习和工作环境的变化以及你自身素质的提高，你对异性的认识和审美也会发生变化。所以，现在如果过分地投入就有着很大的盲目性，当然，我并非否认初恋的纯真，关键是当它影响了你现在的学习时，你就不可不注意它了。”

母亲接着说：“我们再谈谈择偶标准吧。我和你父亲都会尊重你的选择，但是我们的建议你不妨参考下。你可能会被男孩英俊的外表所吸引，而忽略其内在的修养。但这是有些危险的，因为外表的英俊只会是暂时的，时间一久你的审美也会疲劳。当两个人真正走在一起时，在意更多的是对方脾性是否与自己相合，而脾性的层次则是由修养的程度所决定。随着人生阅历的增加，境界也会不断提升，每上升一个层次你都会发现并结识更好的异性，而那时你的初恋就可能会因为时间和空间的转换而成为你感情的牵绊。所以，作为母亲，我建议你把目前可能存在的爱情淡化为友情先珍藏起来，等到你学业有成、工作稳定，特别是等到你的情感世界丰盈成熟时，再来审视这份感情，如果依然难舍就再续前缘，如果感到似过眼云烟，那就让它随风散去吧……”

因早恋而困惑、羞涩的女儿，听到这些脸上露出了会心的笑容，似乎一下子豁然开朗……

母亲诚恳的话语如醍醐灌顶，让她对人生与爱情有了深刻的认识。这位母亲的做法颇值得广大父母借鉴。

3. 和女儿一起保护心底的秘密

女孩一般有些内敛，不太懂得像男孩那样去以实际行动排遣自己情绪。随着年龄的增长，她们心里再也装不下过多的秘密，于是她们通常以写日记来发泄情感。为了了解女孩的内心世界，很多家长采取了诸如偷看女孩日记等偏激手段，结果却引发了母女或父女之间的因隐私而产生的争吵：

“妈妈，你不能偷看我的日记！”

“这怎么算是偷看呢？我看你日记是为了多了解你，及时发现你有什么需要帮助的问题，我好帮助你。”

“我不需要你的帮助！你如果再偷看我的日记，一切后果由你自己负责！”

见平时一向乖巧懂事的女儿突然大声和自己叫喊，妈妈也生气了：

“怎么说话呢？我是你妈妈，难道我把你养这么大，还没有资格看看自己女儿的日记吗？”

女儿哭了起来，叫喊道：

“那是我的秘密，是我的隐私！你没有经过我的允许，就擅自偷看我的日记，你是侵犯人权！我是你的女儿，可是我也有人权！”说完，女儿一把夺过妈妈手里的日记本，哭着跑到了自己的房间里。

隐私是每个女孩心中的秘密，不愿向他人吐露。其实，人人都有自己的隐私，做父母的总千方百计地去侦探，如翻抽屉看日记、拆信件等。在大人们看来，这都是出于关心。可在女孩看来，这是出于不信任、不尊重。她们会很伤心，甚至产生敌意和反抗，继而采取全方位的信息封锁和防备，进一步导致父母与她们的关系恶化。所以，还有一点值得家长注意的是，当成人力图探寻孩子的内心世界时，会发现她们的内心世界也有一块私密领地，她们也有自己的思想。

懂得尊重他人隐私是一个人走向成熟的标志。父母非但不应该偷看孩子的隐私，更应帮助她们学会保护隐私，为她们日后在社会生存奠定基础。要知道女孩有隐私是很正常和普遍的，没什么值得大惊小怪的。父母对此应从容不迫，用心对待。父母不要乱翻孩子的东西，不要偷看孩子的日记。不要见风就是雨，要比孩子更冷静地去思考。有的秘密或许只能孩子自己一人知道，那就让这一份秘密埋藏在孩子的心中吧！让它成为永恒。如果父母什么都想知道，其结果可能是什么都不会知道。

与上述事例中那位妈妈不同的是，有位父亲这样说：我的女儿在小学五年级时就慢慢地有了自己的小秘密。发现了她的变化，我和妻子都很高兴，因为这表明她开始走向成熟了。一个傻丫头要把什么感受都毫无保留地向父母诉说出来，那她是很难走向成熟的。当时，她用的是我用过的写字台，我主动将写字台抽屉的钥匙也一起交给她，让她学会保守自己的秘密。后来，上了初中、高中，她收到一些同学的来信，包括男生的信。我们一方面教育她如何与同学处好关系，与异性交往中应注意哪些问题，另一方面嘱咐她一定要妥善收好这些信件，免得给自己和同学带去不必要的麻烦。我们认为尊重孩子隐私对教育孩子尤为重要。

这位父亲很理智，允许女儿有自己的小秘密，尊重她的隐私权，给女儿营造了一个自由的个人空间。这样，女孩在需求得到满足之后反而愿意倾吐心中的秘密，使两代人的感情更加融洽。

首先，要做女儿的朋友，与女儿交谈要以平等的态度，可以谈自己少年时代的所思所想、成功和挫折、经验和教训，甚至可以与女儿谈论一些自己童年的隐私，以达到与孩子在情感上的沟通。要努力营造一个民主、宽松的家庭气氛，让女儿真切感受到父母的关切之情，把父母当做可信赖的朋友。

其次，要培养女儿自律自勉的能力。即使发现孩子有不良倾向和越轨苗头，也不必惊慌失措，应该与女儿一起谈世界观、人生观、价值观等问题，引导女儿自己悟出为人处世的真谛，让她们能按规范要求调整自己的行为。

父母平时应多关心女孩，让她感受到你充满信任的爱，而非怀疑和指责。建议父母送给女孩一个带锁的日记本，坚决不偷看女孩的日记。如果已经偷看了女儿的日记，要诚恳地向她道歉。

4. 正确对待女儿的叛逆期

女孩长大了，突然“叛逆”起来了，让她做什么她偏不去做，不让她做什么她非要去做。父母费尽了心思，不知如何是好。实际上，孩子在成长过程中，都会经历一个叛逆期，尤其是青春期女孩，思想上发生了很大的变化，建议父母多和她交流，有意地告诉她一些应该懂得的事情，多给她一点儿鼓励，而不要随便去唠叨。

最近一段时间，丽群的父母正在为养了一个“叛逆”的女儿而烦恼。自从上初中以后，丽群就越来越不“像样”了，经常和父母顶撞，有时候父母多说了一两句，她甚至理都不理，一副大义凛然的样子，随父母怎么说，她依然按自己所想去做。

丽群生性活泼，喜欢体育运动，尤其喜欢打乒乓球，一有空就和几个小伙伴一起去体育场打球。丽群的父母对她期望颇高，希望她一心用在学习上，以后能考上好的大学，有更好的发展。因此，平时对丽群要求很严格。

丽群上小学时较听话，爸爸妈妈不让她玩耍，她只好忍着。但她在课下迷上了乒乓球，偶尔征得父母的同意也去玩玩儿。上初中后，父母为了让她能够考进重点高中，对她管教更严格了。但是，丽群觉得自己打球并没有影响学习。慢慢地，她与父母之间的矛盾越来越大，而且还常常闹情绪，打乒乓球的次数反而越来越多了，学习成绩也逐渐下降。

这天，丽群放学后打了一会儿乒乓球才回来，一进家门，父亲就质问她："你又去打球了？"丽群只是看了父亲一眼，没吭声，径直朝自己的房间走去。"我跟你说话呢！你这是什么态度？真是越大越不懂事了！""我怎么了？不就是打了会儿球吗？小时候我什么都听你的，可现在我长大了，我有自己的主见，你别再干涉我，行不行？""你还有理了？看看你的学习成绩，直线下降，还不都是因为天天打球？"爸爸越说越生气。"我打球从来就没耽误过做作业，也没有影响到我的学习！"丽群理直气壮。"你还不承认，那你的成绩怎么越来越差了？""还不是你们整天这不行，那不许的，我心情不好，学不下去！"说完，丽群走进了自己的房间，还狠狠地摔了下门。门外，父亲目瞪口呆。

孩子在成长的过程中，都会有一个所谓的"叛逆"期，这是每个人从儿童向成人过渡的关键时期，所以经常兼有两个时期的特点：一方面，这一时期的孩子缺乏适应社会环境的独立思考能力、感受力和行动能力等；另一方面，初步觉醒的自我意识又会支配她们强烈的表现欲，即处处想体现自己，想通过展示自己和别人的不同来证明自己的价值。

这一时期的女孩子喜欢打扮得与众不同，喜欢做一些引人注目的事情，也爱说一些令人吃惊的话语，希望别人能够对她们另眼相看，这都是她们想要的效果。如果了解到这些，相信很多家长就不难理解孩子这一时期的叛逆表现了。

此外，父母的教育方法不当，也是女孩子产生叛逆心理的另一重要原因。比如有的父母不尊重孩子的人格，随意对孩子进行讽刺、挖苦、辱骂，甚至殴打，伤害了孩子自尊心，从而使孩子对父母产生对抗情绪。有的父母对孩子的期望值过高、要求过严，当孩子不能达到父母的要求时，父母就大发雷霆，甚至打骂孩子。还有一些父母由于缺乏心理学知识，不按照女孩的心理发展规律去教育，说话过头，爱

摆长辈的架子等，这些父母不注意的行为，都会导致女孩叛逆。

同时，有压迫就会有反抗，叛逆心理也跟着出现了。反抗是女孩成长的轨迹，是女孩正在顺利成长的标志。当女孩出现反抗言行时，做父母的应放心：孩子在顺利成长呢。可令人遗憾的是，很多父母一遇到孩子反抗，马上就会发起火来："怎么能对父母这样，真是不听话的坏孩子！"

反抗跟一个孩子的成长同步地自然出现，对于女孩的发展来说这一环不可欠缺。欧美等国非常重视孩子说"NO（不）"，所以在反抗期里不会反抗的女孩才是需要令人担心的。对于女孩的反抗和叛逆，父母不要与之对抗，而是要巧妙地引导。这时家长最好能记住四个关键词：一是"无知"，二是"兴趣"，三是"放权"，四是"温柔地坚持"。这是许多心理学专家共同的认识。

所谓"无知"，就是装傻。不要老觉得自己懂女儿的一切，不能告诉女儿怎么做，而应启发她，放手让她自己去做，让她体会到成功所带来的喜悦。有的家长事业非常成功，这会对女儿构成压力，不如就"装傻"，让女儿能感到她自己的成功，对超越父母更加有信心。

所谓"兴趣"，就是不要只对女儿的学习感兴趣，要学会对她生活中的所有细节感兴趣。比如她爱唱歌，就要学会欣赏她。赞许非常有利于孩子的健康成长。

所谓"放权"，就是适当地让"权"。在女儿慢慢长大的过程中，她需要在家庭里寻找自己的空间，这时候父母要学会多沉默。比如女儿有自己的生活方式了，和原来父母给她的生活方式不一样了，不要那么快就作出反应，可以用"等待的艺术"。

所谓"温柔地坚持"，就是对原则性的问题要坚持，但要讲究方法。比如女儿早恋或者整夜泡网吧，这时候就要温柔地坚持，说出这样做对她是不好的。记住，是对她不好。不要强制她不出去，但只要她出去，就用这种方式来提醒她：这些行为对她的身体、品行和人生发展，都可能会造成很大的负面影响。

父母应记住，这四个关键词所遵循的共同核心是平等。反抗期的孩子是最难“对付”的孩子，不过家长不必过于担心，孩子就是在“叛逆”中逐渐长大，完善自我意识，形成独立人格，为将来适应社会打下基础的。

5. 父母要友好对待女儿的朋友

秀秀有个叫小华的好朋友，她们关系特别亲密。小华经常到秀秀家玩儿，可是，每次小华走后，秀秀家里都会变得一片狼藉，玩具遍地乱扔。

一天，爸爸生气地对秀秀说：“千万不要向小华学，你看家里被她弄得多乱，这种孩子没有人会喜欢的。”

听了爸爸的话，秀秀很是不高兴，撅着小嘴对爸爸说：“不许你这样说我的朋友！”说完就闷闷不乐地进了房间。

父母尊重女孩要有方法，支持女孩的社会交往，尊重女孩的朋友。这样不仅可以让女孩感觉到父母对她的尊重，从而更加信赖父母，而且还可以促进孩子之间的友谊和交往，促使她们互相帮助、互相学习。

也许成年人都有这样一种体会：回忆起童年生活时总感觉到非常兴奋，对儿时的朋友更是感到特别亲密。其实这种经历说明：孩子是需要朋友的，孩童时代的友谊是非常珍贵的。女孩小的时候，缺少同

龄的朋友对她们身心健康极为不利。因此，父母应该尊重和喜欢孩子的朋友，培养孩子团结友爱的良好习惯和健康心灵。

一位母亲中午回家，打开房门，发现上小学五年级的女儿正在和两个同学“大吃大喝”，碗筷摆了一桌，女儿见妈妈回来了，忙站起身来，叫了声：“妈！”母亲没有应声，两个同学也赶忙站了起来，叫了声：“阿姨，您回来了！”这位妈妈一声没吭，径直走进屋里，“砰”地关上门，半天没出来。女孩和两个小伙伴吓得慌忙溜走了。直到晚上，女孩才回家，没有吃晚饭。尽管父母轮番相劝，女孩还是滴米未进，而且一连几天都没什么胃口，情绪低落，毫无精神……父母都着急了，做了许多女儿平时最爱吃的东西，可孩子还是没什么食欲。

家长要知道，尊重女孩的朋友，也就是尊重她本人。女孩会在家长的尊重中得到自身的欣慰和心理的满足，也会得到小朋友、伙伴的认可和接纳。如果父母不尊重她和她的朋友，以至冷落她的朋友和伙伴，这会让她感到父母不给自己留面子，不仅使女孩的自尊心受到严重伤害，还让她感到对不起朋友，甚至感到无颜见伙伴，在她的心灵中会留下难以愈合的创伤。

女孩需要伙伴，还需要理解和尊重。善待女孩的朋友，就是善待女孩自己。当然，善待女孩的朋友要出于真诚，不能仅停留在表面上。有的父母对女孩的朋友来家玩儿，表面上表现得很客气，让座、倒茶、请吃水果等，可等她的朋友一走，就会向女孩提出警告：“以后少跟这样的人来往！”“同这样差的人交朋友，你有什么好处？”有的父母甚至这样批评女孩：“我看你是在学坏，你怎么同这样的人打得火热？”这种两面派的做法，不但会在女孩心目中留下一个不良的形象，也会破坏女孩与朋友之间的感情。

因此，对于女孩和朋友的交往，父母既不能草木皆兵，破坏她们之间的感情，也不能置之不理，使女孩陷入不合适的交际圈。父母要充分利用她们喜欢交往的心理，因势利导，正确地引导和帮助她们建立真挚的友谊。

（1）让女孩知道什么样的人才算好朋友

父母要有意识地帮助女孩进行择友引导，就是要和正直、诚实、热爱集体的人交朋友。这样就让女孩在交友之时，有了一个大的原则和方向，不与那些品质低劣的人交往，从而避免陷入交往误区。

（2）指导女孩怎样与朋友相处

在女孩交朋友的过程中，父母要不断地进行指导：处事要宽宏大量，不计较个人得失；在平时说话、玩笑里，尽量不要刺激朋友心理敏感点，不要刺痛他人心灵的“疮疤”；要讲究诚信，凡自己不容易办到的事情，切不可轻易答应，说话也要留有余地。但凡自己能办到的和答应办的事，那就要千方百计尽力去办。如果遇到意外，事情没办成，就应主动向朋友说明情况，以取得对方的谅解。

（3）当女孩结交了不大好的朋友时要及时纠正

由于女孩涉世不深，辨识能力不强，一时不慎就可能交往上些不良的朋友。万一女孩出现这种情况时，父母切不能随便简单粗暴地去处理，而应该细致地去进行思想教育和积极防范。一般来说，当女孩认识到自己交往不慎，犯下错误时，绝大多数女孩会悔恨和不安。父母正好可以利用此良机对她们进行细致地教育。如果父母采取简单粗暴的方式方法，则会让女孩产生敌对心理，甚至破罐子破摔，以致于一错再错。正确的做法应该是，先耐心地弄清情况，再诚恳地与女孩沟通，提高女孩的认识，必要时，还应与学校有关方面联系，及时断绝女孩与不良朋友的交往。

6. 让青春期女孩远离厌食症

近几年来，家长对“青春期厌食症”应该不会陌生，青春期厌食症，也称为青春期消瘦症或神经性厌食症。这种病多发生于青春期女孩身上，尤其是十三至二十八岁的女孩。

这种病人拒绝进食，即使很长时间没吃东西也不觉得饿，精神委靡不振，整天昏昏欲睡，身体渐渐消瘦下去，最后可能导致月经完全中断、身体虚弱和其他身心疾病也相伴而来。

整个发病过程大致可以分两个阶段：开始时对食物不感兴趣，后期则会对食物产生神经性的呕吐反应——食物一沾喉咙就呕吐，严重的见到食物就会反胃。

灵灵今年十三岁了，聪明伶俐，学什么都是一学就会。

有一次，她看到同班的女孩穿了一条自己做的裙子，于是在周末，她用了一个晚上的时间就做出了一条漂亮的花裙子。

灵灵从小就喜欢跳舞，周末还一直坚持在舞蹈学校学习，而且经常得到老师的表扬。

由于她喜欢舞蹈，加上父母的支持，从小学二年级开始就从普通小学转入了专门的舞蹈学校。几年来，灵灵捧回了无数的奖牌，她的强项是独舞和芭蕾舞。

最近，舞蹈学校的老师为了避免孩子们的体重增长，对饮食有了很多限制，不让她们多吃。尽管如此，许多孩子还是会在被子里偷吃，但灵灵却非常听话，即使是饿，自己也坚持不多吃。

每天，不管什么天气，灵灵都会坚持近两个小时的时间做大量练习，因为她的卓越成绩，父母很为她感到骄傲。因此，对从小胃口就不好的女儿也没有太在意。

可是，到了夏天，灵灵开始出现胃疼，原来饭量就很小的她吃得更少了。

很快地，灵灵的体重从原来的七十余斤，下降到不足四十斤（身高一百五十六厘米），最低时，体重只有三十五斤。在这种情况下，她常常晕倒，连学校都不能去了。

但灵灵说她不希望体重增加，自己也没有任何食欲。尽管父母想尽办法，但仍然无法让她进食。

妈妈哭着说，孩子早晨连五分之一的小蛋黄都吃不完，这还算好的时候。有时，常常是一天下来什么都不吃，吃进嘴里的东西，咀嚼后又吐掉。

看起来，灵灵已经失去了对所有食物的兴趣。

她说："小时候，在舞蹈学校时想吃，但老师不让吃，自己挺挺就过去了。现在，我从来就不觉得饿。"

事实上，灵灵已经患上了神经性厌食症。

对于厌食症，内分泌专家常把其临床表现归纳为"两个25，两个有，两个无"。"两个25"是说年龄多低于二十五岁，体重比正常体重低25%以上；"两个有"是指对进食有偏见和进食习惯有改变，常有明显的消瘦和闭经；"两个无"是指既无器质性疾病，又无精神性疾病。

对于青春期的女孩来说，最容易患上"厌食症"。这种厌食症，并不是因为身体有什么疾病而吃不下饭。事实上，这些孩子身体健康，而且大多聪明、用功、学习成绩好，并且都比较早熟。

本来进入青春期的少女应开始储存体脂，乳房隆起，臀部日益变丰满，骨盆变宽，这些天赋的形体特点恰恰是女性美最富魅力的显露，但是有些女孩却对身体形态的改变感到紧张，出现莫名有的心理负担，于是拼命节食，不吃肉和蛋，饿了就喝水，千方百计地想通过节食来换取体型的苗条。

刚开始的时候，她们想吃但不敢吃，因而刻意地让自己少吃，后来这种习惯就慢慢养成了。因为身体不适或者情绪低落，而进食量突然减少，暂时没有食欲，并不是什么稀奇的事。但是如果持续时间很长，就需要引起注意了。

大量进食之后全部呕吐出来，是进食障碍的典型表现之一！需要立即采取应对措施。否则，会明显地消瘦下去。急剧消瘦，如果一直降至标准体重的85%以下，则不可轻视了。少女如果出现停经等状况，则需要接受专门的治疗。

在家里，当发现孩子“进食不正常”的时候，父母要尽早采取相应的措施。因为厌食症是导致体重急剧下降甚至死亡的心理疾病，在情况恶化之前，多给孩子一些帮助颇为必要。

首先，要告诉孩子过于消瘦的危害。让孩子知道，过于消瘦会对身心造成严重的影响。请医生或者孩子比较信赖的人告诉她们相应知识，能收到较好的效果。如果孩子还处在厌食症的初级阶段，告诉孩子些过于消瘦的危害，让孩子对过于消瘦有正确的认识，情况就可能逆转。

其次，及时给孩子补充营养。患有厌食症的孩子大多都有严重的营养不良，严重的营养不良患者会有生命危险，因此，必须及时给孩子补充营养。

再次，要让孩子多加休息。即使孩子觉得自己很精神，但实际上她的身体已经过度消耗了，所以在孩子恢复正常的进食状态前，应该尽量减少补习班和课外活动，让孩子得到充分的休息。

最后，与孩子多一些身体接触。多数有进食障碍的孩子，都会有想和父母撒娇，却一直“忍耐”的心理。因此，让孩子感受到父母的宠爱，这可很大程度上安定孩子。

7. 试着做女儿的心理导师

青春期的女孩身体会出现较为直观的变化，但是心理发展的波动和滞后会有更为深刻的影响。虽然青少年步入青春期后，心理模式已经趋于定型，但仍在作最后的冲击，同时，亦是性意识萌发和发展的时期，他们的心理发展和生理发育不同步。因此，这时候的孩子身兼半成熟、半幼稚的双重特征。

最重要的，这是孩子心理素质发展的关键阶段，在这个阶段孩子也最容易产生心理疾病。因此，作为父母，要重视这个阶段孩子的心理卫生情况，及时发现并对症下药。

那么，具体都有哪些问题呢？

（1）很容易陷入虚荣

随着生理上的发育和社会交往的不断增多，女孩的自尊心本来应该越来越强，但是进入青春期后，由于大脑的发展，孩子的自尊心反而下降了。女孩子又极爱面子，喜欢用一些装饰品打扮自己，以求得周围人喜爱的目光。这样，自尊就容易被追求虚荣所蒙蔽。

在成长的过程中，孩子们通常都对成人世界充满了好奇，也有些争强好胜和渴望自我表现。但是，这个阶段的孩子通常都用片面的虚荣去满足自己，比如化妆、买时尚衣服，开始可能只是对未知世界的一种好奇而已，但是为了显酷，显轻松、潇洒、大方，这种好奇就慢慢地转为了一种虚荣心。若任凭这种不良心理发展，就有可能让女孩变得更加不自信，做什么事情都希望凭借外物帮忙，而自己不去多做努力。

（2）极度追求个性

青春期的孩子自主意识越来越强，反叛心理也越来越重，总企图追求一种个性的解放，企图在芸芸众生中彰显自己的独特。这本无可厚非，关键是，她们往往会不惜一切代价标新立异，只要与众不同，就不管是否合理。一般来说，我们看到阳光，会想到希望，但是为了创新联想到死亡，这就让人颇为费解了。这种情况出现多了，很可能是孩子的心理出现了问题。还有一些孩子的追求个性，其实就是一种目光渴求症。真正的个性是一种内心上的，不局限于外表，一味追求自己与众不同，也是一种心理问题。

（3）反应激烈，有失偏颇

虽然每个人对同样的事物反应速度与程度各有差异，但一般不会太大。如果女儿在对待某件事上的反应与其他的孩子大相庭径，甚至表现得偏于极端，那么说明她的心理不健康。比如孩子因考试失败而萌生轻生念头，就是心理不健康的反映。

（4）精神文化生活的不满心理

俗话说“青春的气息是一种激情，是一种不老的传说”，但其实这个阶段的孩子也容易产生疲惫，对生活也会有不满的心理，比如，生活内容贫乏单调，或是被日益沉重的学习负担压得喘不过气来，无暇享受文化生活的乐趣等，这时候，孩子对精神文化的需求得不到满足，就容易产生心理疾病。

（5）不能适应环境

女孩子都喜欢有安全感，因此不喜欢环境发生变化。但是一般来说，一旦环境发生变化，也能够自觉去调整。如果女孩不能迅速适应变化的环境，这也是心理有问题的一种表征。心理不健康的人，由于不能适应环境，往往采取逃避现实的方法。但逃避不能解决实际问题，只能是自我欺骗。久而久之，还会发展成病态。父母要及早辨别并加以改正。

（6）消极愁闷的心理

处于青春期的女孩子因为情绪极不稳定，忧愁沮丧经常会出现。最初，她可能是受到了某些小的刺激，也可能是受到了打击，如果忧愁一直解不开，那么很可能就发展成自卑，她会经常贬低自己的能力和品质，甚至自暴自弃，不求上进。因此，父母不要漠视孩子的愁闷心理。

（7）否定自己爱的萌动

青春期女孩的性意识觉醒得比男孩早，她们往往对身边同龄的男孩子没有什么感觉，但是会对比自己大一些的男孩子产生爱慕心理，想要和他们谈场恋爱，甚至出现性欲望。有的女孩子因此产生内疚自责、犯罪感等心理。如果这种心理得不到缓解，那么孩子就难以正确认识自己，从而降低自尊和自信。父母要告诉女儿，实际上，这是生理上和心理上的正常现象，只要多学习些有关科学知识，就能冲破这种障碍，从而正确对待友情和爱情，顺利度过这段青春发育期。

（8）是非曲直的模糊心理

对于青春期的孩子，虽然已经跟小孩子有所区别，但是由于其人生阅历较浅，因此，是非观念容易模糊。如果父母们依旧采取封闭式的教育，触动孩子的逆反心理，会导致他们更加是非不分，甚至误入歧途。

做女儿的心理医生，父母不但要了解青春期的女孩可能出现哪些心理问题，还要能充分了解自己的女儿，根据她的情况，对症下药地进行心理辅导。要避免孩子不良心理的出现，就要帮助女儿加强自身心理素质的培养，使他们有勇气和毅力面对自己的不良心理，并能够克服和摆脱不良心理，力求使自己成为有用之才。

虽然父母的目的是要解决孩子的心理问题，但一定不要对女儿说“你心理有问题”之类的话，以免敏感的女儿产生心理负担，加深心理不良反应。真正的教育是不露痕迹的教育，应该像春雨一样“随风潜入夜，润物细无声”。

8. 让女儿知道什么是“爱情”

随着孩子个子越来越高大，家长明显感觉到孩子大了，特别是当女儿说出很多贴心的话时，父母就会感慨：“孩子真是什么都懂了。”其实，孩子未必什么都懂，特别是关于“爱情”，她们对爱情的看法可能只是简单地出自内心，而并非有正确的爱情观。因此，父母应该和女儿谈谈爱情的真谛。

现在很多成年女性其实也并不完全理解“爱情”两个字。有的人希望个性解放，因此对待爱情持随便态度，美其名曰“不愿意被爱束缚”；有的认为女性地位提高，男性就应该多付出；有的认为爱情就是风花雪月，为了爱情不能结婚；趁着年轻多谈几场恋爱……这些看法都有失偏颇，都是对爱情的一定程度的曲解，这些曲解最终可能伤害女孩自己和他人。现在社会离婚率如此高，与这些错误的爱情观有着极大的关系。

恋爱是一种感觉，是对自己和对某位异性的一种尊重，怎能说“多谈几场恋爱呢”？但是女孩子之所以会产生这样的想法，大部分来自对自身家庭和周围家庭的观察。如果她们发现爱情的确不能持久，那么她们自然会形成自己的一套理论。

一个女孩子在日记中这样写道：

我一直认为爸爸妈妈非常恩爱，我生活在幸福之中，但在我上大学一年级时，我的爸爸妈妈忽然给我寄来一封信，说他们离婚了。当时，我感觉惶恐万分，我想：时间长了，多好的感情也会变色。由于有了这种经历，我一直不敢与别人建立深入的关系。我要多谈几场恋爱，我要和那个能忍受我的人结婚，但是我的男朋友多达二十几位，最终我却无法发现一个能和我过上十年的人。为了我自己不受伤害，我筑起了高高的“防火墙”，不再恋爱。即使将来有一天我结婚了，和我结婚的那个人肯定是我不认识的人，因为只有这样，我才能接受他和我离婚。

这个女孩子的心理明显有些扭曲了，美好的爱情在她那里竟然变成了洪水猛兽，这不能不令人哀叹。当然，这个女孩子的心理有些脆弱，可是如果爸爸妈妈在告诉她离婚的那一刻，跟她有更多的沟通，也许她就不会有这种想法了。很多女孩子，由于父母感情不好，自己就对感情产生绝望，不知道如何面对一段感情，不是封闭自己，就是让感情肆意泛滥，反正太阳能够照在桑干河上，就能照到洞庭湖边，这边的爱情死了，那边的爱情也快来了，无论爱情出现还是结束，从不考虑对方的感情，一切按自己想法来。

鉴于上面这些当前女孩子对爱情认识的误区，父母们有必要对孩子进行一场真情教育。

(1) 要和女儿谈谈什么是正确的恋爱态度

一个拥有正确的恋爱观的孩子，也许会遭遇爱的痛苦，但是有一句话说得好：“认认真真爱过的人，她的回忆永远是美好的。因为会爱的人才是有灵魂的人。”爱要健康、纯粹，不掺杂任何杂念，但又不会迷失自己，这对于女孩子来说尤其重要。具体说来，正确的恋爱态度包括以下几点：保持自我，平等，有相对独立的事业追求。

（2）恋爱其实也是在完成一种心理重塑

女孩子喜欢通过别人的眼睛看自己，进入恋爱期的女孩子，更喜欢通过异性的眼睛观察自己，如果对方并不能积极回应她，那么她的自尊和自信都会随之下降。

因此，父母要告诉女儿：在恋爱中需要完成一项重要的心理任务，那就是要更了解自己。除自我认知外，让两性恋爱中的自己更完整清晰地呈现出来。既不要片面地从男友身上看自己，也不要完全抛开男友对自己的感觉。

（3）真正的爱情首先是心灵的沟通、两颗心的交融、精神上的相互寄托和拥有

单恋、暗恋之所以痛苦，就来源于感情无法产生互动。这里当然不是否定单恋、暗恋这两种美好的情愫，但是单恋、暗恋往往有“自我成像”的嫌疑，即自己给对方戴上一个黄金的盔甲，为他涂上英雄的神采，就如《飘》里面斯嘉丽对艾希礼的迷恋一样，也就是说，暗恋通常是在和一个并不能在日常生活中出现的人在谈恋爱，充其量只是自我的一种感觉，称不上是真正的爱情。

（4）认清爱与被爱的关系

爱人，也是一种能力。被爱也许是一种幸福，但是只有爱，才能享受那份美好，尽管那里或许隐藏着无尽的痛苦。特别是对那些否定爱情真挚性的孩子，要让她正确地认识爱情，知道爱一个人并被这个人所爱才是最美妙的。当爱情来临时，恋人会感到生活如此充实和美好，所以不要狭隘地认为只有被爱才称得上美好。

（5）爱情有盲目的成分

生活中也时常出现一个理智的女人爱上一个品行不端的男人，当女孩陶醉在爱情里无法自拔时，很容易主观臆断地评价对方。正像某些电视剧里说的：爱情有时是盲目的。因此，恋爱中的女孩比较容易受伤。如果男人品行不端，女孩可能会受到伤害或为其所利用，这就需要父母的力量了。但是，通常恋爱中的女孩子很难听进去父母的话，那个时期的她比叛逆时期的她更可怕，她已经完全被男人迷住。那么父母怎么办呢？

父母要防患于未然，提前告诉女儿，爱情可能蒙蔽人的双眼，所以不要轻下结论。即便你完全沉浸在幸福甜蜜当中，有时也要学会反思和审视爱情。父母要让女儿明白：纵使她认为自己的爱情很完美，也需要经常听一听旁人的意见。直到没有任何不妥，她才可以毫无顾虑地体会爱情的美妙，感受爱情的狂热与甜蜜。

（6）帮助女儿正确地分析周围失败的婚姻

婚姻失败的案例时有发生，但是不能因噎废食，要知道，许多婚姻也能够白头到老。父母要让女儿相信：每个人都有权利享受到人间最美丽的感情，只要自己保持正确的恋爱态度。

虽然父母不能保证女儿未来的家庭一定和谐美满，但是前期父母应尽可能周密地为她们做好准备。和她进行适时的真情探讨，让女儿树立正确的恋爱观，并能够在恋爱中保护自己。

现在的孩子可能很早就对爱情有自己的独特见解，她们一谈起来也头头是道，但可能未必真正懂爱情。父母要能够告诉孩子什么是真正的爱情，至少要给孩子传达这样的信息：如果你爱的人十分珍惜你，为人真诚可靠，让你有安全感，且没有任何不良企图，那么这个人才值得你真正地去爱，你的爱情也将会是甜蜜幸福的。当然，和女儿说说爱情的事，不一定非得那么严肃，平时聊天的间隙也可以，在轻松的氛围中，把自己的观点加进去，反而更容易让女儿接受。

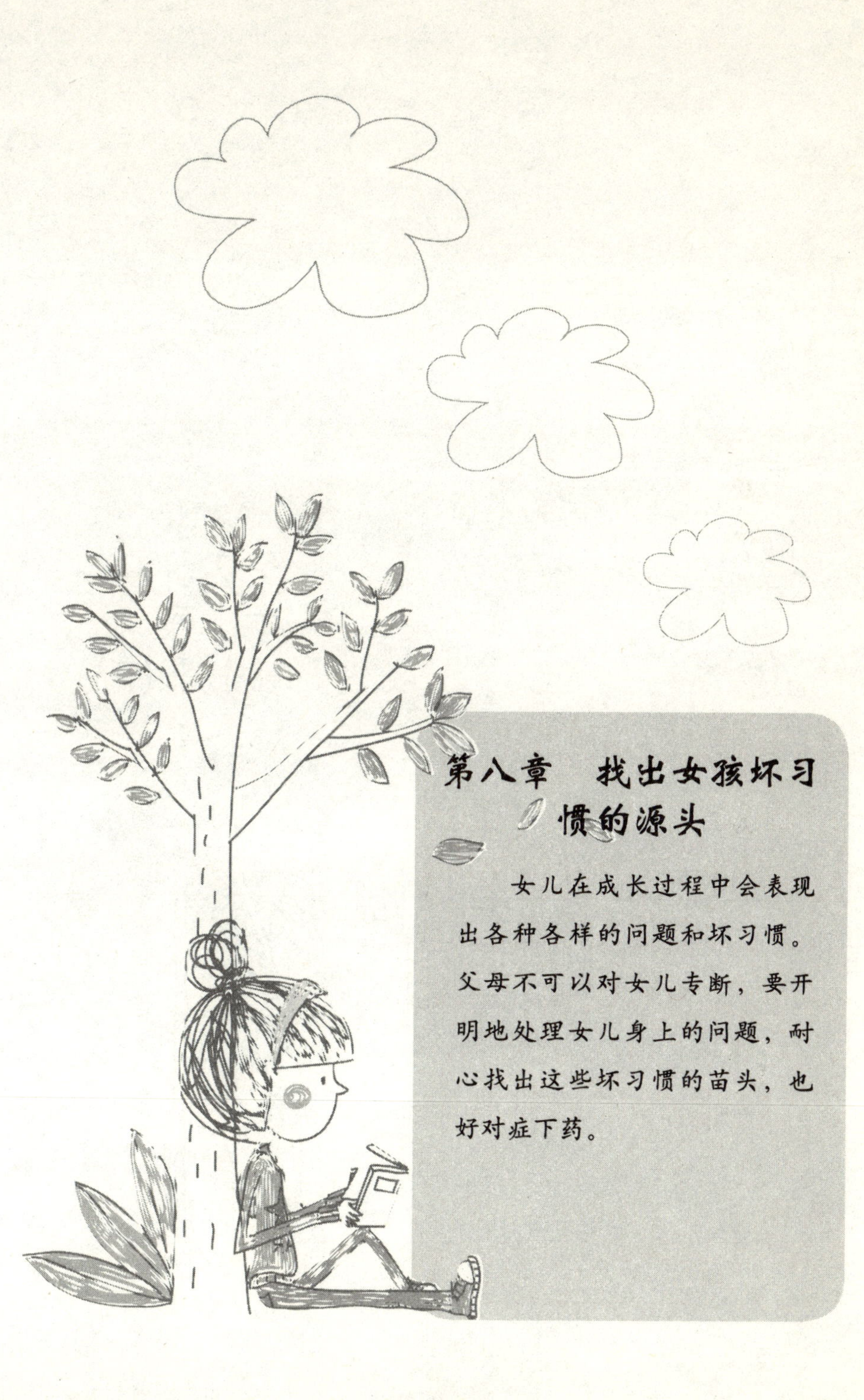

第八章　找出女孩坏习惯的源头

女儿在成长过程中会表现出各种各样的问题和坏习惯。父母不可以对女儿专断，要开明地处理女儿身上的问题，耐心找出这些坏习惯的苗头，也好对症下药。

1. 尝试做女儿的好朋友

有的父母喜欢做封建家长，天天摆出一副拒人于千里之外的架子；有的父母却常常和女儿谈心，聊学校里的有趣事，也听听女儿的烦恼。毫无疑问，后者是成功的父母，拉近了和女儿的距离，也形成了和谐的家庭氛围。

在中国近代史上，出了三位特殊的女性，她们是：宋霭龄、宋庆龄、宋美龄三姊妹。老大宋霭龄嫁给了孔祥熙，孔祥熙是国民党政府的财政部长；老二宋庆龄则嫁给了孙中山，被人尊称为“国母”；老三宋美龄是蒋介石的夫人。宋家姊妹三人的一生与父亲宋嘉树的教育密不可分。

在对待子女的教育上，宋嘉树坚持三个最基本原则：一是“不计毁誉，务必占先”；二是男女一样；三是和孩子们交朋友。早年，宋嘉树追随孙中山先生革命，他首先在自己家开辟了一块摒除封建思想束缚的乐园，使三个女儿在民主、平等、先进的生活环境中健康成长。

在三个女儿中，宋霭龄和宋美龄天资聪慧，大胆泼辣，在她们刚满五岁时，宋嘉树就把她们送到寄宿学校——中西女塾去读书。老二宋庆龄与姐姐、妹妹一样聪明，但不像她二人那样大胆泼辣，锋芒毕露。七岁时，父亲也把她送到了中西女塾。由于宋嘉树早年受到西方教育，所以对子女的教育讲究中西结合。宋霭龄十三岁时，宋嘉树夫妇便将她孤身一人送到美国留学。因此，宋霭龄成了中国近代史上最早赴美留学的女子之一。

两年后，宋氏夫妇又把年仅十一岁的二女儿宋庆龄也送到美国学习。由于年龄小，威斯里安女子学校将她注册为特别生。宋美龄后来也被送到美国留学。从此，宋家三姊妹全都去了美国，接受西方高等教育。宋嘉树在子女接受高等教育上占了先。

宋霭龄极富音乐和表演才华，宋氏夫妇便努力做大女儿表演的最佳“搭档”，另外几个弟弟和妹妹做起了忠实观众。傍晚时分，宋夫人熟练而凝神地弹奏钢琴，几个兄弟姐妹围在一起，听父亲和大姐的男女生二重唱。听着父亲纯美洪亮的嗓音在钢琴的伴奏下流淌出的美国南方民歌，宋家姐妹们从心底升腾起对父母的崇敬与热爱。

二女儿宋庆龄沉着腼腆，和姐妹兄弟们在一起玩耍时，她总是最含蓄文雅的一个。不过宋嘉树夫妇是开明的家长，没有封建家长的威严，他们为孩子们营造的生活环境和气氛，也使宋庆龄得到了锻炼。

假日里，宋家孩子们在院子里尽情玩耍，有时还爬过院墙到别人家的田地里嬉戏；有时到田野里奔跑，到野外采集花草，捕捉虫鸟，无拘无束地欢娱嬉戏。

有一次，姐妹几个玩“拉黄包车”的游戏，大姐宋霭龄扮作黄包车夫，二姐宋庆龄扮成乘客，弟弟妹妹们跟在身后又蹦又跳，玩儿得甚是开心投入。不料由于“车夫”拉车用力过猛，黄包车失去控制。这下坏了，把“乘客”抛了出去。“车夫”知道闯大祸了，愣在那里不知如何是好，最难受的是“乘客”，又疼又委屈，一脸的不高兴。

后来这件事被父亲知道了，他慈爱地对大女儿宋霭龄说：“做游戏一定要掌握分寸，拉黄包车可不能光凭力气呀！如果是伤了乘客，那以后还怎么拉生意呢？”宋霭龄不好意思地笑了。接着又把二女儿宋庆龄喊过来笑着说：“我们的这位小‘乘客’宽宏大量，又勇敢坚强，真是个了不起的小英雄！”宋庆龄受到父亲的夸赞和鼓励，也很快雨过天晴了。

宋嘉树的教育无疑是成功的，这不仅得利于让女儿接受高等教育，更来自于为女儿创设的家庭环境。

一般女孩子心思细腻，更愿意与父母用一种平等的方式去交流，而不太喜欢父母居高临下发号施令。在这样的环境中成长起来的女孩也更容易变得随和豁达，容易和人相处。要做到这其实也不难，只要父母肯放下架子。晚饭之后，父母可以和女儿一起看看动画片、漫画书，或者聊聊学校里的事，再或带女儿出去散散步。每一件小事都会拉近父母和女儿的距离，都会增加你们的感情。

每个女孩都是上帝派来的天使，她们说的话会让你感觉到另一种生命的美好。和女儿做朋友，常常听一听童言童语，放松一下被世俗的世界渐渐压垮的灵魂，也是十分美好的事情。

2. 父母要了解女孩内心世界的特点

俗话说：女人是水做的，男人是泥做的。这其中包含着很深道理，水和泥是地球上孕育生命的源泉。女人和男人的结合才有了人类的生生不息。

水和泥的性质差别也体现了女人和男人的性格差别。水，柔软，无形，质地清洁，却又可以滴水穿石；土，厚重，混沌，包容万千，却容易干裂风化。但是水和泥的结合却使得大自然充满了生机。同样，女人一直以来也是美的化身，温柔，善变，却又脆弱，但是同时又具有很强的耐性和韧性；男人一直是力量的代表，粗犷，阳刚，有很强的事业心和责任感。正是男人和女人的结合，人类才得以发展，欣欣向荣。

女孩从在娘肚里成长的那一刻开始，就注定了她和男孩是完全不同的两类。她们秉承了母亲的那份柔弱与渴望被关注的特质，注重跟人相处，爱美，敏感，胆小，容易生气和嫉妒，等等。在她们的世界里，糖果、香水、漂亮的饰品以及一切美好的事物与她们息息相关。女孩敏感，很注重与周围所有人之间的关系；女孩胆小，她们经常会被男孩子欺负，即使是比她们小的弟弟都敢毫无畏惧地欺负她们；女孩缺少主见，穿什么颜色的裙子很多时候都要妈妈来决定；女孩爱美，总是喜欢把自己打扮得花枝招展；女孩喜欢攀比，看见别的女孩有什么漂亮的衣服就会让父母给自己也买一件；女孩具有很多天赋，但父母稍不留神，她们的天赋就有可能泯灭……

因此，父母要了解女孩的成长规律，教育方案要随着她们的年龄而发生变化，使自己的小公主变得坚强、勇敢、有主见，充分激发她们的天赋。

与男孩相比，女孩更注重与别人的关系。男孩喜欢爬上爬下，女孩则喜欢安静地听妈妈讲故事、喜欢做安静的游戏；男孩崇拜英雄奥特曼、超人，女孩却喜欢美少女、白雪公主；男孩喜欢竞争，女孩更希望自己多几个知心朋友……

为什么女孩和男孩那么的迥然不同呢？从妈妈受孕那一刻起，女性染色体基因便被女性荷尔蒙激活了。女性荷尔蒙决定了女孩细心、敏感、安静、温柔等天性，同时也决定了女孩更注重人与人之间的关系。女孩体内的雌性激素很关键地影响着她的感情生活。它控制着女孩思考的过程、情绪的稳定、做事的动机等。当雌性激素活动不稳定时，女孩的情绪就会产生波动。如果雌性激素过低，女孩就会感到孤独、悲伤、失望，容易生气、发怒，这也是女孩更容易敏感的原因。

另外，女孩还受其他激素的影响。孕激素使女孩更喜欢小孩子和小动物；催产素使女孩产生更多“母性的本能”——“怜悯之情”；而且，女孩体内也有睾丸素，但是水平只及男孩的二十分之一，因此女孩表现得更温顺、安静，不存在很强的攻击性。虽然这些女性荷尔蒙使得女孩温柔、颇具同情心、体谅他人，但这也导致她们的情绪天生变化无常。有文学家就曾把女人称为“最情感的动物”，是不无道理的。

女孩不像男孩那样独立和竞争，因此她们渴望父母更多的爱，拥有更多的知心小伙伴，她们需要得到别人的认可和尊重。但是女孩却也更容易受伤和妥协，一旦女孩心中理想的关系遭到了破坏，她就会感觉很受伤。比如她犯了错误，父母批评两句，她便会认为父母不爱她了；即使长大了，女孩也是很容易因为感情而受伤，我们经常可以在媒体上看到，某某女孩因为失恋自杀。另外，因为更注重关系，女孩在关系和利益面前是很容易向关系妥协的。所以，女孩才会常常放弃自己的正当利益，成为“软弱”的代名词。

对此，父母要尽量提升女儿的心灵 “痛点”。女孩痛点比较低，对疼痛很敏感。她们不但身体的“痛点”很低，心灵的“痛点”更低。有时，别人不经意的一个轻视眼神，都能使她心灵受到伤害。因此，父母提升了女儿的心灵“痛点”才可以让她们少受伤。

另外，父母还要教女儿自爱。女孩因为更注重人与人之间的关系，才会在遇到威胁时轻易地妥协，也因此容易受到伤害。因此，在女孩小时候，父母就应向她们灌输一种自己爱护自己的思想，让她们知道，体谅他人的同时要学会爱自己。

女孩子和男孩子就像冰与火的两极，父母只有了解女儿的内心世界并走进去，才能更好地帮助和引导女儿健康快乐地成长。

3. 另类女孩需要另类的爱

生活中，大多数女孩是温柔和乖巧的。但是，偶尔也会有一些另类女孩。当然，一个女孩子的性格遗传了她父母的一些，但是她出生以后的生活环境也在她的性格塑造上有很重要的影响作用。这样，由于女孩们的性格和家庭教育的不同，她们表现出了各自独特的个性：她们不再像传统的女孩那样细心、敏感、容易为一些小事掉眼泪，而是像男孩子大大咧咧、不拘细节，穿男孩子衣服，和男孩玩耍打闹；她们不像一般女孩那样依赖父母，什么事情都要父母帮她们安排好、做好，她们从小就学会了自己的事情自己拿主意，自己完成；她们不像那些甜嘴小女孩那样讨人喜欢，不停地说个没完，相反，她们沉默寡言，独来独往，而且有点忧郁……

当然，也不是说这些另类女孩就发展不好了。相反，她们由于自己独特的气质往往更容易取得成功。面对这些“与众不同”的女孩，家长们也是喜忧参半，喜的是：孩子不那么敏感、很小就学会了独立，因而省心很多；忧的是：自己的女儿性格像个男孩子，这对她的未来会不会有不好的影响？女儿性格这样孤僻，她将来能不能很好地和人相处呢？

每一种性格都有自己的优势和劣势，父母的“喜”和“忧”也很难改变孩子的性格。不像捏泥人，想要什么样子就可捏出什么样子。孩子性格一旦养成，那就会影响她一生的发展。在了解了女儿有这种性格以后，父母最重要的任务就是引导孩子把性格的其他优势发挥出来，并告诉她们如何避免性格上的劣势。

面对女儿的这种另类表现，父母首先要做到的就是认同和接受。这样，父母才能有效引导她们发挥出性格的优势，避免其劣势。

对于大大咧咧的女孩，她们通常具有交际能力和办事能力，父母可以着重培养她们成为一个交际家。父母可以有意识地带她们多参加或亲自动手策划活动，比如策划节日庆祝，设计游戏活动等。

相关科学研究表明，女孩和男孩都喜欢与那些不计较细节、有点大大咧咧的女孩交朋友，而且他们与这类女孩交朋友的理由还基本一致：与这样的女孩一块玩儿不会累，而且可以玩儿得很开心。因此，这种大大咧咧的性格会使女孩有很好的人缘，也会使她们拥有很多朋友。

所以，父母可以有意识地培养她们的交际能力，这对她们以后的发展将会有很大的帮助。当然，父母有必要告诉她们，大大咧咧可以，但不能养成不好的习惯，告诉她们举止优雅、谈吐有度也是女人不可或缺的。这样，自己的另类女儿就会扬长避短，取得成功。

对于表现独立、孤僻的女孩，父母更要耐心去帮助她们走出自己的小圈子，让她们多结交朋友，与别人相互合作。因为，不管是在学校还是踏入社会，一个人想要发展，就免不了和别人打交道，很多事情要和别人沟通合作才可以完成。女孩独立孤僻的性格很容易影响到她们的前途，因为不能很好地和别人沟通，一方面自己会更压抑以致自闭，另一方面，他们很容易和别人产生误会和矛盾。

父母因为工作调动到另一个城市，小丹也随父母转学。本来就有些内向孤僻的小丹，在新学校，她觉得很不习惯。又加上当地方言有些难懂，小丹成了同学们嘴里的“独行侠”。往往是一群女生在玩跳皮筋，她却只是远远地看着。一个学期下来，小丹既没交到朋友，本来不错的成绩也下滑了，有好几门功课都亮起了“红灯”。

父母看出女儿的变化，马上咨询了心理专家。心理专家了解了小丹的所有情况后，向她的父母建议道：“你们只要鼓励孩子学会微笑，她所有的问题都会解决。”回到家里，他们鼓励小丹说：“女儿，你笑起来真漂亮，如果你对同学们微笑，同学们一定会因为你的微笑而喜欢你的。”第二天，小丹鼓起勇气对遇到的每一位同学微笑，虽然那笑容还是羞涩的。不久以后，小丹就融入到集体中去了，同学们都很喜欢她。小丹的成绩也开始上升了。

如果一个女孩对着任何一个人微笑，就如同她用愉悦的态度对大家说：“让我们来交个朋友吧！”独立孤僻的女孩也往往没有勇气来向别人示好，所以才会让人感觉她很难相处。但当她用微笑和别人打招呼时，别人就会感觉她是友好的，也会慢慢地和她走到一起。

这些都是看起来有些另类的女孩，如果一对父母有这样的孩子，千万别坐视不理，或者用强硬的态度来干涉，应该采取相应的措施，量体裁衣，给予她们另类的爱。在充分了解了她们的性格的基础上，引导她们发挥性格优势，避免劣势。那样，女儿同样可以表现得优秀，甚至能做到更好。

4. 父母不要过于唠叨女儿

人们经常会在生活中发现这样的现象，一边是妈妈苦口婆心的教育和训斥，一边是孩子无声的反抗。忍无可忍时，孩子就会反过来怒斥妈妈：“说个没完没了，烦死人了！”更有甚者，大喊一声：“你别说了好不好！”然后摔门而去。

看过电视剧《奋斗》的人都会记得第一集里的那个故事，陆涛他们毕业了，拿着毕业证书，带着对未来的憧憬兴高采烈地冲向社会。与此同时，陆涛的同学高强，却因为违反校规而没有拿到证书。回到家里，父母得知儿子的情况后，妈妈没完没了地唠叨，爸爸也在旁边训斥他。本来心情就很压抑的高强，一激动便从楼上跳了下去，结束了自己的生命。屋子里剩下了年过半百的老夫妻俩，目瞪口呆地傻在当地。

这个例子也并非完全偶然，生活中还有一些孩子因不堪忍受父母的训斥、唠叨而走上了不归路。毕竟孩子的心智都还不是很成熟，很容易在压抑的情况下做出极端的事情。到那一刻，后悔的就只有父母。诚然，父母所作的一切都是为了孩子，但是孩子并不能完全理解，而且父母唠叨式的教育方式也很不科学。没有一个人愿意听别人在耳边说个不停，更何况是本身就心情压抑时。

唠叨容易使孩子脾气暴躁。家庭里，父母与孩子的冲突往往就是这样发生的。当孩子不能再忍受父母过分的唠叨时，他们就会反抗，且容易脾气暴躁。这样一来，孩子长大后容易发怒，不能很好地控制自己的情绪。

唠叨会使女儿养成同样的坏习惯。为什么一代代女人中有很多人都喜欢唠叨？一方面因为女人本性使然，另一方面却是因为她们在小时候听妈妈唠叨，耳濡目染，不觉间她们继承了妈妈这一习惯。所谓女儿是妈妈的影子，妈妈的一举一动都会成为女儿学习的范本。

唠叨会影响到家庭关系的和睦。很多孩子之所以和父母的关系不好，不愿意待在家里，往往就是因为他们不愿意听父母在耳边没完没了地唠叨。本来父母和孩子因为代沟就很难找到共同的话题，如果父母还要说个不停，那就会使孩子产生厌烦心理。这样一来，父母的唠叨就成了影响家庭关系和睦的主要“凶手”了，父母的爱也成了孩子的负担。

唠叨会助长孩子的坏习惯。很多孩子在听惯了父母的唠叨后就会产生“免疫力”，认为父母也就是喜欢嘴上说说，不会拿他们怎么样，于是他们还会我行我素，该干嘛干嘛。事实上，习惯于唠叨的父母就很难在孩子的心里树立起威信，不能够让孩子对自己的话产生信服和认同。这样，唠叨式的说教也就失去了意义，与说教的目的背道而驰了。

所以说，在家庭教育上，父母应尽量做到不要唠叨，避免让孩子讨厌。父母平时应该在孩子的心里树立威信，树立起父母的榜样。父母的一举一动才是孩子学习为人处事的关键范本，自己做好了，在教育孩子上也可以说成功了一大半。孩子在成长过程中容易产生叛逆心理，父母的唠叨只会加剧他们的反抗。相反，父母和蔼而简洁有力的语言更能使孩子信服。

对更敏感脆弱的女儿，父母就更不能因唠叨而伤了女儿的心，使女儿对父母产生厌烦心理。爱会产生唠叨，但是唠叨不一定能传递爱。所以，天下的父母们，爱却不要习惯于唠叨。如果父母们都能意识到这一点，那么，社会就会更和谐，家庭就会更和睦。

5. 和女儿做好心灵的沟通

生活中，和女儿不能很好地沟通让很多家长忧心忡忡。父母都希望女儿聪明健康。然而培养一个全面发展的孩子只是提供必要的生活用品是不够的。我们的父母还必须知道如何与孩子进行心灵沟通。

很多父母总认为强迫孩子服从自己是理所当然的。因此，他们常常私自做出决定，不论孩子是否同意，都必须按照他们的要求去做。然而，身为父母，应该清醒地看到，一切为了孩子好是所有父母行动的出发点，但是总是让孩子绝对地服从父母的“好意”，孩子将变得对立。事实上，一些父母很少和孩子有过平等的沟通，谈话几乎都是指责的语气，甚至对子女进行严厉地言语攻击，这很容易伤害孩子的自尊心。父母经常伤害孩子的自尊心，就很容易造成双方的隔阂，甚至是难以消除的敌对状态。

父母不能用强迫、指责等消极方式教育孩子，要肯花时间、有耐性，用心倾听孩子的心声，用心走进孩子的世界，积极发现孩子的优点并发自内心地赞扬。只要父母耐心地这样去做，了解、关怀并接纳孩子，孩子就会很乐意和父母在一起，愿意和父母做心灵上的沟通。如此，孩子就可以拥有一个健康的心理，也能顺利地迈向成功之路。

对于母亲来说，要做的工作实在太多。尽管如此，母亲也要安排出一定的时间跟孩子进行交流。这个时候，母亲要用心倾听孩子说话，停下手边的事情，给他们百分之百的注意力。而且，多倾听表现出母亲对孩子的重视与关心。用不着很长的时间，只要几分钟他们就会很满足。孩子需要知道自己所说的话很重要，这样他们才能培养出自信。

当孩子需要父母在身边的时候，父母却无法出现，这是孩子及父母都无法忘却的伤痛。所以，父母要尽力多抽出时间陪孩子。当孩子奋斗成功时，父母要及时地告诉孩子，父母为他们感到高兴；当孩子伤心难过时，父母要能够陪伴在他们身边，让他们知道还有父母一直爱着他们；当孩子遇到问题苦苦挣扎时，父母要提供支持，给孩子鼓励和加油。

父母可以通过日记、闲聊等方式让孩子了解自己，也可让孩子参与自己的劳动、工作，让他们体验为人父母的不易。父母还可以让孩子通过了解周围人与疾病抗争的故事，使他们明白生命的脆弱和顽强；通过家庭纪念日的庆祝，以及积极参加社会上献爱心等活动，让他们感受生命的意义；通过感受伟大人物和学习身边人物的奉献精神，让他们感悟生命的价值；通过亲近自然的活动让他们体验生命的美好，等等。

家长还要善于观察和沟通，及时了解孩子的真实感受，帮助他们在适当的运动、音乐的陶冶和诙谐的气氛中舒缓自己的紧张，也可以不动声色地倾听孩子的宣泄，或是让孩子在信任的家人朋友面前倾诉衷肠。家长也渴望自己的孩子能够成为工程师、外交家和艺术家，但不要以过大的压力和标准要求孩子。

另外，在和孩子讲话沟通时，父母要尽量做到：和孩子讲话要放慢速度，吐字清楚，声调尽量温和亲切。父母也要注意纠正孩子说话发音不准、口齿不清的习惯。

不要故意说让孩子妒忌的话。很多妈妈喜欢对孩子说“你妈妈不喜欢你了，喜欢隔壁小弟弟”，这样刺激孩子，是很不对的。而且，妈妈也不要用比较的语气刺激孩子，如“你看人家多聪明，一学就会，你怎么这么笨？”这都会引起孩子的妒忌心，从而影响他们对母亲的信赖。

不要恐吓孩子。生活中也有这样一种现象，父母为了使孩子不再吵闹就用恐吓的方式使他们听话。比如说，“你再哭就有专门吃小孩的鬼来找你了”或者“老猫最喜欢叼不听话的小孩子”。这些恐吓会引起孩子的胆怯，而且，随着年龄的增长，当他们知道恐吓的话是假的，他们也就不怕了，同时这也会影响父母在孩子心目中的威信。

不要在孩子面前讲他人不好。特别是不要讲孩子的老师和熟悉的邻居，那样容易使孩子产生怀疑和不信任的习惯，对孩子也会产生消极影响。

家长要多积极鼓励孩子，少去消极禁止。如水不小心洒在地上了，一般家长会说：“不要去踩，你看弄得一塌糊涂了。”聪明的家长则会说：“水倒在地上，让我们拿拖布把它擦干吧!”这样孩子就会很高兴地去做，而且还能够养成爱卫生的好习惯。另外，同样叫孩子去做一件事，讲“去把扫帚拿来”和“帮妈妈把扫帚拿来”两句话，在成人听起来差不多，但孩子的感受却完全不同。孩子不喜欢命令，却喜欢受人委托，特别是三岁以上的孩子，他们觉得自己已经是“大人”了，大人叫他们做事，他们会有一种被信任的满足，因此就会非常兴奋地抢着去做。

孩子有强烈的好奇心，容易接受暗示。他们喜欢听大人讲悄悄话，也喜欢和大人讲悄悄话。例如，一个孩子不肯吃青菜，偶而吃了一些，晚上爸爸妈妈就故意背着她讲：“今天丹丹真乖，吃了许多青菜。”躺在床上的丹丹听见了，第二天吃得更起劲了。一个孩子不肯给客人唱歌，妈妈就说：“我们来说个悄悄话，商量一下唱什么好。”孩子就在妈妈耳边说：“我想唱一个小燕子。”这样孩子就比较敢于表达和容易发挥自己了。

同样，对于女儿也是这样。这样思考，这样做，父母就可以更好地和女儿做心灵上的沟通了，也可以更好地帮助女儿健康地成长。

6. 父母犯错也要和女儿认错

人非圣贤，孰能无过。每个人的一生之中都会犯无数的错误，重要的是能够知错就改，并从错误中吸取教训，为下一次的成功积累条件。无数父母都是如此教育自己的儿女，可是假如父母犯错呢？父母犯错之后应不应该向女儿道歉呢？有很多父母觉得向女儿道歉没有面子，损害自己的光辉形象。其实不然，父母勇于道歉不仅可以和女儿之间形成沟通，而且也会让女儿在心里接受做错事就要道歉的习惯，这种影响是潜移默化的，也是比任何理论教育来得更为深入人心的。

小晴的爸爸是一个工厂的高级工程师，他平时的工作特别忙，所以一直也没有时间陪着小晴去游乐园玩儿。有一天快到周末了，小晴央求爸爸周末带她出去玩儿，爸爸想着这周末没什么重要的事情，于是就答应了。可是周末当小晴兴高采烈地起床准备和爸爸一起出去玩儿的时候，爸爸却告诉她："昨天爸爸突然接到了一个电话，需要回厂子处理，你和妈妈一起去吧，好不好？"小晴的热情一下子冷却下来，大声说着："你骗人，说好了要陪我去的，别的小朋友都有爸爸妈妈陪着，我没有……"爸爸不理小晴的哭闹，径自走了。其实这件事情就是爸爸的错，他不仅说话不能说到做到，而且还不承认自己的错误，给孩子留下了很不好的印象。如果他能够说一句："宝贝女儿啊，都是爸爸不好，爸爸没有时间陪你去了，爸爸向你道歉，以后有时间一定陪你去，好不好？"这件事也会得到一个比较圆满的解决。

有的父母说自己就是死硬脾气，不好意思向女儿道歉。那么父母想一想，当你在和同事的交往中犯错误了，当你在公司事务中出现差错，当你在与朋友的交往中出现错误的时候你会道歉吗？不好意思向女儿道歉是因为你认为自己是强者，而女儿是弱者，强者不需要向弱者道歉。古代讲究三纲五常，要求父为子纲。这也流传了千百年，所以很多父母都觉得自己即使做错了事也没必要向孩子道歉，甚至认为这是天经地义的。

小林的爸爸妈妈去年离婚了，小林跟着妈妈一起过。妈妈是个下岗工人，仅靠着帮别人洗衣服熨衣服维持生活，生活非常拮据。有一天，妈妈发现放在抽屉里的五十块钱不见了，就问小林拿没拿，小林说没拿。妈妈想这么个小孩也开始学会偷钱了还撒谎，非常生气，就开始斥责小林："还说没拿，那你的新文具盒是怎么回事？怎么买来的啊？"小林刚想辩解，妈妈就说："我辛辛苦苦地供你上学，你不但不好好学习，还学这些坏毛病……"说着说着妈妈就打起小林来，小林还是坚持说自己没拿。最后在妈妈的软硬兼攻之下，小林屈打成招了，并且保证以后再也不偷钱不撒谎了。

事情过去很久之后，小林的妈妈突然从她的上衣口袋里翻出来五十块钱，才恍然大悟：原来自己那天是记错地方了，钱并没有放在抽屉里。接着妈妈便一阵愧疚，那天真的是错怪女儿了，怪不得从那件事情之后，女儿一直闷闷不乐的。

这一天小林放学之后，妈妈就把她叫到身边，对她说："小林啊，妈妈首先要向你道歉，那天那些钱的事是妈妈的不对，妈妈错怪你了，我的女儿没有偷钱。"这时小林听到妈妈的话，眼眶红红的。妈妈接着又说："你知道妈妈为什么这么害怕你偷钱吗？因为你爸爸就是这样，他把家里的钱都偷了去赌，最后把咱家输得一文不剩，妈妈害怕你再像爸爸那样啊！"说着说着，妈妈哭了，小林也哭了。小林一边抽噎一边说："妈妈，对不起，我没有偷钱，那个文具盒是我在学校里参加竞赛得到的奖品。妈妈，我知道你很辛苦，所以我从来没有怪过你。”这时母女俩哭作一团。从那天之后，小林学习上更用功了，从来没有让妈妈失望过。

小林的妈妈文化水平不高，也没太多教育理论，可是她教育女儿的一番苦心值得家长们留意。

事实上，很多学者早已认识到这一点。著名诗人、民主人士闻一多先生就是如此。一次他动手打了还不懂事的女儿，这恰好被正在看书的次子看到。儿子出来批评父亲不应该打妹妹，还上纲上线地教育闻一多：“你还天天讲民主呢，打孩子就是民主吗？”闻一多愣住了，他经过反思之后，向女儿道歉：“我不该出手打你，我做错了。小时候我父母是这么教育我的，所以我也这样了。不过你们应该记住，以后不能再这样教育自己的儿女。”经过这件事，闻一多在孩子们心目中的形象更为高大了。相反，如果他不道歉，儿子也会不服气，会觉得他是一个表里不一的人。

很多父母担心自己向女儿认错有损自己的权威。其实每个人的心里都藏着一个标尺，女孩也不例外。在她们的心里，是非曲直有一个比大人不掺杂杂质的更为明确的判断。所以，父母犯错误后，如果不向孩子道歉反而觉得这是理所应当的话，那就会灌输给她们一个错误的观念：强者不需要向弱者道歉。这对于孩子的健康成长会产生不良影响。所以为人父母，无意中犯错时，放下自己的架子，勇敢坦然地向女儿道歉吧。

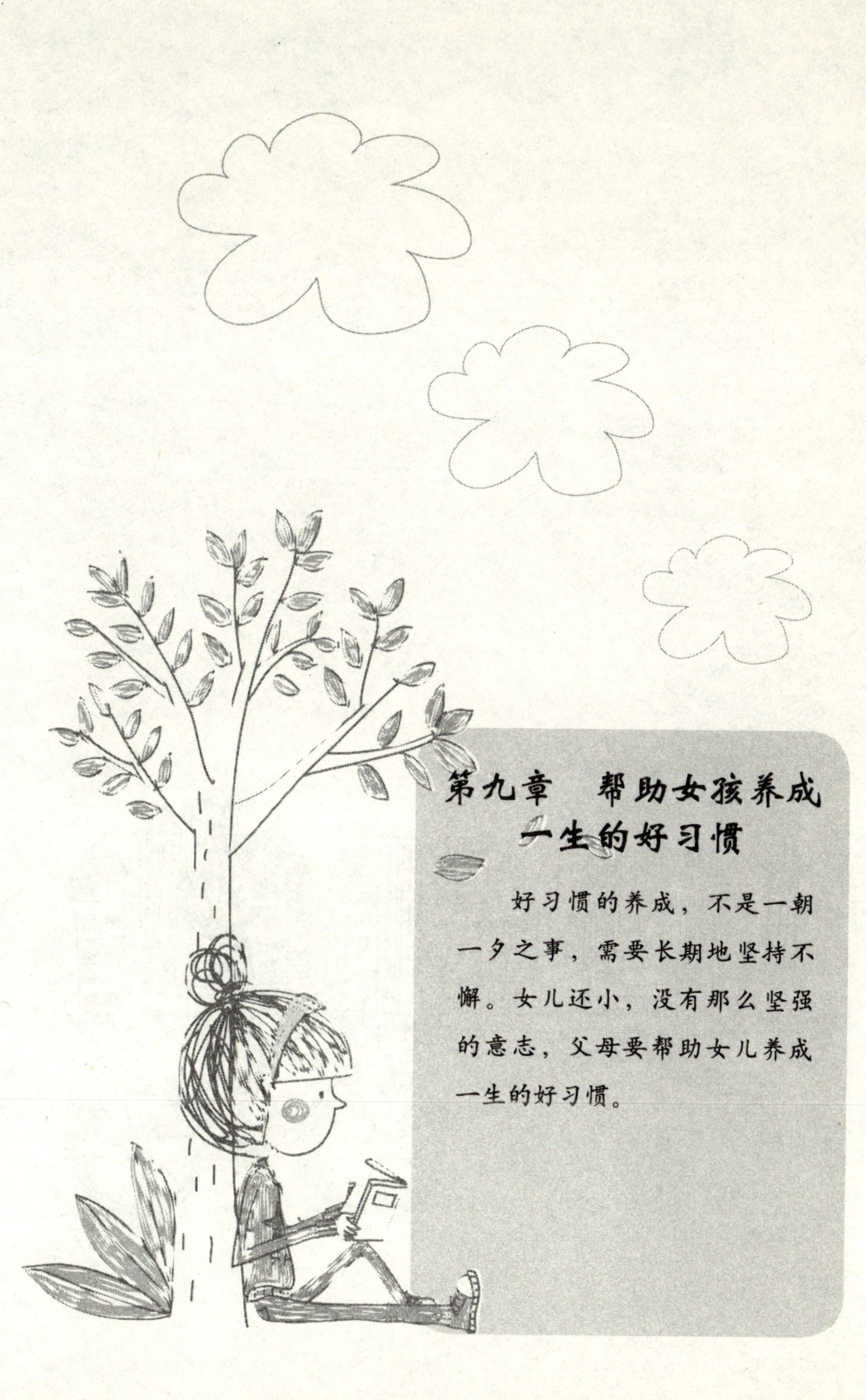

第九章　帮助女孩养成一生的好习惯

好习惯的养成，不是一朝一夕之事，需要长期地坚持不懈。女儿还小，没有那么坚强的意志，父母要帮助女儿养成一生的好习惯。

1. 家长要做孩子的好榜样

有一则公益广告非常能震撼人们的心灵。一位母亲正在为她的母亲洗脚，当她洗完之后，五岁的儿子也端过一盆水来，稚嫩地喊道："妈妈，请您也洗脚！"儿子小小的身躯端着极为不协调的大洗脚盆，这位母亲了陷入深思……想必天下许多位母亲见此也会跟着沉思的。

中国有句古话"桃李不言，下自成蹊"，意思是说：讲一千句好听的话，不如做一件实在的事更有意义。为人父母，教给孩子一堆道理自己却不以身作则。这样也只会成为孩子的反面教材。

晚清名臣曾国藩，学识渊博，官至总督，且身兼湘军首领，真可谓位高权重。然而，他不仅自己极为注重修身养性，而且对于子女的教育问题更是有其独到之见解，他的教子家训惠泽后世，影响甚远。

曾国藩膝下有两子——曾纪泽和曾纪鸿，兄弟俩虽生于官宦之家，但都没变成"衙内"和"大少爷"。曾纪泽天资聪颖，外加勤奋好学，后成为了当时著名外交家；曾纪鸿长于古算学，然不幸英年早逝。不仅其子个个都学有所成，孙辈之中亦出现了曾广钧这样才华横溢的诗人，曾孙辈之中再出了曾宝荪、曾约农此两位杰出的教育家和学者。纵观国史，此等人才辈出之家真可谓屈指可数，难不成曾氏家族有什么独门教育秘诀?

其实不然，曾国藩的教育秘诀很简单：自身为子女树立榜样。他平素对自己严格要求，自己做不到的也不会要求子女，正所谓"己所不欲，勿施于人”。

曾国藩为官足足三十年，虽然官至将相，但是饮食极为简朴，每餐仅设一菜。也因此，同僚们给了他个“一品宰相”的雅号。他任两江总督，曾视察扬州一带。扬州盐商为尽地主之谊，张罗了满桌珍馐佳肴，但是他仅吃了摆在面前的几道菜而已。宴后，他意味深长地叹了一声：“一食千金，吾不忍食，目不忍睹。”

曾国藩穿衣亦很朴素。他最好的衣服就是一件天青缎马褂，但只除了庆贺及新年，平时都不会去穿。因此，这件马褂“明珠暗投”，几十年过去了，依旧如新衣服一般。他曾打趣道：“古语有云：‘衣不如新，人不如故。’然以吾观之，衣亦不如故也。试观今日之衣料，有如当年之精者乎？”

曾家老屋历经百余年，其弟曾国荃以家中人口渐多为由，另建新屋一栋。曾国藩听说后颇不悦，遂书信一封责怪弟弟道：“新屋落成之后，搬进容易搬出难，我此生决不住新屋。”他认为乱世居家，若过于张扬，广置房屋，一来可能招来灾祸，二来亦不合勤俭持家之道。

他不仅自己这样做，而且也以此来教育子弟。在同治元年五月二十七日《谕纪泽》中，他这样写道：“凡世家子弟，衣食起居无一不与寒士相同，庶可以成大器。若沾染富贵习气，则难望有成。吾忝为将相，而所有衣服不值三百金。愿尔等常守此俭朴之风，亦惜福之道也。”此意在告诫儿子欲成大器必养谨守简朴之德。

在同治三年二月二十四日《致澄弟》中，他这样写道：“俭之一字，弟言时时用功，极慰极慰。然此事殊不易易，由既奢之后而返之于俭，若登天然。即如雇夫赴县，昔年仅轿夫二名，挑夫一名，今已增至十余名。欲挽回仅用七八名且不可得，况挽至三四名乎？”在这篇家训中，曾国藩以形象的比喻和生动的事实旨在说明由俭入奢易、由奢入俭难的道理。

即使是在曾国藩统率湘军与太平军作战之时，他也不忘每隔几日就给弟弟曾国潢书信一封，反复告诫他，持家须以“俭”为本：“弟为余料理家事，总以‘俭’字为主。情意宜厚，用度宜俭，此居家居乡之要诀也。”

曾国藩一生酷爱读书，读书之勤世所罕见，几乎无人可及。他曾花费身上所有积蓄买下二十三史，其父亲闻之，告诫他：你买书我不反对，但是买了一定要看！从那之后，他就要求自己每日必读至少十页，此后再未间断。

他指出：学习贵在有恒，读书贵在有常。他自订十二种功课，并专门找人刻印了一些簿子用以列出详细表格。他每日都要将“常课”内容填写在表格里。

“常课”自订立之日，他就终身坚持。后来，他曾亲手抄此“功课”传于子弟，令其“效法”。他教育子女们读书，从不夸夸其谈，而是循循善诱，使其认识到读书的重要性。在给儿子纪鸿的信中，曾国藩这样写道：“人之气质，由于天生，本难改变，唯读书则可变化气质。”在曾国藩的家信中，内容最多亦当属督导子侄读书。正是其言传身教，耳提面命，方造就了他所希望的那样“代代有读书种子”的耕读之家，更成了后世之楷模。

曾国藩在事业上的成功归功于其修养之功。他常常检点自己，力求心安理得，努力上进。他不信医药，不信僧巫，不贪图富贵荣华，守笃诚，戒机巧。他所追求的最高境界是“慎独”，举头三尺有神明，事无不可对人言。他后半生更是每日记日记以反省其言其行。他所作的五箴，不仅可以律身，而且可以教诫子弟，垂范后世。由此观之，当时的人们称其为“圣相”绝非偶然。

虽然位高权重，但是对待工作，曾国藩仍一丝不苟。每天从早忙到晚，很少会休息，遇着一些主要公文，更是亲历亲为。任直隶总督时，他负责清理长年积压起来的狱讼案件。对于一些重大案件，他必须亲自审讯。半年下来，竟然了结了四万一千余件。时至晚年，他右目失明，这带给了他诸多不便。然而他仍然坚持阅读公文，处理公事，写作诗文日记。

曾国藩孝敬父母长辈，他在道光二十九年四月十六日《致澄弟温弟沅弟季弟》中这样写道："吾细思天下官宦之家，多只一代享用便尽。其子孙始而骄佚，继而流荡，终而沟壑，能庆延一二代者鲜矣。商贾之家，勤俭者能延三四代；耕读之家，勤朴者能延五六代；孝友之家，则可以绵延十代八代。我今赖祖宗之积累，少年早达，深恐其以一身享用殆尽，故教诸弟及儿辈，但愿其为耕读孝友之家，不愿其为仕宦之家。"由此观之，他始终将兄弟和睦、实行勤俭作为家运之兴的根本，把"孝""友"二字作为家势经久不衰的法宝，他告诫兄弟子女：孝悌仁厚要始终不渝去坚持。

曾国藩为官清廉，从不取一文来历不明的钱。他不以为官之便为子孙后代聚财，反之却告诫家人要学会自谋生计。在京做官十余年，他一直过着非常清贫的生活，后来勉强凑足了一千两银子寄回家中，且一再吩咐须分散给同乡穷人们。后又任总督，带兵多年，也从未占有公家的一丝一毫财产。

曾国藩之女崇德老人曾回忆说，当时曾国藩所有女儿出嫁，嫁妆均不能超过二百两黄金。第四个女儿出嫁之时，其弟曾国荃开箱查看，果然如此，惊讶之余因怜惜侄女，自己帮忙添了四百两黄金。一代丞相之女出嫁竟是如此"寒酸"，足可见曾国藩治家之勤俭严谨。

同治三年七月，儿子纪鸿要去长沙考试。曾国藩特书信告诫之："尔在外以谦谨二字为主，世家子弟，门第过盛，万目所瞩……场前不可与州县往来，不可送条子，进身自始，务知自重。"曾国藩没依靠自己的权力帮儿子进身仕途，而是教导其要凭自己的真才实学夺取功名。此举实属难能可贵。

正因曾国藩为子女树立了榜样，才真正具说服力，才为其子女指明了一条金光大道，其盛名亦因此而成就。

为人父母，可以不富裕，可以没权势，但他们做人不可不谨慎。因为只有他们成功做人，方可教会自己的儿女当如何做人。

2. 做好父亲，成就好女儿

曾经有这样一种“荒诞不经”的传言：女儿前世都是父亲的情人！此说法虽不可信，但却一语道出了父女之间的关系。女儿充当的是母亲的贴心小棉袄。母亲给予了她们无尽的爱，在生活的诸多方面影响着她们。而父亲则更多的是在性格、气质、怎么与异性相处甚至在择偶标准诸多方面影响着女儿。

中国人历来讲究自谦。当别人夸自己女儿时，父亲经常会谦虚地讲“哪里哪里，还没你家的孩子好呢！”尽管这话说得圆满自如，可父亲多半不知道这句话却无意间很深地伤害了女孩儿。也许女儿付出很多取得的进步只是为了赢得父亲的一个鼓励，可是听到这句话的时候，女孩的敏感会让她觉得“原来在爸爸的心目中自己是这样的”、“我并不讨人喜欢”，这样的想法会让女孩变得很自卑。

父亲是女儿呱呱坠地以后第一位跟她走得最近的异性。因此，她和父亲的相处模式，将会对她以后如何与异性相处产生非常大的影响。如果一位父亲经常向其表达喜爱之情，她就会变得乐观开朗；相反，如果她的父亲不善言辞的话，她也会变得内向而多愁善感。

当一位母亲看到丈夫就古代文化经常同女儿津津乐道，她大抵会想到以后女儿也会找一个喜爱古代文化的伴侣。其实，这位母亲的想法并非毫无根据可言。很多女性都坦言，自己心目中最为完美的男性是父亲。因此父亲的温柔、责任心、宠爱和呵护等，以后无形中竟成了女孩儿的择偶标准。著名心理学家Fred甚至曾经依希腊神话，提出过“恋母情结”、“恋父情结”，这些都足以说明父亲会给女儿造成深远影响。

父亲在女儿心目中是一生的偶像，所以父亲一定要注意自己的言传身教，给女孩树立一个优秀的榜样：

（1）父亲要善于向女儿表达自己的喜爱

落实到日常生活，善于用一些情感词汇，诸如“宝贝，你好棒”或“爸爸真为你感到骄傲”等言辞。这些方面，国外的父亲其实做得更好些。当然，这与东西方文化差异有一定关系。类似言辞可让女儿能在一种轻松愉悦的环境中学会做事。因为她知道父亲会支持与赞许她做每一件事，为此她要更加努力。如此鼓励在无形之中让女儿有了一种前进动力。

（2）父亲要力争自身优秀

也许父亲不是百万富翁，无法为女孩提供物质优越的成长环境，也不能让女儿过上公主般的生活，但是父亲要严格要求自己做一个正直、善良、优秀的男人。因为所有的类似品行将来都会承继给你的女儿。

（3）女儿的健康成长比事业更为重要

很多父亲都因工作繁忙，忽视了女儿的感受。这样的女孩会为了赢得父亲的注视而使用一些小伎俩，可是连小伎俩也不成功时，她也就陷入了困惑。

乐乐的父亲有一天下班之后刚回到家，乐乐就扑了上来，问道：“爸爸，你吃饭了吗？”爸爸说：“还没呢。”乐乐高兴极了，问道：“那爸爸你一定会在家吃晚饭吧？”爸爸想想说：“不行啊，宝

贝，爸爸一会儿换好衣服就要出去和客户谈生意。”乐乐的脸立马黯淡了下来。粗心的爸爸没有发觉，匆匆忙忙地出门去了。

等到晚上回来的时候，乐乐已经睡觉了。老婆过来跟他说：“今天是咱们女儿的生日，你都忘了吗？”乐乐的爸爸这才想起来今天是这么重要的日子。老婆说：“晚上的时候我问乐乐许的什么愿望，乐乐说希望爸爸能多爱我一点。”

不论一位父亲有多么大的成就，生活有多么的富裕，但让女儿体会到了失落时，他就不算一位称职的好父亲。

3. 父母要和女儿一起成长

距今大约十年，电影《世上只有妈妈好》让无数人为之潸然泪下。其插曲《世上只有妈妈好》也被无数的人传唱，特别是孩子们，一听到这首歌就会想起自己的妈妈。歌曲中有这样一段词：世上只有妈妈好/有妈的孩子像个宝/投进了妈妈的怀抱/幸福享不了//世上只有妈妈好/没妈的孩子像根草/离开妈妈的怀抱/幸福哪里找……

正所谓“父子天性，母女连心”，女儿的成长父爱母爱都不可或缺。女孩可以从父亲那里对男人进行了深入的了解，可以继承父亲一些好的品质；从母亲那里，女孩能学到如何处理各种关系以及如何生活，等等。女孩能否在成长过程中得到父母关爱，关系着她能否健康成长。

就像一首歌唱的，在家里，女孩就像妈妈的尾巴，就像妈妈的影子，总是喜欢跟在妈妈的左右。有了妈妈，她们才得以任性撒娇，得以在妈妈的怀抱里无忧无虑地睡去。对她们而言，妈妈的怀抱就是一个温暖安全的，可用来遮风挡雨的大树或者是港湾。因为有了这份爱，女孩不再感到惶恐了，也不会过早地被岁月和生活所迫害。因此，为人父母，一定要陪伴在女儿的身边，同她们一起成长。

有一个母亲是这样伴着女儿成长的，她通过写一些话在笔记本上同女儿交流。这位妈妈自豪地讲，女儿从这里找到了父母的爱，增强了自信。她说：每当女儿做错事时，她自己心情低落，做父母的也有火气。如果这时教育，很难达到较好的效果。于是，我在之后才把事情的经过、建议及我的希望写下来。这样，等女儿心平气和了再看，效果完全不一样了。女儿曾打趣地对我说：妈！感谢这本成长故事，它真是我们母女的连心桥。

又比如，这位妈妈的笔记本上有一页是专门记载着女儿半年多来不同月份每分钟跳绳的次数，前面每分钟只跳了五十八下，到后来每分钟竟能跳一百九十七下。女儿在此看到了自己的进步，也尝到了超越自我的乐趣，更明白了任何成就都来源于脚踏实地的努力。

为了培养女儿从小热爱劳动的品质，妈妈特地将女儿所做家务一一记录，并定期给予一定的物质奖励。这既让女儿懂得了劳动的光荣，又让她体会到了劳动可以创造价值。现在女儿乐意做，本身也算是必做的家务有炒蛋、洗碗、洗红领巾、叠衣服、整理书桌、喂小动物等。会干的活儿越学越多，女儿也觉得自己越来越能干，自信心也增强了。

这位母亲的教育方式值得借鉴，尤其是她让女儿真切地感觉到自己对她的关心和爱护，并身体力行地引导着女儿学会自信、自立和自强。这位母亲教育孩子的方式也告诉我们，关心女儿成长并非代表溺爱她，也不代表什么事情也不让她做。相反，父母关心着她，只是让她知道父母对她的关注与鼓励，让她自己做力所能及的事情。

事实上，许多家长都做不到这一点。有些家长认为给女儿提供一

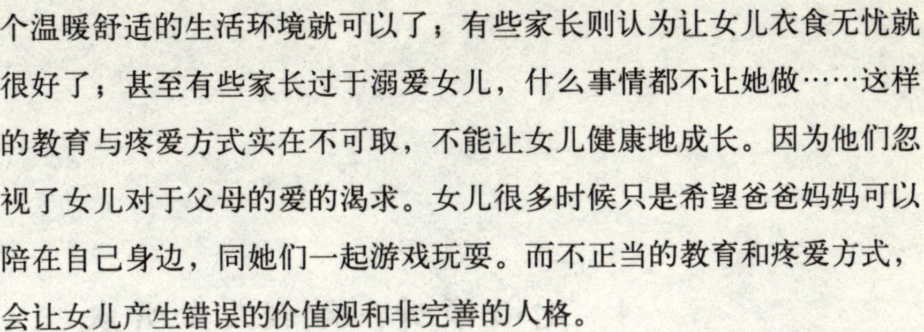

个温暖舒适的生活环境就可以了；有些家长则认为让女儿衣食无忧就很好了；甚至有些家长过于溺爱女儿，什么事情都不让她做……这样的教育与疼爱方式实在不可取，不能让女儿健康地成长。因为他们忽视了女儿对于父母的爱的渴求。女儿很多时候只是希望爸爸妈妈可以陪在自己身边，同她们一起游戏玩耍。而不正当的教育和疼爱方式，会让女儿产生错误的价值观和非完善的人格。

和女儿一起成长至关重要，父母不应再因工作和其他原因而一次次地推脱责任。父母应该意识到，女儿明天的幸福就掌握在他们今天的手中。父母应多抽出一点时间，和女儿一起成长，和女儿一起构建美好的未来。

4. 耐心倾听，做女儿的听众

当一个人有烦恼、有痛苦的时候，经常希望能向别人诉说。而在诸多人选中，父母经常作为第一人选。作为父母，要善于倾听女儿倾诉，她甚至不需要你的发言和评价，她仅仅只要你在一旁，安静地倾听。

很多父母常常抱怨女儿不喜欢向他们倾诉，其实这与他们的教育方式有关。在家庭教育中，几乎每个问题都由长期症结所郁结而成。女儿不愿意向父母倾诉，其实是一个非常危险的讯号：女儿已经不信任父母！而这种结果的造成原因可能是多方面的，比如最初女儿向父母倾诉时，父母没时间仔细倾听，又比如父母倾听完却给了她更多压力等，这些都会让她失去向父母倾诉的欲望。

要获得女儿的信任，要懂得：善于聆听不单单是一种手段，更是一种智慧和教育艺术。通过聆听，可以达到“此时无声胜有声”的境地，对女儿的心灵能起到有效的引领。

聆听的含义并不限于“听”或者是“听见”，它需要的是认真仔细专注地去倾听。世界上最好的沟通莫过于心灵的沟通，而不用心的沟通不仅达不到预期效果，甚至会让倾听者和诉说者之间隔着一段遥远的距离。

有一位母亲曾经回忆过这样的一件事：我女儿刚上高一，她读的是寄宿制学校，每个周末才回得了一次家。一次周末，她做完作业，

跑到了我的房间，跟我说："妈妈，我可以和你谈谈吗？"她之前每次遇到不开心的事都会找我聊聊，结果都聊得很开心，但是这段时间我们聊得少了。我一直觉得是因为我们俩现在都很忙的原因。

听她这样说，我赶紧让她进来，说："好啊，宝贝，想跟妈妈聊聊什么呢？"这时女儿一脸苦恼，说："妈妈，其实我也不知道要说什么，就是感觉自己很烦躁，上课也集中不起精神来，下课之后就会感觉特别后悔。"

女儿的这番话给我敲响了警钟：原来女儿这段时间一直被这种情绪所困扰，可我却没发现，这段时间我关心她太少了。我说："为什么会这样子呢？你在学习上或生活上遇到了什么困难吗？"

"妈妈，我也不知道，总是莫名其妙地烦躁。"听到这里，我想女儿正是因为自己不知道症结所在才来找我，我更应该启发她，于是我就说："嗯，那你告诉妈妈，你在这个学校里待了一学期了，感觉怎么样啊？"

"很好啊。"女儿几乎想都没想就回答我。

"是哪里好呢？"我继续提示她。

于是话匣子打开了。女儿和我聊起了学校里的许多事，包括期中考试的得失，同学之间的友情，运动会上的激动人心，集体劳动中的快乐等。而我也希望能从她的叙述中发现蛛丝马迹。果然，我发现在她的每件事情中几乎都出现了一个人，那就是他们的学习委员。她每次一说到他，表情就很兴奋。以我的经验，女儿应该是陷入了青春期的情绪里。

这时我就在想应该怎么对症下药去引导她呢？这是个很敏感的话题，处理不好就会破坏了母女之间的融洽关系。想到这里，我用开玩笑似的语气和她说："女儿长大了啊，开始知道喜欢一个人了。"女儿听到这里刷地一下脸红了，说："妈妈，看你说的。"

听到这里，我大概就知道她在烦恼些什么了，而我又该怎么样引导她呢？于是我和她聊起了我们上高中时候的故事。说到那时候我们班也有一个女生喜欢上了一个成绩非常好的男生，全班都知道，甚至老师也知道了，但谁也没说破。我们老师只跟那个女生说了一句话“要想和他走在一起，就要和他考上同一所大学”。

这时女儿已经完全被我的谈话所吸引，迫不及待地问：“妈妈，那后来呢？”我说：“后来呀，当然是他们俩考进了同一所名校了啊，但是刚开始那个女生的成绩甚至连普通的大学都考不上呢！”

女儿听完我的话，若有所思。后来她又跟我说了很多事。在那之后，我还是很担心她的。毕竟父母都不能大意孩子这样的事，任何的差错都可能带给孩子心灵的伤害。不过我们的那次谈话显然很大程度上帮助了她，她没有了那种心不在焉的感觉，成绩相比以前有了更大进步，并且我们之间的关系也比以前更为融洽了。我想这就是倾听的魅力所在。

通过这位母亲的叙述，不难发现：在教育子女中，善于倾听是多么的重要。有的父母不会倾听，他们常常在女儿诉说时武断地打断她们的话。这样不仅达不到倾听与交流的目的，还会带给孩子随意打断别人谈话的坏习惯。

美国有一位著名主持人曾经问一个小男孩：“如果你是飞机驾驶员，可是你的飞机飞到太平洋上空因为没有燃料而熄灭了，你会怎么办？”这位小男孩回答说：“我会让机舱里的所有人系好安全带，然后我背上降落伞跳出去。”在场观众都笑得东倒西歪，主持人却严肃地看着那位小男孩，只有他没有打断他。这时小男孩急得连泪水都快流出来了，一脸委屈地说：“我要回去取燃料，然后再回来。”

倾听是一种沟通，只有善于倾听，才能真正走进女儿的内心。让我们静下心来，做女儿最忠实的听众吧，听听她的快乐，也听听她的烦恼。

5．冷静地面对女儿的错误

古希腊著名学者毕达哥拉斯曾说过：短时期的挫折比短时间的成功好。德国哲学家黑格尔也说：只有永远躺在泥坑里的人，才不会再掉进坑里。中国也有句老话：人非圣贤，孰能无过。这些都是人们对于错误的智慧思考。

人生之路正如摸着石头过河，谁都不可能一生都不犯错，谁也不会一帆风顺地走到老。每个人都会犯错，一个人的成败并不在于谁犯的错少些，关键在于，在面对错误时，他是否能勇敢承认错误并进行改正。

同样地，对于尚未长大成人的孩子，犯错更是家常便饭了。但是，孩子缺乏理性思考，犯错之后容易逃避或者陷入深深的自责。这个时候，父母就要正确对待孩子的错误，及时去引导教育他们。在尊重和理解的基础上，配合恰当的方式，就能更容易让孩子从错误中走出来，并学到新的知识。

现代心理学研究表明：孩子的各种各样、或好或坏的行为举动，都是在一定动机支配下进行的，目的是寻求一种心理需求。这种心理需求促使孩子形成去决定做或不做的动机，进而采取一定的行动。孩子的错误经常是在想当然的无意识中犯下的。所以，对于孩子的错误行为，父母需要给予理解和宽容，并设身处地以孩子特有的智力水平、情感体验为出发点，在体察孩子情绪感受和把握孩子情感需要的基础上，尊重孩子的心理需求，通过诱导和观察以了解其行为动机，再对他们的行为进行批评，帮助他们认识错误，改正错误，使他们可以在每一次的错误中自省和成长。

孩子犯错之后，父母不可一味地批评训斥，更不可居高临下、粗暴武断地去教育。因为若批评方式不当，不但会影响批评效果，还可能挫伤孩子的自尊，使其产生消极情绪和逆反心理。这样，在对孩子以后的教育中，父母就更难入手和开展了。因此，父母对孩子的批评需要讲求艺术：

（1）批评时要出于爱心、出于诚恳

著名的教育家霍姆林斯基说过："教育技巧的全部奥秘，就是如何爱护儿童。"因此，父母在做孩子的思想工作时，应保持和孩子地位平等，从而找到融洽彼此关系的共同语言，以理服人，使孩子真正地明白父母对他们的批评是出于关心和爱护，使他们不再有对峙心理。著名心理学家马斯洛认为：人的"生存需要"和"安全需要"得到基本满足以后，"爱"和"受尊重的需要"就会突现出来，成为主要的需要。"爱和受尊重的需要"得到满足以后，人才会觉得自己是有价值、有能力、有用处、有实力的，进而才会积极地去学习和生活。所以，父母就要满足孩子"爱和受尊重的需要"。

（2）批评要注意选择恰当的场合和时机

从以往经验，可以得知：同样的批评语言会因为场合的不同而产生不同的效果。因此，父母在批评孩子时一定要选择好恰当的场合和时机，注意维护孩子的自尊。批评时，总的原则应遵循"宁小勿大"，尤其是较为严厉的批评，最好在没有第三者在场时进行。

（3）批评要因人而异

不同性格、气质和年龄的孩子，父母批评时要注意采用不同的方式方法。例如，孩子性格内向、情绪抑制、多愁善感，可采用"婉转式"批评；孩子性格倔强、自尊心强、思维灵活，可采用"发问式"

批评；孩子若是娇生惯养、脾气暴躁、情绪不稳定或具有一定程度心理障碍的独生子女，则可采用“冷处理式”批评。

（4）批评的同时要注意肯定、化批评为期望

父母在否定性评价孩子时，要注意多用肯定性和启发性的言辞，切不可动辄发火，以“不准”、“不行”、“不要”之类的言词下命令。言有尽而意无穷的意境容易打动孩子，化严厉批评为期望建议，对孩子引导和鼓舞，使他们克服困难，改正错误。

惩罚是把双刃剑，其技巧危险而困难。这一点父母必须有所意识，弄不好就会伤害到孩子，必须因人而异并适度。父母还要意识到，惩罚绝不等于体罚、伤害，也不是心理虐待和歧视，不能让孩子觉得难堪而丧失自信心，惩罚需要尊重与信任。

心理学家认为：一个人知道自己犯错后，内心做好了接受惩罚的准备。这正是一种心理需求，为自己的愧疚承担责任，从而取得心理平衡。因此，孩子犯错时恰恰是教育的良机，孩子的内疚与不安会使他急于向他人求助，而此时明白的道理可能使他终生难忘。

有一个十一岁的孩子，在院子里踢足球，一不小心踢碎了邻居家的玻璃。邻居说，我这块玻璃价值十二美元五十美分，你必须赔我。十二美元五十美分在当时的市场上可以买一百二十五只鸡。这个孩子在没有办法的情况下只好回家找父亲商量。父亲问，玻璃是你踢碎的吗？孩子回答说，是。父亲说，既然是你踢碎的就得你赔。你没钱可以向我借，但一年后你必须还清。在接下来的一年里，这个孩子擦皮鞋、送报纸、打工挣钱，终于赚到了十二美元五十美分还给了父亲。这个孩子长大后成了美国的总统，他就是里根。他说，正是通过那件事让我懂得了责任就是要为自己的过失负责。

父母在对孩子寄予了较高的期望时，切要注意成长是一个过程。世界五彩缤纷，孩子们朝气蓬勃，精力旺盛，求知欲强烈。但他们生理和心理都不够成熟，难免会犯下错误。因此，父母教育孩子时应允许孩子犯错，并给孩子时间来改错。

同样，父母对待女儿的错误也要少一些抱怨、责怪和批评，多一些理解、帮助和表扬。有了信任了解和充分的成长空间，女儿才可以更健康茁壮地成长。

6. 引导女儿做出人生的决定

生活中，女孩会遇到很多不同的岔路。这个时候她们要继续前进就必须做出选择，有选择也意味着要有所放弃。这时候，选择是为了走下去；放弃则是为了能走得更远，过得更好。

汪国真曾写了这样一首诗："我不去想是否能够成功/既然选择了远方/便只顾风雨兼程//我不去想能否赢得爱情/既然钟情于玫瑰/就勇敢地吐露真诚//我不去想身后会不会袭来寒风冷雨/既然目标是地平线/留给世界的只能是背影//我不去想未来是平坦还是泥泞/只要热爱生命/一切，都在意料之中"，人生之路就是如此，没有谁是弱者，关键就在于你作何选择，并为何奋斗。

目标就在远方，只有选择了，努力了，一个人才能够一步步靠近成功的彼岸。不然，它就永远如海市蜃楼般，除了远远地眺望。对于女孩来说，幸福的获得，选择更加重要。选择了适当的学习方法，她就可以很快提高学习成绩；选择了适合的伙伴，她就可以得到更多的鼓励和帮助；选择了合适的事业，她就可以发挥潜能并取得成功；选择了合适的生活，她就可以找到一个避风的港湾，并快乐地生活。

当然，放弃也意味着给人一个重头再来的机会。如果女孩走进了一条死胡同，及时地回头可以让她找到出路，并节省更多宝贵的时间。但如果她们坚持钻牛角尖，一条道跑到黑，那样的女孩最后要付出更多的代价，甚至是一生的懊悔和遗憾。所以，放弃本身就是很重要的选择。

学会选择和放弃对女孩在成长过程中很有必要。因为女孩重感情，很在乎别人如何看自己，她们为此就很难做出选择和放弃，因此就会受到很多束缚，从而走不了更远，烦恼和忧虑也就多了起来。这个时候，父母就要注意教育女孩学会选择和放弃，让她们可以自己进行决断，变得更勇敢和果断。

选择至关重要，学会了选择，可以让女孩更容易找到生活方向，更容易获得幸福和取得成功。在遇到挫折时，父母要鼓励女孩不可轻言放弃，认定了目标就要努力去做。但是路走不通时，父母也要教育女孩学会放弃，以便更快地找到正确的方向。女孩学会了如何选择与放弃，就可做到很好地把握自己，减少自己的损失和享受到最大的幸福。

父母要如何让女孩学会选择和放弃呢？

首先，在女孩遇到问题时，父母要让女孩有机会参与解决问题，以便锻炼她们处理问题的能力。生活中，很多女孩在成长过程中都被父母溺爱。加上现在独生子女比较多，父母对女孩的照顾可谓无微不至，不愿让女儿受到任何委屈，很多事情都帮女儿做好。这样，女孩从小习惯了父母的“帮忙”，当她们后来遇到问题时，自己几乎做不出果断而正确的断定，从而会遇上许多麻烦和伤害。对此，父母要多让女孩参与到自己的事情中来，让她们发表意见，并给与引导和帮助。这样，在增强了女孩处理问题的能力和积极性的同时，更让她们学会了如何选择和放弃。

其次，父母要以身作则，树立好榜样。俗话说，龙生龙，凤生风，老鼠生来会打洞。虽然这说的是生物遗传现象，但父母对于子女的影响也有类似这方面的作用。正如有句老话说的，老子英雄儿好汉。父母的言行很大程度地可以影响子女，因此，父母在处理问题时如果表现得干脆利落，那么女孩也会受到影响，今后也慢慢学习这样去处理问题。

最后，父母可以多让女孩参加一些劳动来锻炼她们的能力，让她们从中积累经验，吸取教训。父母也可以有意识地从小给她们讲一些名人故事，启发她们，让她们树立正确的人生观、价值观和世界观。有了理智的头脑和丰富的知识，女孩就可以很好地做出判断，进行选择了。

人生面临着无数次的选择和放弃，女孩学会了选择和放弃，便可以走得更远，做得更优秀、更成功。

7. 给女孩空间，给女儿自由

女孩就像一只小鸟，只要给她一只华美的鸟笼，她就可以每天在里面演唱出悦耳的歌声。可是鸟笼再怎么华美和遮风挡雨，也阻挡不了小鸟对天空的向往。因为女孩是属于那自由的天空的，在那里她才能唱出最美的歌儿。其实女儿更应该像一只可以飞向蔚蓝天空的风筝，而线却始终握在父母的手里。

当女孩渐渐长大，她会有自己的朋友、事业和家庭。她会离开，也许去很远很远的地方，走一条完全不同于父母曾为她预设的路。这时父母不必悲伤，而应该给她一片天空，让她去翱翔。

生命似乎就注定是这样的一场轮回，从咿呀学语到慢慢长大，结婚生子，渐渐老去。每个人无不是如此，虽然贪恋着家的温暖，却也终究会远离家乡。或许家仅是一个累了倦了的避风港，父母仅是午夜梦回心头上的一缕牵挂，生命的主旋律却是那外面的世界。父母要做的除了放手别无选择。

意大利著名导演多纳托雷三部曲之一的《天堂电影院》，讲述了发生在西西里岛的一个小村庄里的故事：电影放映师艾菲多通过放电影给村子里的人们带去了无限欢乐。一个名叫多多的小男孩也爱上了放电影，想跟着艾菲多学放电影。艾菲多不愿意让小多多困在这个村庄里，所以不愿意教他放电影。但是最后还是把放映技术传授给了他。在一次露天电影中，胶片失火，艾菲多险些被烧死，多亏了小多多全力相救才捡回了一条命，但他双眼失明了。 多多和艾菲多从此也形成了一种亦师亦友的亲密关系。应该说，这时候艾菲多给了小多多自己全部的希望和爱。他让小多多走出了这个村庄，去外面的那个世界实现自己的人生梦想。

艾菲多虽然不是小多多的父母，但是他却真正地体现了为人父母教育子女的一种精神：在适当的时候给子女自由，让他们去开创属于自己的一片蓝天。

很多父母都担心女儿受伤，因而总是告诫女儿要注意这注意那。这个社会对于不谙世事的女孩来说的确是磨难重重，但是只有经历过这些才能真正的成熟。父母应该明白自己不可能一辈子做女孩的避风港，她们总有一天要走向社会，要去自己面对人生种种的困难。

据报导，有一位考上国外某名校的女生突然跳楼自杀了。原因是这位女生从小到大都是父母在精心地呵护着，学习之外的事情从来不需要她自己操心。她的生活简单到仅剩下学习，即使是交朋友，父母也要一一审核过才被允许，而他们审核的标准竟是这个朋友是否利于她的学习。当她终于不负众望地考上某名校时，却因为担心自己在国外的生活而最终自杀了。

这个报道为天下所有父母敲响了警钟：让她们去追求自己的幸福吧，因为最好的爱就是放手！

8. 要助女儿成长，但不能揠苗助长

教育并不是越早越好，而是越合适才越好。早了，无异于揠苗助长，几乎无任何益处。然而现在有很多家长，却固执地以为，抢跑可以早为孩子打下基础。

据一份幼儿园问卷调查显示，孩子回家还得学习两个小时，家长要求孩子写字、算算术，使幼儿园教育就开始变得非常繁重，致使孩子难以接受，产生厌倦情绪。对此，家长一味埋怨孩子不理解家长的苦心，甚至打骂孩子。这样恰恰就是揠苗助长，不光不奏效，往往事与愿违。卡尔·冯·路德维希就是一个在父亲“抢跑”教育下被毁的天才。

卡尔天资聪颖。他父亲把全部的心血投注在他身上，亲授高等教学，强迫孩子要争分夺秒地学习。一切与学业无关的兴趣，诸如体育、游戏、对大自然的探索等，都被父亲隔在门外。最初，这样的教育似乎也取得了成就，卡尔八岁时就具备了学习大学数学的能力，九岁他就可以学微积分了，他不断跳级，修完大学课程仅用了三年时间，也就是说他十一岁大学毕业。大学教授们预言卡尔会成为一名世界顶尖级数学家。父亲更是望子成龙心切，不容卡尔有任何休息和调整就让他继续攻读研究生。

辉煌确如昙花一现。卡尔上研究生院一年后，对数学渐渐丧失兴趣，不久转入法律学院，但很快对法律也失去了兴趣，至此，他再也不想动脑筋去思考问题。最后，昔日的天才从事起了办事员的工作，远远地偏离了他父亲的培养轨道。

徐悲鸿的父亲徐达章的做法恰好与卡尔的父亲相反。徐达章是一名小有名气的民间画师。耕作之余，在当地镇上以教学和鬻字卖画补贴家用，家里挂满了他的字画。少年的悲鸿耳濡目染，对书画产生了浓厚的兴趣。当他要求学画时，父亲却温和地拒绝了："你应当好好用功读书，因为要想成为一个画家，首先要有渊博的知识。"两年后，九岁的他才如愿以偿，开始从父习画。

那么，徐达章的做法为何与现代家长非常不同呢？原因就在于他对孩子的培养应该遵循教育和人身心发展规律有深刻认识。如果违背这个规律，即使孩子可以先取得一定的成就，然而他的心理却未必健康。许多天才因身心健康受损，在不幸中度过一生。这些天才因为父母特异的教育方法，成了杰出人物，但是他们的一生却很不幸。英国文学家约翰·拉斯金、哲学家尼采等人一生的遭遇充分印证了这一点。

拉斯金由母亲精心培养成人。他母亲从来不给童年的拉斯金买玩具，每天早上要儿子花几个小时和她一起读《圣经》。拉斯金大部分教育在家庭中完成，仅仅上过几个月学。十八岁的他考入了牛津大学。母亲为密切关注儿子的生活，在大学附近租房居住。

尽管拉斯金终于成了文学家，但他的婚姻却是不幸的，妻子离他而去。晚年时，他说道："我所受的教育，一般说来是错误的，而且也是不幸的。"据说，他在长大以后曾多次发疯，尤其是他在临死前一年因精神极度错乱而痛苦不已。

尼采的母亲早期就要求尼采按照她的意志行事。尼采也成了一个认真、深沉、懂礼貌的孩子。但他做事刻板，绝对遵守学校的规章制度，一点儿也不同于其他孩子。周围坏小孩因此而取笑他，结果他四十五岁发疯，由母亲和妹妹照顾一年后去世。

教育“抢跑”的严重后果不容忽视！“抢跑”扼杀了孩子的兴趣和智慧。孩子强烈的求知欲、好奇心对其成才极为重要。家长和教师的天职就是保护和培养好这些品质。“兴趣出勤奋，勤奋出天才。”郭沫若一语道破了一条规律：兴趣是成才的起点，是驶向知识海洋的“快艇”，是走进知识殿堂的“入门证”。居里夫人说：“好奇心是学者的第一美德。”如果家长只有望子成龙之心，但却一味“抢跑”，这样只能亲手熄灭孩子的智慧火花。

自然界万物包括人类都有自身的生长规律。为促其生长倘若施用外力不当，就很容易出现倒退甚至“枯萎”现象。教育孩子同样如此，必须充分尊重孩子身心发展的客观规律，依此先了解孩子的现有身心发展水平和所学知识的实际水平。立足于现实，在此基础上再谋求合适的教育内容和有效的教育方法。循序渐进地传授给孩子知识，培养他的能力，不能急于求成。同时要注意巩固效果，这样方能事半功倍。贪多求快只会让孩子惧怕、厌烦，甚至反抗学习，正所谓“欲速则不达”。

9. 记住，父母的梦想不是孩子的梦想

日本的思想家池田大作说过：父母可以有自己的理想，但干涉孩子的理想，就等于不承认孩子的人格。青少年不良行为的种子，最初就是从这里萌芽的。

“可怜天下父母心。”每一个父母都一心一意地盼女成凤。许多人在女儿刚刚降生甚至是她才刚刚开始在腹中躁动时，就已经替她设计好了未来。有的父母更是把自己未能实现的梦想完全寄托在了女儿的身上。

日常生活中，许多父母都不大认可女儿的理想，不关注女儿发自内心的愿望，甚至强行掐灭她理想的火花，同时把自己为她设计的未来强加在她身上，比如考入一所像样的大学，读完硕士再攻博士，最后功成名就、衣锦还乡、光耀门楣。殊不知，女儿虽然年龄小，但是她也有着鲜活的思想、情感、兴趣、志向和理想。她为了这些目标而努力的时候，是自觉自愿、积极主动的，而且学得又快又好，同时能享受到学习的乐趣。如果父母把自己的意愿强加给女儿以致她身上担子太重、压力太大，她就会反感学习，精神委靡，对生活、学习感到迷茫、失去信心。这些都对女儿的心理健康极其不利，甚至可能引发心理障碍与疾病。

一个八岁的小女孩，弹着钢琴，流着眼泪。问她为什么哭，她的回答令人震惊：“我恨死这架钢琴了，恨不得砸烂它！妈妈喜欢钢

琴，就一定要我学钢琴，我想画画她不让！她喜欢钢琴她自己怎么不去学，非得逼我学？”不知道小女孩的妈妈听到女儿这番含泪的控诉会作何感想？这难道不值得我们做父母的深思吗？

生活中，这样的父母有许多，他们总是把自己的理想寄托在女儿身上，逼女儿往自己认为正确的路上走，即使她并不适合或者根本不喜欢。这些父母却不想想：一个正值童年、不谙世事的女孩子，就要毫无选择地撑起父母理想的“大厦”，让自己的身心承受巨大压力，这公平吗？

当然，最理想的状况就是女儿自己的愿望恰好与父母的期望一致，但这种可能性几乎没有。如果父母能够通过恰当的引导和沟通而将女儿的愿望与自己的期望合二为一，或者将自己对女儿的期望准确地传达给她，并使女儿接受而内化为她自己的理想，从而帮助她树立起一个奋斗目标。那么，祝贺这样的父母，他们已经在子女教育方面迈出了成功的第一步。

然而现实更多的是，女儿的目标与父母的理想不一致甚至是背道而驰，这时，父母应该怎么办呢？

（1）给女儿一个成长空间

父母要给女儿足够的成长空间，让她自己能结合理想与愿望做独立的思考。要让她成为一个有主见的人，而不可让她成为父母实现未尽理想的工具。父母可以根据女儿的具体情况和兴趣，向她提出建议，引导女儿找到自己努力的方向。

（2）尊重女儿的独立性

随着女儿一天天长大，她会逐渐形成独立的意识，父母要尊重女儿的独立性，而不是被父母限制在已为她设计好的框子里。否则，她虽然补偿了父母的遗憾，但是却留下自己的遗憾。

（3）女儿最后的决定权

对女儿理想真正的支持应该建立在充分理解和尊重的基础上。女孩需要的是精心呵护，而不是说教命令，更不是趁机提条件。即使女儿的理想非常不合父母的意愿，也要平静地与她沟通和探讨，让她充分理解父母的想法，然后再把决定权交给她。

总之，父母要做的是帮助自己的女儿努力实现她自己的理想。只有把她所具备的才能充分地发挥出来，她才会感到发自内心的快乐。

女孩的成长之路是五彩缤纷的。对社会来说，不仅需要高层次的人才，更需要普通的劳动者。作为父母，培养女孩要顺其自然、因材施教，是什么铁就打什么钉。因此，为人父母要多站在女孩的角度考虑，从精神上给女孩关爱，让她按照自己的愿望发展，而不要一味地强行让她按照父母设计的轨道生活。